ごまかさないクラシック音楽

岡田暁生　片山杜秀

新潮選書

はじめに――岡田暁生

えてして子供は大人が答えに窮することを尋ねたがる。ごまかすとすぐ見抜かれる。しかし世の中には簡単に答えられないことも色々あるから、大人も軽々に断定的なことは言えない。だから子供のころに抱いたいろいろな疑問はいつまでも晴れない――芸術理解もこれと似ている。あるジャンルに興味を持ち始めたころ抱いた疑問は、後から振り返ってもしばしばことの核心を衝いている。だが納得できる答えを誰も与えてくれない。あれこれ本を読んでみる。しかし真正面から疑問に答えてくれるものにはなかなか出会えない。そうこうするうち、専門書には「ああでもないがこうでもない」とか、「そう簡単には言えない」とか、そういうことばかり書いてあるように思えてくる。結局本を読むことなどやめ、「専門家のいうことはこれだからよくわからない」ということにして自分を納得させる……。この本で私たちが「ごまかさないでおこう」と決めたのはまさに、クラシックに関心のある人がきっと一度は抱いたことがあるはずの、この種の問いに対してである。

「バッハはなぜ音楽の父なのか」「ベートーヴェンはどうしてそんなに偉いのか」「ワーグナーはなぜあんなに長いか」「どうしてクラシックのレパートリーは二十世紀になると減るのか」云々。どれも思わず「ああでもないが、こうでもなくて……」とごまかしたくなる問いだ。これらに真正面から取り組むにあたり、「対談」という形式は理想的だったと思う。少々極論を言っても、相手がフォローし、あるいは異論を唱えることで、結果的にバランスがとれることを期待できるからである。この本で私たちは二人ともずいぶん好き放題を言っているとも思うが、その意図はこのようなものであったとご理解を願う次第である。

ここでの議論の背景にはいつも、「どうして西洋のクラシック音楽を、二十一世紀の極東に生きる私たちが、いまだ当たり前のようにして聴いているのか？」というさらに大きな問いが、倍音のように響いているはずである。「クラシック音楽は素晴らしいから」「普遍的だから」「国境を超えているから」などという「お花畑な」ことを、二人とも微塵も考えていないことは言うまでもない。もちろん私も片山さんもクラシック音楽をどうしようもなく熱愛している。にもかかわらず、いや、それだからこそ、私はこの対談を通して、「日本人が今もってクラシック音楽を聴いている」という不思議を、ひとつの不条理として直視したいと思った。「近代」というものが本質的にはらんでいる宿命的な不条理として、である。本書のこの意図について、きっと片山さんも同意してくれるだろう。

＊＊＊

音楽は抽象的な芸術である。多くの人にとってそれは、きれいな音のアラベスク模様のようなものであるに違いない。もちろん歌の場合は歌詞があるが、それでも音楽が他芸術と比べて著しく具象性を欠くのは明らかだろう。端的に言うなら、各自が音楽を聴いていい気分になり、思い思いの夢に浸ればそれでいいのだ。もちろん音楽は抽象芸術であるだけでなく感情の芸術でもあるわけだが、しかしこのことがますます「音楽はきれいな（だけの）ものだ」という通俗イメージを増幅する。「きれい（なだけ）」＝「霞のようにつかみどころのない」＝「個人感情の領域に属する」＝「社会の現実と関係がない」という観念連合が生じる。「音楽は夢をくれる！」と熱く語ることも、「音楽なんてしょせん道楽だろ?」と一笑に付すのも、認識の根は実は同じである。双方とも音楽は「不要不急」だと見なしているのだ。コロナ禍を通して私たちは、こうした臆見が社会でいかに根強いか、改めて思い知らされた。だが私は声を大にして言いたい、「音楽は取るに足らない道楽どころじゃない、ホントは怖い！」と。

本書でも再三話題になるはずであるが、遠い昔から音楽は「まつりごと＝政治／宗教」に散々利用されてきた。そもそも音楽を持たない宗教など世に存在していないことからも明らかなように（それに対して絵画を禁じる宗教は存在する）、それは人間を集団的に操作する極めて有効なツールだ。しかも一見したところ抽象的だから、いつのまにか人々の思考と感性の回路へ入ってくる。そしてふだんはすっかり忘れ果てているのに、その音楽を耳にした途端、過去の刷り込みがいきなりフラッシュバックする。時として人を現実行動へと駆り立てる。絵に描いたような洗脳効果だ。これは怖い。

音楽が「ホントは怖い」理由は他にもある。「その曲を作った人の気持ち」といった個人レベルを超えて、そこではいわば時代と社会の集団無意識がむき出しになるからである。決して口には出来ない本音、ありもしない願望、ふだん意識すらしていない愚かしい自明、あまり考えないようにしている不安、漠とした奇妙な予感——時代と社会のいわば本性と本音が、音楽の中では露呈される。オスカー・ワイルドの小説『ドリアン・グレイの肖像』では、絶世の美男である主人公が悪事を重ねるごと、その肖像画がどんどん醜悪に変化していく。これにも似て音楽とは、時代と社会の意識せざる「怖～い」自画像である。「あなたがふだん食べているものを教えてくれたまえ。あなたがどんな人であるか当ててみせよう」という美食家ブリア＝サヴァランの有名な言葉は、音楽にそっくり当てはまるだろう。

音楽は抽象芸術だから、何かが具体的に描かれているわけではない。美術や文学や演劇と決定的に違うのはここだ。だからこそ音楽においては、水晶玉に浮かび上がった模様を読み解く占い師よろしく、それを「判じる」必要が出てくる。多くの人がしばしば「音楽（特にクラシック）は難しい……」と口にするのはその故だろう。勘所をつかむコツのようなものがないと、「ただのきれいな模様」にしか見えないのだ。しかし私にいわせれば、音楽のこのつかみどころのなさは浮世離れどころか、社会の生々しいありようについての方程式化された暗号にほかならない。これこそが音楽の抽象性の正体なのだ。

たとえ傍からは占星術師の託宣のようなことを互いに言い合っていると見えたとしても、この本で私たちは「音楽を時代／社会の暗号としてどう解読するか」について極めて真剣に議論したつもりだ。音楽はただ聴いて楽しむだけのものではない、それは読み解くべきものでもある――少しでも読者の皆さんにこう体感してもらえることを心から願う。

ごまかさないクラシック音楽　目次

第一章　バッハは「音楽の父」か　45

3. ベートーヴェン

3. ワーグナーのどこがすごいのか　207

2. 第二次世界大戦後のクラシック音楽　287

ごまかさないクラシック音楽

序章　バッハ以前の一千年はどこに行ったのか

「クラシック音楽」とは何なのか

岡田　『ごまかさないクラシック音楽』というタイトルのこの本ですが、のっけから「絶対ごまかせない、でも思わずごまかしたくなる」問いです。「クラシック音楽において『バッハ以前』はどこへ行っちゃったのか?」　むかしから学校の音楽教室にかかっている大作曲家たちの肖像は、なぜかヨハン・ゼバスティアン・バッハ[1]から始まると決まっています。まるでバッハ以前に作曲家はいなかったかのようです。

　しかし西洋音楽にはバッハ以前にすでに千年近い歴史がある。バッハが生まれたのは一六八五

1　ドイツの作曲家、オルガニスト（一六八五～一七五〇）。

年ですが、西洋音楽が本格的にはじまったのは九世紀、「グレゴリオ聖歌」[2]が整えられるあたりからでしょう。なのに、一体なぜ〝クラシック音楽〟は、バッハ以後のものばかりなのか。そのあたりからはじめましょう。

片山　たしかに、一千年といえば、たいへんな時間の流れですよね。そこを等閑視してしまうのは、「ごまかし」と言われても仕方がない。その点、岡田さんの『西洋音楽史』（中公新書、二〇〇五年）は、七章構成のうち、バッハが本格的に登場するのは第三章の中ごろからで、それ以前の二つの章はバッハ以前の「古楽」に割かれています。あの本は、ふだん私たちが無意識のうちに使っている〝クラシック音楽〟とはどんな音楽を指しているのか、そもそものところから改めて考える契機を与えてくれます。

岡田　そもそも、「古楽／クラシック／現代音楽」という音楽史の時代区分自体に、クラシックの〝特権性〟が表われていますよね。なぜなら「古楽」や「現代音楽」は時間軸カテゴリーですが、「クラシック＝古典」はそうではない。「価値」のカテゴリーだ。「古楽」は「クラシックよりも前の音楽」で、「現代音楽」は「クラシックよりも後の音楽」。歴史上の特定の時代区画に位置づけられている。ですが「クラシック＝古典」は、時間軸を超えた「普遍不滅」と含意されている。

片山　その通りです。もちろん、クラシック音楽とは一八世紀から二〇世紀初頭にかけての西洋音楽であると、歴史的、空間的に位置づけることもできます。しかし一方で、ショッピングモールのＢＧＭでクラシックがかかっていても、「あっ、三百年も昔の西洋の音楽がかかっている！」

とは誰も思わない。それほど、現代の日本にも馴染んでいる。
もしBGMにペロタンの古楽や、武満徹の現代音楽が流れていたら、多くの人は「あれっ、今日はちょっと変わった音楽が流れているな」と思うはずです。そのような意味で、クラシックはたしかに時空を超えた特権的な地位を占めていますね。

岡田　片山さんや僕が中学生くらいのころ、レコード店へ行くと、クラシック音楽のコーナーには「バッハ」とか「ベートーヴェン」とか「ワーグナー」が並んでいた。でもなぜかアルノルト・シェーンベルク以後は「現代音楽」コーナーに行かないといけない。「クラシック」じゃない特殊枠になっちゃう。そしてバッハより前のクラウディオ・モンテヴェルディとかディートリヒ・ブクステフーデとかは、古楽コーナーにまとめられている。これまた特殊枠だ。さすがに最近はここまでではないでしょうが。いずれにせよ、ずいぶんと奇妙な分類をしていたわけです。
でもよく考えると、この分類法には人々の無意識バイアスがあらわれているようで面白い。つまりクラシックはバッハから始まってだいたいシェーンベルクの手前までだ、それより前もそれより後も特殊領域だ、というわけでしょう。「古楽」と「現代音楽」はマニアの方のみどうぞ

2　グレゴリウス一世の指示で編纂されたと伝えられる、中世ローマ・カトリックの初期教会音楽。
3　フランスの作曲家（一三世紀初頭）。ポリフォニー（多声楽）の先駆者だが、生涯はほとんど不明。
4　戦後日本を代表する世界的な作曲家（一九三〇〜一九九六）。現代音楽のほか、映画音楽なども手掛けた。
5　オーストリアのユダヤ系作曲家（一八七四〜一九五一）。十二音技法を開拓した。
6　イタリアの作曲家（一五六七〜一六四三）。ルネサンスからバロックへの橋渡しを果たした。
7　ドイツの作曲家、オルガニスト（一六三七？〜一七〇七）。若き日のバッハが憧れた巨匠。

――そんな秘密めいたにおいに、子どもの頃の片山さんなんかしびれたんじゃないですか？

片山　しびれるというか、あの仕切り方によって育てられた価値観があとあとまで効いているのは確かですね。「現代音楽」は売り場の端っこで隔離されているということ。特権的というよりも差別されていると感じたかもしれない。

冷めた目で音楽史を眺める

岡田　いわゆるクラシック音楽の歴史にとって、一八世紀まではいわば助走期間、一九世紀が世界制覇の時代、そして二〇世紀が黄昏というか没落期と言っていいと思います。二〇世紀もまだ最初の数十年はそれなりにプレゼンスを保っていたけれども、第二次世界大戦後になると現代音楽（前衛音楽）と言われるものに変貌して、完全に超マイナーになっちゃう。

片山　おおむね、現代音楽とは「無調」、いわゆるシェーンベルク以降のものが本流だという歴史観が主流でしょう。特に東西冷戦に入ってから、西側で書かれた歴史が、長く現代音楽史であるかのように思われてきたわけです。教科書風にいえば、イーゴリ・ストラヴィンスキー[8]やシェーンベルクの後に、ピエール・ブーレーズ[9]とかカールハインツ・シュトックハウゼン[10]とかが登場し、日本だったら武満徹が出てくる。そういう流れが正統であるとの史観ですね。たぶん何十年か通用していた。ところがいま振り返ると、あの時代に特有な、未来に向かって予定された音楽史だったように思います。しかももはやアクチュアリティをかなり失っている。

岡田　いわゆる「現代音楽」の全盛時代って実は東西冷戦の時代なんだよね。「西側にはなんでもありの自由がありますよ」と宣伝するツールのひとつが現代音楽だったかもしれない。

片山　いきなりこんな話で始めてはいけないのかもしれないけれど、冷戦時代には、いわゆる進歩的知識人たちがその名の通りで進歩を定義していたわけでしょう。芸術においても何が新しく前衛的であるかが問題とされ、新しさについて行けない人々は保守的で時代遅れであるという考え方ですね。

振り返れば、ベートーヴェンだって、彼が生きていた時代には前衛でした。特に後期のベートーヴェンは、当時の人はみんな理解できなかった。弦楽四重奏曲の一楽章として書かれた《大フーガ》なんて、あまりにわけがわからないので、別途造り直されたコンサヴァティヴな楽章に差し替えられたくらいです。しかし、いまは《大フーガ》は、普通かどうかわからないけれども、いちおう聴かれている。

それと同じように、シュトックハウゼンやブーレーズやルイジ・ノーノ[11]は、初演時には理解できなくても、これから十年か何十年かすると、誰もが聴くようになると信じられていました。そ

8　ロシア出身の作曲家（一八八二〜一九七一）。《春の祭典》などの革新的な音楽を生んだ。
9　フランスの作曲家（一九二五〜二〇一六）。ＩＲＣＡＭ（フランス国立音響音楽研究所）を創立。
10　ドイツの作曲家（一九二八〜二〇〇七）。主に電子音楽で知られ、多くの弟子や信奉者を生んだ。
11　イタリアの作曲家（一九二四〜一九九〇）。テープ音楽や電子音楽で知られる。ブーレーズ、シュトックハウゼンとともに「前衛三羽烏」などと呼ばれた。

れこそ人類が月に住み、核融合型の原子力発電所がすぐ当たり前になると信じられていたように。シュトックハウゼンは、一九七〇年代になると、あれは少しトーンダウンしていたということか、「第三次世界大戦のあと、生き残った人類が自分の音楽を普通に聴くようになる」と言っていた。そう言えばマウリツィオ・ポリーニ[12]は、ベートーヴェンにブーレーズやシュトックハウゼンやノーノを組み合わせるプログラムを好んで弾いていたでしょう？　ベートーヴェンの次の人類の音楽ということですよ。指揮者のクラウディオ・アバド[13]のノーノ好きも同じくということでしたよね。

岡田　現代音楽に真摯に身を捧げようという人がいた。でもどこか「がんばって分かろうとする」というか、無理して分かろうとしていた印象もあった。ちなみにアバドもポリーニもノーノもイタリア共産党の人で、その前進史観というものが前衛音楽擁護と結びついていた。アヴァンギャルド、つまり最前線で戦うんですよね。イタリア共産党の創始者のひとりグラムシは、若いころは社会党の機関紙『アヴァンティ！』の編集者でした。「アヴァンティ！」とは「前進！」だもんな。まあアバドもノーノもポリーニも全員が超ブルジョワ家庭出身というのもイタリアらしいんだけど。ミラノの名門家系の超ボンボンだったポリーニは、一九六八年前後には労働者を前に前衛音楽を弾いたりしていた。ブルジョワの巣窟みたいなスカラ座でね（笑）。労働者を啓発しようとしていたんでしょう。

片山　そうですね。現代音楽がわかるのが文明人だ――とでもいうような。ブーレーズやシュトックハウゼンを、こんなのは人間の耳に心地よくないと言っている人は時代錯誤者の烙印を押され、進歩的聴衆に叩かれていましたね。

岡田　あのころ現代音楽はSF未来のイメージと結びついていたのかもしれないね。宇宙人と交信する時代の音楽、みたいな。実際キューブリックの偉大なSF映画『2001年宇宙の旅』では月世界やワープの場面でリゲティ・ジェルジエ[14]が使われて、本当にはまっていた。そして前衛擁護者だったポリーニの弾くショパンには、超未来のアンドロイドみたいな魅力があった。あれは未来派的な、こういってよければ最新フェラーリのようなショパンだった。

片山　ところが、一九七〇年代のうちにはポスト・新ウィーン楽派[15]の音楽よりもミニマル・ミュージック[16]の方が聴衆を増やし、八〇年代には東側の旧ソ連のエストニアから出て来たアルヴォ・ペルト[17]のような作曲家のかなりシンプルな音楽が西側でも愛されるようになった。そして九〇年代に入ると冷戦構造の崩壊を受けるかのように、西側では現代音楽にお金を投じる国家や放送局やお金持ちがみるみる減って、現代音楽の社会的基盤が崩れ始めた。八〇年前後からは作曲家でも転向者が増えていったでしょう。もちろん転向しない人たちもいる。一種の現代音楽村みたいなサークルを作って続いていますが、前衛はとうの昔に死語になったかもしれない。

12　イタリアのピアニスト（一九四二〜）。古典から現代曲まで、幅広いレパートリーで知られる。
13　イタリアの指揮者（一九三三〜二〇一四）。スカラ座やベルリン・フィルなどの音楽監督をつとめた。
14　ハンガリー系オーストリア人の作曲家（一九二三〜二〇〇六）。「トーン・クラスター」で知られる。
15　新ウィーン楽派は二〇世紀初頭にウィーンで活躍した作曲家たち。シェーンベルク、ウェーベルン、ベルクなど。
16　最小の音型を反復する現代音楽の手法。
17　エストニアの作曲家（一九三五〜）。古楽に通じるシンプルな作風で知られる。

岡田　超マイナーなりにいまだ「業界」をつくってはいますけどね。

片山　そうやって考えると、時代ごとに音楽史というのは捏造されてきているような気もします。とくに二〇世紀後半の冷戦期の西側では進歩主義者の思い込みが行きすぎて、今日まで尾を引いている。それを真に受けて、池や溝に嵌っている人は今もいるでしょう。いろいろな思い込みを括弧に入れて、少し冷めた目でクラシック音楽史全般に接してもいいのではないかと思います。

世界市民化プロジェクト

岡田　たしかにそのとおりで、音楽とイデオロギーは不可分であり、一つの社会思想として捉えることが重要です[18]。実は一九世紀のクラシック音楽は、自由とか進歩とか、そういった市民社会のイデオロギーと結びついていた。「これが分かる教養人が文明人であり市民である」みたいなイデオロギーです。

片山　分からないと文明人として恥ずかしいという意識ですね。

岡田　音楽史は哲学の歴史とパラレルのような気もします。哲学史はだいたい一五九六年生まれのデカルトあたりから始まる。一七世紀のデカルト、パスカル、ライプニッツあたりが第一章。一八世紀のモンテスキュー、ルソー、カントらが第二章。そしてベートーヴェンと同じ年だったヘーゲルから第三章が始まって、一九世紀のヘーゲルやキルケゴールやショーペンハウアーやニーチェになる。音楽史ではロマン派の時代だ。

片山　まさに重なりますね。

岡田　「クラシック音楽帝国」の基礎になったのは、一八世紀に始まった「世界市民化プロジェクト」だと思える。いわゆる啓蒙主義の下、世界中の人が「市民」になる夢。ベートーヴェンの《第九》が典型ですが、クラシック音楽はあの「世界市民の理想」のアイコンだったんじゃないか。私たち日本人だって、「不平等条約を改正して、一等国に仲間入りするためには『市民』にならなきゃいけない、そのためには西洋のクラシック音楽を聴かなくてはダメなんだ」みたいな意識でクラシックを受容してきたことは間違いない。

ところが、そういう数百年続いた世界市民音楽のイデオロギーが、二一世紀にもう相当空洞化し始めた。世界中の人間が「市民＝中産階級」の暮らしを始めたら、地球資源がパンクしてしまうことがもう明らかなんだし。それにウクライナ侵攻をめぐる国連の空洞化も、啓蒙理想の破綻といえるし。片山さんが待望する「世界の終わり」が近づいている感すらある。

片山　いやいや、私は、そのような恐ろしい世界を待望してはおりません（笑）。

岡田　いずれにせよ、クラシック音楽を一つの近代イデオロギーとして見るなら、どうしてバッハが「父」なのかよくわかる。これは世界市民化プロジェクトにおける「先祖探し」というか、「ルーツ探し」だったと思うんだよね。

片山　確かにそうですね。一種のルーツ探しで、そのルーツの上に、「市民」の権利である自由

18　たとえば、経済思想家の猪木武徳も『社会思想としてのクラシック音楽』という本を刊行している。

とか博愛とか平等とか、多くの新しい観念が乗っかっている。そして数々の束縛を克服することこそが、「市民」としての「進歩」であると考えるようになった。たとえば、複雑な和声進行を聴き分けるとか、対位法を理解するとかが、それにあたります。

岡田　対位法がわからないヤツは本当の「市民」ではない、とか。おそろしい（笑）。

片山　対位法や和声法の確立と「市民」の確立はやはりパラレルでしょう。その前に文明人か非文明人かという段階がある。非文明人はペンタトニック・スケール——それこそ、アジアの一部やスコットランドなどで当たり前だった五音音階で止まっている。七音音階でないと恥ずかしい。五音音階だと対位法も和声法もへちまもない。音が少なくて何をやるにも足りない。近代日本の耳のコンプレックスだったでしょう。

岡田　五音音階は未発達で、ドレミファソラシの西洋七音音階が文明人の音階だ——大なり小なりこのイデオロギーは健在だよなあ。五音音階で演歌を歌うオッサンは、西洋七音音階のポップスを聴く娘に野蛮人扱いされる。

片山　ところが、さらに極端な進歩主義が出てきて、人間の耳もどんどん革新されて、感性も理性ももっと先へ進むはずと信じられた。七音音階でも旧弊だと。シェーンベルクの十二音音楽、さらにアントン・ウェーベルン[19]を大きなモデルとした、音符の長さや音量の強弱まで複雑にコントロールする音楽になっていった。そういう音楽が進歩の最先端なのだと。作曲家も演奏家も聴衆も、そんな段階に対応した耳を得ると、真の文明人、真の「世界市民」になると。

岡田　まさに進歩史観の極致ですね。

片山　そこに到達するためのツールは、世界文学でも西洋美術でも良いはずなのですが、やはりクラシック音楽がいちばん便利でわかりやすかった。一種の世界市民音楽としての「クラシック音楽」をわかっている人こそが高級であって、わからない人はダメだという話ですね。それが前衛音楽まで行く。

たとえば日本では、高度成長期のステータス・シンボルとしてはクラシック音楽がたいへんよく機能したでしょう。子供のお稽古事がそうだし、東京の高級サラリーマンの家庭だと夫婦で「N響の定期会員です」というのが素敵であると。もちろんカラヤンのLPレコードが応接間に家具調ステレオ・セットと共にあるのがまたとてもよい。さらに言うと、『風の中の女』という岩下志麻主演のテレビのメロドラマのテーマ音楽が十二音技法だということもあった。

岡田　大正教養主義、そして太平洋戦争をはさんだその延長としての戦後高度経済成長期の「進歩的な」日本社会に、クラシックはバッチリはまったんだな。「クラシックを聴いてみんなで市民になろう！」とね。ちなみに片山さんが挙げられた昭和の高級サラリーマンの客間小道具としては、講談社の百科事典と小学館の世界美術大全集と日本人形と箱型ピアノとサントリーのウィスキーあたりも忘れてはいけないですね。それらがカラヤンのベートーヴェン交響曲のレコードと一緒に応接間に飾られていた。

19　オーストリアの作曲家（一八八三〜一九四五）で、シェーンベルクの弟子。「新ウィーン楽派」の一人。

クラシックと帝国主義

岡田　いま、片山さんが指摘されたように、音楽は文学や美術と比べて抽象的だから、国境を越えやすいんだよね。国を越えて「世界市民」になるための格好の芸術媒体だったんでしょう。しかし同時に忘れてはいけないのは、一九世紀にヨーロッパ発のクラシック音楽は世界中の音楽を標準化して回った、端的にいえば征服したということです。本書の後半でも再び触れることになるはずですが、世界中のありとあらゆるエリア、インドでも、ベトナムでも、南米でも、あるいはエジプトでもトルコでも、あらゆる地域の音楽を全部、ヨーロッパ語法に変えさせた。

こんな「グローバル化」が音楽では早々一九世紀に完遂されたもんだから、私たち日本人は、「彼のベートーヴェンは、いいですねえ」みたいな会話を交わして別に何の違和感も感じない。ニュートラルな万国共通語だと思ってしまう。ヨーロッパ・クラシック帝国の極東植民地における忠実なる臣民になってるのかもしれない（笑）。

そこへいくと、バッハ以前の一千年とは、ヨーロッパ音楽がこうした帝国主義的な野心をまだ抱き始めていなかった時代ではないのかなあ。

片山　そのとおりでしょうね。世界史の授業みたいになってしまいますが、中世の終わり頃からヨーロッパが世界史の中で突出して広がっていく時代を迎えます。というか、そうなるから中世が終わる。それまでのヨーロッパは、オスマン帝国やモンゴルに脅える「極西」でしょう。つまり、ユーラシア大陸の「極東」には朝鮮半島、その先に日本列島があった。逆側には、ヨーロッパ半島があった。しかしどっちもあまりに端っこで、当時の中央（オスマン帝国やモンゴル）からは本気では相手にされなかった。元寇もモンゴルのヨーロッパ侵入も何だか半端ではないですか。わざわざ深入りしても見返りが乏しいと思われていたからでしょう。

ヨーロッパはルネサンスと大航海時代で逆襲に転じた。日本の豊臣秀吉の文禄・慶長の役も似たことかもしれませんが。とにかくヨーロッパがそうなってから、私どもが現在、クラシック音楽として馴染んでいるものが生まれて広がっていった。

岡田　こんなふうに世界史というか地球史のなかでクラシック音楽を考えたいものだ。

片山　こういった歴史の流れのなかでクラシック音楽を見ると、たとえばバロック時代はヨーロッパの世界進出が始まっている時期でしょう。ドイツの港湾都市ハンブルクなんかはアメリカ大陸との取引で賑わっていたから、ハンブルクの音楽家、ゲオルク・フィリップ・テレマン[20]には、アメリカへの投資をネタにした曲さえある。バッハはライプツィヒでコーヒーを愛飲して《コーヒー・カンタータ》を作っている。フランスならジャン＝フィリップ・ラモー[21]には《優雅なインドの国々》があるし、イングランドのヘンリー・パーセル[22]には《インドの女王》がある。ヨーロッパが世界を従える歴史の進展がバロック音楽に刻まれている。そして、世界を支配し、従えて、

20　バロック期ドイツの作曲家（一六八一〜一七六七）。
21　バロック期フランスの王室作曲家（一六八三〜一七六四）。大量の鍵盤曲、オペラ、バレエを発表した。
22　バロック期イングランドの作曲家（一六五九〜一六九五）。八百以上の曲を遺し、現在も全集の編集作業が続く。

序列化するための道具の中に、クラシック音楽の旋律法、和声法、対位法、リズム法があった。それらが〝勝ち組〟になって、世界を植民地化していった。それがついに極東にまで及び、我々も西洋音楽を受け入れました。

岡田　音楽って非政治的に見えて極めて政治的にヤバい芸術なんですよね。知らないうちに人を洗脳していく。

片山　岡田さんがおっしゃった世界市民化という視点でクラシック音楽史を見れば、結局のところ、まずは帝国主義化、植民地化、世界の序列化の歴史ということになる。泰西文化を崇敬するということですね。それがやがて、その「序列」を乗り越えて、みんな兄弟になろう、同胞になろう、平準化しようとなって、《第九》を共に歌おう！

岡田　その結実が昭和戦後の高度成長期だったんだろう。どこにでもピアノ教室があって、至るところで年末には《第九》が歌われるようになる。

片山　こうして、ヨーロッパ文明が軍事力、経済力、政治力を拡充させていく背後で、音楽でも世界の勝ち組になった。中国でもインドでも中東でもなく、ヨーロッパ音楽がグローバル・スタンダードになった。すると我々も、洋服を着て、西洋風の都市に住んで、現代建築のビルなどを見てかっこいいと思い、教会を見て素晴らしいと思ったりするようになった。この何代か前からの刷り込みによって、世界中の人間が、いまこそ「世界市民」になったと思いこんでしまっている。

もちろん、北京やデリーやイスタンブールが世界市民の象徴都市になってもよかったと思うし、世界史の今後の動向次第では何が起きるか分かりません。しかしやはりキリスト教の普遍化能力と、西洋の科学技術の圧倒性が歴史をつくってきた。それが、バッハ以降、作曲家の顔が見えてくる時代と完全に合致しているように思います。ともかく、西洋のクラシック音楽こそがグローバルで、他は違うと感じるようになってしまった。世界中がそうではありませんが、文明国を気取るところはかなりそうだ。日本でも西洋化を文明開化と言うのですからね。

岡田 クラシック音楽の歴史は、ヨーロッパ発の世界市民理念の「自画像」みたいな面があるんですよね。まだ世界の民族音楽の一つにすぎなかった時代を終えて、一九世紀に入ったぐらいから、ヨーロッパでは「音楽史」が書かれ始めることも、それと関係していたんだろうなあ。「音楽学」は一九世紀に生まれた学問です。自分たちの音楽が世界最先端であることを証明するための学問だったのかもしれない。

「バッハ以前」のほうがいい？

岡田 ここで「バッハ以前の一千年」問題に話を戻すと、さきほど片山さんに現代音楽観についてうかがいましたが、今度は古楽観を聞きたいな。

片山 すでに岡田さんがおっしゃったことで尽きていると思うのですけれど、バッハ以前の、まだ「繁栄」が感じられないような世界は、「近代未満」というネガティヴなイメージを持たれてしまうんですね。近代未満の中世ヨーロッパというと、つい魔女裁判や火焙りのような、野蛮な印象が刷り込まれてきた。市民ではなく教会が支配していて、「暗黒の中世」が重なってくる。停滞しているんだと。実際はそんなことはないけれども、印象としては長年そうだった。だから、かつては古楽もマニア以外には圏外だったでしょう。ありがたいクラシック音楽だとは思わなかった。

古楽の時代の後に、ようやく近代が花開いて、個人の自由な観念が、神さまの支配にとって代わるようになるという歴史観ですよね。そこまで来るとバッハになる。自分で考え、創意工夫をするようになる。つまり発明――インベンションの時代になるわけです。バッハはまさしく《インベンション》（発明）なんて曲を作っている。ということは、個人が自分の手でいろいろ試してみるという価値観は、たぶんバッハの頃から、人びとが持ちはじめるようになった。そう思おうとする。自由に発明する個人が誕生して、我々に近しい音楽になる。そういう歴史語りが教科書的音楽史でしたでしょう？

岡田　実は、片山さんに「中世ルネサンス音楽って好き？」っていう質問をしてみたいと思っていたんですよ。いまや世はポスト・コロナの時代。ポスト・モダンもとっくに古くなり、ポスト・ヒューマンの時代です。クラシック音楽を支えていた世界市民理念も、ウクライナ戦争で液状化してしまっている。そうなると、「近代未満」のほうが、ベートーヴェン的な「がんばって立派な世界市民になりましょう」の近代音楽よりピンとくる人が、増えているのではないでしょうか。

片山　ああ、なるほど。それは私もそのとおりだと思います。

バッハ以前と以後の音楽を比べると、たとえばバッハには《フーガの技法》や《音楽の捧げもの》、あるいは《ゴルトベルク変奏曲》のような、ある種の全体性とか、世界秩序みたいなものが感じられる作品がある。一つの作品から世界観が見えてくるような。バッハ以前には、そういう音楽はありませんでした。

ベートーヴェンになると、それがさらに進み、四楽章形式のシンフォニーや、ソナタ形式などで、喜怒哀楽や感情や理屈、あるいは暗さと明るさ、昼と夜、人間のいろんな感情を描くようになった。その後、ロマン派になると、もっと感情表現の類型が細かくなって、襞にまで及んでくる。それがシューベルトであり、ショパンやシューマン。

こうなると、音楽は人間の全体性を見渡す道具となってくる。すると、作曲する側も聴く側も、同じ理解度で向き合うようになる。これこそが「近代市民」の姿です。ここにきて、クラシック音楽は、すべてを一人で見渡し、処理できるんだとの自信を持つようになった。

岡田 「個人の可能性は無限だ」と無邪気に信じることのできた時代だった。

片山 そこを通りすぎて現代に近づくにつれ、ポスト・ヒューマンになってくる。人間は理性を制御できなくなって、世界を見渡そうにも、なんだかわからない、翻弄されているような世界に投げ出されていることに気づく。世界はカオス化して、疫病が流行し、人間の尊厳もへちまもなくなる。管理され、家畜化され、仕事もなくなる。本来なら人間がやるはずだったこと、たとえば複雑な計算や予測などは人工知能がやってくれる。もう人間の知恵では追いつかない。お払い箱に向かって驀進中ですね。

岡田　まあミシェル・フーコー[23]がとっくに予言していたことなんでしょうけれど、二一世紀に入ってもう「人間」は自信喪失しっぱなしですよね。
片山　そうなると、ベートーヴェン的な音楽は「虚偽」に聴こえてくると思うんです。だって、かつては《第九》一曲に「世界」のすべてが入っていて、それを聴いたり演奏したりすればユートピアに至る――というつもりで聴いてこそだった。彼のシンフォニーやピアノ・ソナタ、弦楽四重奏曲の中には、世界の写し絵が凝縮されているんだ、と。しかし幻滅する。ベートーヴェンを聴くこと自体が、バカバカしくなってくる……。
岡田　それでも私は「ベートーヴェンは偉大だ」と思っていますが（笑）、同時に今の時代にあってベートーヴェンを聴くことの、このバカバカしさを密かに感じていなかったらウソだろう、といつも自戒を込めて思っています。
片山　そうなってくると、近代的なものと前近代的なものの逆転が起きてくるのではないですか。古い宗教音楽とか雅楽とか。ベートーヴェンみたいに、テンポや強弱が目まぐるしく変わることのない音楽に安らぎを覚える。そういうふうに思わないと、昨今、古楽がこれだけ市民権を得ていることの説明には、ならないと思います。
岡田　そうですね。
片山　バッハ以前の一千年がどこへ行ったのかを話しているのに、実際には復権している、みたいな話になっているんですが、でも、クラシック音楽全体が縮小しているなかにあって、現代音楽と古楽が、昔に比べて相対的に大きくなっていることは間違いない。いまや大きなレコード店も減る一方ですけど、ネット・ショップでも、あるいはまだ生き残ってくれている渋谷のタワーレコードなどへ行くと、古楽と現代音楽のCDのコーナーが相対的に大きくなっている。現代音楽は息切れ気味だけれど、古楽の方にはまだ伸び代があるというのが、より状況に則した表現かもしれませんが。

岡田 最近は、クラシックの特権的地位が、絶対的にも相対的にも奪われつつある。

片山 やっぱりシンプルな古楽と、現代音楽のミニマル・ミュージックなどを聴いているほうが、疲れない。理屈や複雑な感情に走ったクラシックをありがたいと言っている人のほうが古い。つまり近代精神の崩壊を意味する現象でしょうけれども。いまは、ジャンルを超えて、民族音楽もロックも好きだけど、スティーヴ・ライヒ[24]やフィリップ・グラス[25]やテリー・ライリー[26]などの現代音楽も聴く人が、けっこういる。そういうリスナーは古楽ファンとダブってもいる。

環境化する音楽

岡田 そうですね。クラシック音楽の源流は中世にさかのぼり、ゆっくり時間をかけて生長し、

23 フランスの哲学者（一九二六〜一九八四）。「ポスト構造主義者」などと称された。
24 アメリカの作曲家（一九三六〜）。ミニマルの代表的存在で、テクノ・ポップにも影響を与えている。
25 アメリカの作曲家（一九三七〜）。ミニマル系。映画音楽も多い。
26 アメリカの作曲家（一九三五〜）。ミニマル系。日本の山梨在住。

バロック時代になって成熟してきて、その基礎のうえに古典派のハイドン、モーツァルト、ベートーヴェンが登場した。特にベートーヴェンあたりで、音楽作品とは偉大な天才作曲家が提示する世界観であるかのようなイメージが形成され始める。古楽の時代は、そこに至る助走期間みたいなものです。だからこそ古楽は、片山さんがおっしゃったように、シンプルになった現代音楽、一種のアンビエント（環境）・ミュージックに近いんですよね。

片山　そういう感覚ですね。

岡田　環境音楽――たとえば、ひたすらサラサラと流れるせせらぎの音を聴いても、それで世界全体が見渡せるなんてことはありえないわけです。せせらぎの音もミニマル・ミュージックも、仮に一時間半つづいたとしても、それが世界全体を表わしていることにはならない。やっぱりフーコーの『言葉と物』の最後がいやでも思い出される。「賭けてもいい、人間は波打ちぎわの砂の表情のように消滅するであろうと」。

もしかしたら人間とは、せせらぎの音を聴きながら、人間には到底見渡すことなどかなわない全宇宙を、少しだけ垣間見たような気になるのが精一杯という程度の存在なのかもしれない。この感覚って、中世ヨーロッパ音楽と通じるところがあると思うんですよね。

片山　そういえば、一九九〇年代に、グレゴリオ聖歌のＣＤがベストセラーとなったことがありましたね。スペイン・シロス修道院のベネディクト修道会士によるアルバム『CANTO GREGORIANO』[27]など、日本だけで三〇万枚近い売れ行きを示しました。

これを契機に、雨後の筍のごとく、グレゴリオ聖歌のＣＤが出るようになり、古楽声楽アンサンブルのタリス・スコラーズの「Ｇｉｍｅｌｌ」のように、自分たちで古楽専門レーベルまで持つ連中が出てきた。この動きは、一九七〇年代に環境音楽のブライアン・イーノ[28]が大人気となったのと繋がるでしょうね。

岡田　イーノが「環境音楽」を言い出すのがポスト・モダンのど真ん中、一九七〇年代半ばだったのは偶然じゃない。それは「成長の限界」とか「宇宙船地球号」が流行語になるのと同時代です。環境汚染とオイルショックとベトナム戦争後のアパシーのあの時代。

片山　こうなってくると、古楽と環境音楽と現代音楽の区別も難しくなってきて、レコード店に行っても、どの棚に行けばいいのか、わからなくなってきた。お店が「ニュー・エイジ」なる棚をつくるようになったのは、あのころからではないでしょうか。

岡田　そのような流れの中で、『アダージョ・カラヤン』[30]がベストセラーになったことも思い出されますね。あれは今日の癒し音楽ブームのルーツだ。

片山　『アダージョ・カラヤン』は、交響曲の中のアダージョ楽章だけを切り離して聴くアルバムですね。あれが出たとき、アバドが怒って「交響曲は一つの楽章だけを聴いても意味がない」みたいな発言をしていたと思います。このアバドの思想こそ、まさにクラシックの世界観で、要

27　一九九三年リリース。全世界で三〇〇万枚を売り、現在の古楽ブームのきっかけとなった。
28　一九七三年結成、イギリスの声楽アンサンブル。
29　イギリスの音楽家（一九四八〜）。ロックバンド「ロキシー・ミュージック」出身。
30　全世界で五〇〇万枚以上を売った、クラシック史上、最大のヒット・アルバム。

するに交響曲とは四つの楽章がワンセットとなって何らかの全体性が表現されているのだという考えでしょう。

　これに対して、グラモフォン・レーベルは、アダージョ楽章だけを抜粋で聴いていいんだと提案したわけです。まさに全体性の解体であり、ミニマル・ミュージックやアンビエントや古楽につながる雰囲気を感じさせます。『アダージョ・カラヤン』こそは、ポスト・モダン、ポスト・ヒューマンになっていく九〇年代を象徴するCDであり、まさに冷戦終結の象徴でもありました。

「ECM」レーベルが象徴するもの

岡田　そこで忘れてはいけないのは、先ほどもチラリと出た、エストニアの作曲家、アルヴォ・ペルトの「発見」です。ペルトはもともと「現代音楽」の人でしたけれども、作風はどこか中世音楽みたいになっていった。このペルトのCDを積極的に売り出したのが、ドイツのレーベル「ECM」だった。このことも、近年のクラシック音楽の聴かれ方を考えるにあたって、重要なことではないでしょうか。
片山　その通りだと思います。
岡田　ECMは一九六九年立ち上げです。まさにポスト・モダン前夜。従来のドイチェ・グラモフォンとかデッカといったメジャーではない、インディーズレーベルの先駆けみたいな会社で、キース・ジャレット[31]やユーロピアン・ジャズが看板だった。リバーブを効かせた独特のサウンドが特徴だった。癒し系サウンドですね。あのリバーブは本当に印象的だ。何のCDでもリバーブだけで「あ、これECMね？」とわかる。

片山　キース・ジャレットが弾くバッハの鍵盤曲などもリリースしていました。

岡田　やがてアンドラーシュ・シフ[32]やギドン・クレーメル[33]などのクラシックも出すようになったけれど、すべてのCDが、ひとつの世界観で統一されているように見えるんですね。

キース・ジャレットとの共演で有名だったノルウェーのジャズ・サックス奏者のヤン・ガルバレク[34]を、中世合唱音楽で知られるヒリヤード・アンサンブル[35]と共演させたアルバム『オフィチウム』[36]は世界的ヒットでした。スピリチュアルな静けさが、中世音楽とジャズと癒し音楽を見事につないでいた。

片山　ECMレーベルは、まさに古楽やミニマル・ミュージックがブームになるポスト・モダンをリードし続けたレーベルです。つまり、大勢の集団を熱狂させるような音楽ではなく、あくまでも個室のなかで一人でステレオ・セットに向かう個人に供される音楽。しかも、聴き手を没入させて我を忘れさせるようなところとは一線を画している。そんな音楽トレンドを創出した点で

31　アメリカのピアニスト（一九四五～）。ジャズとクラシック双方を演奏する。
32　ハンガリー出身のピアニスト（一九五三～）。古典からロマン派の名演で知られる。
33　ラトビア出身のヴァイオリニスト（一九四七～）。古典から現代音楽まで幅広く演奏し、指揮でも知られる。
34　ノルウェーのジャズ・サクソフォン奏者（一九四七～）。ECMレーベルを代表するアーティスト。
35　一九七四年結成、イギリスの男声カルテット。ルネサンス音楽のほか、現代曲も歌う。
36　一九九四年リリース。全世界で一五〇万枚以上を売った。

極めてクリエイティヴな会社だったといえる。

たとえばベートーヴェンでも、ＥＣＭは《第九》などよりも、アンドラーシュ・シフによるソナタ集をリリースするでしょう？　そこには、世界市民のユートピアに陶酔しようみたいな安手の桃源郷志向はない。やはりメディテーションではないですか。

岡田　シフは「引きこもりメディテーション系」の巨匠ですね。癒し音楽好きなら何でもいいからＥＣＭを聴けばよい。たとえばベートーヴェンのような「熱い」音楽が苦手だ、バッハ以前のもっと落ち着いた癒しの音楽を聴きたいという方にお薦めのＣＤが、ＥＣＭのヒリヤード・アンサンブルによる『ペロタン作品集』[37]です。

片山　このＣＤもロングセラーですね。一二〜一三世紀のフランスの作曲家で、初期ポリフォニー（多声楽）音楽の大家であるペロタンは、ミニマル・ミュージックのライヒのモデルにもなっている。演奏しているヒリヤード・アンサンブルも、古楽のみならず、ペルトなどの新しいレパートリーも歌う二刀流の声楽カルテットでした。

岡田　以前、友人でクラシック音楽の大ファンである科学者にペロタンをすすめたら、えらくはまって、その感想が面白かった。いわく「ペロタンの音楽には悪意がないですね」と。

片山　それはどういう意味で？

岡田　彼によれば、ベートーヴェンは世の悪意に打ち勝ってみせる、シューベルトは諦める、マーラーは嘆く。そしてモーツァルトには、ピアノ協奏曲でいえば第一九番までは悪意を知らない純粋さがあったが、第二〇番以降、世に悪意ある人間がいることを知ってしまった人の音楽になってしまう気がする、と。

片山　なるほど。モーツァルトも市民相手に食っていくような音楽に目覚めると、悪意が入るということですか。そこからは悪意の系譜だと。

岡田　もしかしたら「バッハ以前の一千年の音楽」とは、「まだ悪意を知らなかった音楽の時代」だったのかもしれません。近代になるとともに、悪意と闘う音楽が隆盛になる。しかしポスト・モダンになって人は闘い疲れしてくる。「悪意以前」の古楽が再び浮上してくる……。

このことはおそらく、「古楽は人間が聴くための音楽だったのか」という問いとセットになっています。宗教の問題になってくるといってもいい。つまりペロタンの時代の音楽とは、神に奉納するものであって、人間が聴いて楽しんだり感動したりするものではなかったんじゃないか。

というわけで、次章では、「神に奉納される音楽」のありようを考えてみませんか。

片山　いよいよバッハですね。

岡田　そうです。私は、バッハを「音楽の父」と呼ぶのは好きではないのですが、やはりバッハから始めないわけにはいきません。

37　一九八九年のリリース以来、いまでも売れつづけている人気ＣＤ。

第一章　バッハは「音楽の父」か

「神に奉納される音楽」

岡田　まずはバッハへの導入として、序章の最後で語った「神に奉納される音楽」の話から始めましょう。

片山　はい。何度か述べていることですが、クラシック音楽は「神なき人間」が倫理的に目覚め、すばらしい世界に到達するという啓蒙主義的なヴィジョンを表象するツールでした。ところが、やはり、そこからこぼれるもの、あるいは裏切るもの、うまくいかないものが出てくる。その嘆きが引き裂かれて増大して、グスタフ・マーラー[1]のような過剰に重厚な音楽が登場したりする。

1　オーストリアの作曲家・指揮者（一八六〇〜一九一一）。大規模な交響曲を多く書いた。

そういう見立てがありうると思います。

しかし、近代以前は、そもそも人間なんて自ら運命を切り拓くために悩んだり苦しんだりする存在ではありませんでした。とにかく神さまにすがる。キリストを信仰して、教会で懺悔して、なんとか助けてほしいと祈るしかない。したがって、いわゆる古楽も、キリストとか、聖霊とか、マリアとかに対する「奉納的なもの」だった。

もちろん、音楽を奉納したからといって悩みが解決するわけではなく、ある種の不全感がずっと続くことになります。そこにはもう人間が神のように偉くなっていくみたいな驕り高ぶったヴィジョンはないわけで、だから「悪意のない」ペロタンのような音楽になる。それこそが「神に奉納される音楽」で、悪意がないどころか実は善意もない。

岡田　いわゆる「近代的主体」というか「個人」がない。ある意味でこれはやばい。

片山　だから、序章でも話したように、古楽はミニマル・ミュージックに近いものがあると思うのです。人間の祈りや瞑想と言えば聞こえはいいですが、実はただぼんやり寝ているだけの精神状態に近い音楽。そのほうが人間の身の丈に合っているし、それ以上のものでもない。

岡田　現代は再び中世化しているということですか。

片山　音楽史的に見ると、そう言えるかもしれません。近代に入ってからの人間は、やたらと苦悩し、逡巡し、挫折するようになりました。そして挫折を繰り返しているうちに、現代になって、人間が高みへ登っていけるというヴィジョンがリアリティを失った。するとそこにしっくり合うのが、古楽と、現代音楽の特にミニマル以降のもの、たとえばスティーヴ・ライヒやジョン・ケージ[2]などであることに気がついた。

非常に類型的、図式的で単純でお恥ずかしい限りだけれども、やはり現代は中世に通じるところがある。神の代わりが人工知能とか。

「表現する音楽」の始まり

岡田　中世化しつつあるかもしれない現代は後にまたじっくり語り合うとして、クラシック音楽の歴史は、音楽が世俗化ないし感覚化していく歴史だったと見ることができます。もともと宗教的メディテーションから始まったものが、次第に生身の人間が聴いて楽しんだり、感動するものになり始めた。少しずつ少しずつ宗教から離れて、芸術家の個性が出てきた。
片山　個性が出てくる前というのは、どういう段階を踏むということに?
岡田　中世の音楽のイメージは、端的に言って「異界からの音楽」です。「この世ならぬもの」が響いてくるような音楽。ところがルネサンスになってくると、普通の意味で「きれい」な音楽になり始める。ジョスカン・デ・プレ[3]はルネサンス最大の作曲家といっていいでしょうが、彼の合唱曲は本当に美しい。人間が地上で楽しめる。ジョスカンは盛期ルネサンス、つまり一五世紀

2　アメリカの実験音楽家（一九一二〜一九九二）。代表作は、なにも演奏しない《4分33秒》など。
3　ルネサンス期を代表するフランスの作曲家（一四五〇?〜一五二一）。

の人でした。

さらにルネサンスも終わり、一六世紀末になってくると、「人間ドラマ」が加わってくる。「美しい」だけじゃ物足りなくて、「劇的」じゃないと満足できなくなる。こうやって「オペラ」というジャンルが生まれる。《オルフェオ》や《ポッペアの戴冠》を残したモンテヴェルディは、歴史上最初のオペラ作曲家といってもいいでしょう。ものすごく図式的にいえば、「中世＝奉納→ルネサンス盛期＝美→ルネサンス末期＝ドラマ」と、音楽の性格が変遷してきたってことでしょうかね。怒りとか哀しみとか戦いとか愛が音楽表現の対象になり始めたのは、まさにこの時代からです。「ムジカ・ラップレゼンタティーヴォ（表現する音楽）」というやつですね。「音楽が喜怒哀楽を表現する」って、そんなのは当たり前じゃないかと思う人もいるだろうけど、それは一六世紀の終わりころからやっと始まった。

片山　ルネサンスではまだ萌芽段階で、バロック時代を迎えて「表現する音楽」が本格的に開花するというわけですね。

岡田　このころから音楽の奉納対象に、神さまだけでなく、王さまも加わってくる。音楽が王を褒め称えるものになる。絶対王政の始まりです。ただし王というのは、ルイ一四世[4]のように、「王権神授説」、つまり神さまから王権を授かった「神さまの代理人」ということになっているので、半分はまだ神さまへの奉納のようなものでしたが。

片山　キリスト教世界では、まだ神や教会に対して畏れ多いところがあるから、初期のオペラなどは、キリスト教以前のギリシア・ローマ神話に託して物語をつくっていた。しかし実は、当時の世俗的な同時代人の感情を、ゼウスだとかアポロンだとかに投影していたに過ぎない。キリスト教より前の話だから許されるというわけです。結局、ルネサンスというのは、ギリシア・ローマ神話で人間の気持ちを表現していたのでしょうね。

岡田　日本で言えば、江戸時代の頃は実在の事件をそのまま歌舞伎化できないので、みんな鎌倉時代に仮託して描いていたようなものですね。

片山　そうそう。音楽の話からずれますが、江戸時代の儒学や朱子学の人たち、たとえば荻生徂徠[5]とか伊藤仁斎[6]とかが、『論語』を自分で読んで、独自に解釈し始める。それを「古学」に帰ると言っています。しかしこれなども、伝統的な解釈は否定して、自分の思想を投影したいがために、とりあえずそれを「古《いにしえ》に帰る」と称していたわけでしょう。再解釈の方便ですね。

ルネサンスの「古楽」も理屈は同じで、ギリシア・ローマ神話の世界を勉強しているように見せて、実は、自分のことを言っているだけ。すると、もっと大胆に自分のやりたいことをやる人が出てくる。そういう形で、ポリフォニー[7]による教会音楽からモノディー[8]による世俗音楽へと進み、オペラのようなドラマティックな音楽が急速に発展した。

4　ブルボン朝のフランス国王（一六三八〜一七一五）。太陽王と呼ばれ、バレエを奨励した。
5　江戸時代中期の儒学者（一六六六〜一七二八）。古代の研究を重視した。
6　江戸時代前期の儒学者（一六二七〜一七〇五）。『論語』を信奉したが、荻生徂徠に批判された。
7　ルネサンス期に盛んになった多声部音楽（それ以前の単声部音楽がモノフォニー）。
8　一六世紀頃に盛んになった、伴奏つき独唱音楽（弾き語り）。バロック音楽誕生の契機となった。

岡田　中世からルネサンスの教会音楽はポリフォニー中心。つまり多声楽で、複数の「声＝パート」が、少しずつずれたりしながら、めいめいメロディーを唱える。教会の会衆がばらばらと、それでも声を合わせて、一緒に歌うイメージです。それに対してモノディーは一六〇〇年ごろ、絶対王政が確立する時代に生まれたスタイルで、一人がメロディーを歌い、それを和音楽器が伴奏する。要するに今の私たちが「これが音楽だ」と思っている音楽スタイルです。「たった一人の個人」というか、「たった一つのメロディー」が専制支配して、その他大勢が伴奏に回る。まさに絶対王政の時代の音楽。現代のカラオケだって一種のモノディーですよね。テンポがずれていようが、音程がふらつこうがおかまいなしに、マイクをもって自分に酔える人は、絶対王政の時代の国王の全能感を感じているんだろう（笑）。

片山　キリスト教による永遠の世界が崩れ去り、世俗が増大する。やがてそれは王の権力にもなり、個人の富にもなる。個人が富を持てば、お金の力で勝手ができるようになり、さまざまな欲望や感情が生まれ、恋愛もするようになって、そこに愛憎劇が生まれ、それをドラマとして見たくなる。しかし、まだ教会の目も光っていて、世俗の話にはできないから、ギリシア・ローマ神話の話にして、オペラにしてみんなで見るようになった。なんだかおかしな王政復古的な話だけど、やりたいことをやるために「昔」を使う時代がルネサンスだった。

音楽の自由と検閲

片山　しかしその「昔」にこだわらないで先に進もうとする考え方が生まれてくる、それこそがバロックで、バッハの時代でしょう。

バッハがルター派のプロテスタントだったことは示唆に富んでいると思います。長く続いたカトリック支配に抗して、世俗的な権力と経済力が出てくることによって、プロテスタントは誕生しました。教会よりも強い政治権力が出てきて、王権神授説が生まれ、世俗を支配している王が神のようにえらいということになって、どんどん社会の世俗化が進んだ。

そうなると、なんだか北一輝[9]みたいな話になるけど、王とか天皇とか、いままで特定のえらい人だけが持っていたものを、庶民みんなで分かち合うことこそが「市民化」だと。そして、一般市民も喜怒哀楽の感情とかを表現していいんだということになった。

岡田　もう一回ここまでをおさらいしておきましょう。なかなか複雑で、だけど重要なことなので。端的にいって、バロックに至るまでの西洋音楽の歴史は、キリスト教を隠れ蓑に、「教会のための音楽です」という顔をしながら、表現の自由を少しずつ入れていくプロセスだった。それが決定的になり始めるのがルネサンス。キリスト教の束縛から逃れるための口実として、聖書ネタ以外に、「古代ギリシア神話」というもう一つの「隠れ蓑」が加わる。古代神話は聖書ネタだとやりにくいエロティックな表現の口実としても向いていたでしょうし。美術史と同じですね。

考えてみれば、音楽というのは本質的に大変エロティックな芸術です。下手するとワイセツに

9　戦前の思想家、国家社会主義者（一八八三〜一九三七）。二・二六事件の理論的指導者として死刑となった。

なりかねないこの快楽芸術が、教会に抑圧され、聖書や神話を隠れ蓑にしながら、ルネサンスあたりから徐々に「人間が楽しむ」ものになり始めた。とりわけ王侯貴族は音楽を公然と自分自身の悦楽として楽しむようになった。しかし同時に、「市民だってこの楽しみのおこぼれにあずかったっていいじゃないか」という動きが、徐々にではあるけれど出てくる。バッハの前段として、このあたりの文脈は抑えておく必要があるということですね。

ちなみにバロック時代に入ってもなお、キリスト教やギリシア神話の「隠れ蓑」は根強く残りますね。美術でいえば、ルーベンスは現世的な酒池肉林を神話のテーマで覆い隠しますし、レンブラント・ファン・レイン[10]の宗教画は実は身近な市民家族の肖像だったりする。同じようにゲオルク・フリードリヒ・ヘンデル[11]のオペラやオラトリオ[12]では、聖書とか古代の英雄にことよせて、人間的な感情をチラッと表現する。

片山　そこには、権力による検閲という問題もあるような気がします。

岡田　一九世紀になってもまだヨーロッパ音楽は検閲されてたんですよね。例えば反動政治が続いたウィーンでは、ナポレオンを連想させるようなオペラ素材はいかん、とか。舞台で王さまを殺してはいかん、とか。

片山　江藤淳[13]ではありませんが、検閲の問題は重要ですよ。

岡田　教会も絶えず音楽様式の検閲に乗り出してきました。中世末期には複雑なポリフォニーは好ましくないとされた。素朴に神を讃えるのではなく、芸術的技巧を凝らしすぎているからダメだ、というわけです。一五四五年からはじまったトレント公会議[14]も有名ですね。ジョヴァンニ・

ピエルルイジ・ダ・パレストリーナ[15]のスタイルが、カトリック公認の宗教音楽の模範とされた。このあたりは、大島渚[16]の映画『愛のコリーダ』をめぐる「芸術かワイセツか」裁判と、なんら変わるところがない。リヒャルト・シュトラウスのオペラ《サロメ》は一九〇五年の初演ですが、ストリップあり生首切り落としありのこの「ワイセツ・オペラ」は、当然ながらウィーンでは上演禁止になりました。ちなみにサロメも新約聖書ネタなんだけどね（笑）。

片山　二〇世紀に入ってからも、スターリン時代のソ連においてジダーノフ批判[17]がありました。芸術は労働者階級に奉仕せねばならず、分かりにくかったり、演奏されにくかったりする音楽を作ると批判の対象になった。

10 オランダの画家（一六〇六～一六六九）。明暗を明確にした肖像画などで知られる。
11 ドイツ出身でイングランドに帰化した作曲家（一六八五～一七五九）。英語のオラトリオで大成功した。
12 独唱・合唱・管弦楽などで主に宗教的な物語を演奏する形式。オペラのような演技は伴わない。
13 文芸評論家（一九三二～一九九九）。『閉された言語空間　占領軍の検閲と戦後日本』で検閲問題を論じた。
14 プロテスタントの宗教改革に対抗すべくイタリアで始まった、カトリック教会の会議。
15 ルネサンス後期イタリアの作曲家（一五二五？～一五九四）。「教会音楽の父」と称される。
16 映画監督・脚本家（一九三二～二〇一三）。主な作品に『絞死刑』『戦場のメリークリスマス』など。
17 ソ連で一九四八年に行われた芸術文化統制の呼び水となった。

なぜバッハは「音楽の父」になった？

岡田　そろそろ本丸に入りましょう。バッハは「音楽の父」と言われるけれども、よく考えれば妙な話なわけです。だってバッハ以前にだって、ギヨーム・デュファイ[18]とかジョスカンとかパレストリーナとかモンテヴェルディとか、大作曲家はいたわけですから。

片山　バッハの時代には、「音楽の父」ヨハン・ゼバスティアン・バッハよりも、息子たちのほうが有名だったんですよね。特に次男のカール・フィリップ・エマヌエル・バッハ[19]は、父よりずっと名声を博していた。父はちょっと田舎の作曲家という感じでしょう。

岡田　しかもバッハは「教会の音楽家」でしたからね。私たちがなじんでいるような「ホールで楽しむ音楽」の作曲家じゃなかった。だからコンサートでバッハを聴いている時点ですでに、バッハの本質を相当歪曲している。

片山　そうですね。ヘンデルはロンドンで、テレマンは当時の国際都市ハンブルクで、それぞれ活躍した。それに比べれば、バッハが教会音楽家として働いていたドイツ内のいくつかの町は、市民階級の成熟も、世俗音楽も、オペラも、すべて未成熟だった。いわゆる演奏会用音楽もまだまだだった。そういうまだまだ尽くしの世界に生きていた田舎の人。

岡田　にもかかわらず、人はバッハを「音楽の父」だという。たとえば、明治生まれの作曲家・信時潔[20]に『バッハに非ず』というエッセイ集がありますね。あの本で信時が述べているバッハ礼賛が、まさしく「音楽の父」のイメージそのものです。信時は「バッハは小川（バッハ）に非ず、大海なり」とベートーヴェンの言葉を引いている。信時潔は一八八七年生まれで、まさしく日本が洋楽導入に血道をあげ始めた時代の人。この時代に、われわれ日本人もまた、「バッハは偉いんだ、バッハこそが音楽の父なんだ」という物語を刷り込まれたんでしょう。

片山　バッハは現代音楽とも結びつきますね。NHK－FMの番組「現代の音楽」[21]は、テーマ音楽がウェーベルン編曲のバッハ《音楽の捧げもの》の〈六声のリチェルカーレ〉[22]だった時期が長かった。ストラヴィンスキーは「バッハに還れ」と叫んでいた。

岡田　「バッハ」の名前は、直近の過去に反旗を翻すときに持ち出されてくる錦の御旗だな。近現代の作曲家にとって、「直近の過去」とは一九世紀ロマン派です。官軍が倒幕に天皇を持ち出すのとよく似ている。ロマン派を打倒するときの御旗。

片山　ただ、やはりキリスト教がわかっていないと、バッハの音楽は聴いても仕様がないという気も子供の頃はしていましたね。私は信者ではないのに小中高とカトリックの学校に行っていて、下手にわかる気がしていた分、かえって遠ざけるところはありました。宗教的意味をどうしても

18　ルネサンス期ブルゴーニュ楽派の作曲家（一三九七～一四七四）。中世音楽をルネサンスに橋渡しした。
19　ドイツの作曲家（一七一四～一七八八）。古典派への道を開き、音楽史に大きな影響を与えた。
20　主に戦前に活躍した作曲家（一八八七～一九六五）。《海ゆかば》《海道東征》などで知られる。
21　一九五七年よりつづく、現代音楽専門の番組。現在はトーマス・アデスの曲がテーマ。
22　バッハの《音楽の捧げもの》BWV1079をウェーベルンが管弦楽用に編曲したもの。

考えてしまうので、素直に聞いていられなくて、どうにも煩わしかった。

岡田　私もそうなんですよ。バッハは他の作曲家ではありえない独特の権威主義アウラをまとっている。もちろんこれは後世がまとわせたものでしょうけどね。後世は彼を「クラシック音楽の起源」にしちゃった。

片山　音楽史における歴史修正主義のひとつですね。

岡田　近代国民国家は「起源」を求めたがりますからね。日本もそうですが。

片山　皇室の氏神である天照大御神を祀る伊勢神宮が「起源」でしょう。神武天皇即位の地の橿原もだけれど。聖地化ですね。

岡田　バッハも伊勢神宮も「近代」が創ったんだなあ……。

バッハと靖國神社？

片山　一方で、バッハには靖國神社的なところもあるかも知れません。靖國神社は、国家のために死んだ国民は平等に祀る、まさに近代国民国家の論理でできた神社です。誰であろうと国のために死ねば、みんな平等に靖國神社に祀られて、天皇陛下も靖國神社では頭を下げる。完全な平等性、対等性が実現される場です。

　バッハの音楽にも、同じような平等志向を感じます。たとえば、バッハと同時代の作曲家アントニオ・ヴィヴァルディ[23]の場合は、必ず主役のヴァイオリン・ソロが前にいて、その後ろで、端役たちが喚き立てて、付和雷同とでもいうか、一斉にジャカジャカやっている。これがバロック音楽の特徴でもあった。ところがバッハはコンチェルト（協奏曲）と銘打っていても、特に独奏部が際立つわけではなく、常にポリフォニー（多声部）の中で、全員がオーケストラ内で対話しながら進んでいく。

これは、ある意味、近代的な平等性、市民社会的な平等性を、音楽の中で実現しているようにも見えます。どれかが突出したり、自己主張したりして、喚き散らすことがない。まさしくバッハの対位法的な理想の共和国みたいなものです。この要素を、フェリックス・メンデルスゾーン[25]やロベルト・シューマン[26]が再発見して、バッハが復権し、特別視されるようになった。

岡田　極論するとバッハは、ドイツ・ロマン派の発見物ですね。長年お蔵入りになっていた《マタイ受難曲》を、メンデルスゾーンが一八二九年に復活上演したのは典型です。

片山　もちろんそれ以前、たとえば一七七〇年生まれのベートーヴェンもバッハの《平均律クラヴィーア曲集》[27]とかでピアノの練習をしているけど、あくまで「練習曲」だった。しかし、その後の作曲家によって、平等性とか、音楽におけるユートピアとか、理想とかが見いだされた。

23　バロック後期イタリアの作曲家（一六七八～一七四一）。《四季》をはじめ膨大な弦楽合奏・協奏曲を書いた。
24　複数のちがった旋律を調和させながら同時に演奏する形式。原型は古くからあったが、バッハが集大成した。
25　ロマン派ドイツの作曲家、指揮者（一八〇九～一八四七）。バッハ没後、初めて《マタイ受難曲》を公開演奏した。
26　ロマン派ドイツの作曲家（一八一〇～一八五六）。バッハ研究に徹底的に打ち込み、バッハ協会設立に尽力した。
27　二四すべての調のプレリュードとフーガで構成されており、「人類の遺産」「ピアノ曲の聖典」とも呼ばれている。

信時潔がバッハに惹かれるというのも、プロテスタント的なコラール[28]の伝統に魅せられているからでしょう。みんなで親密かつ簡潔かつ質素に一緒に歌う。ヘンデルやテレマン、モーツァルトのような、派手で楽しい要素は薄く、禁欲主義が感じられて、近代の勤勉な市民の写し絵のように響く。まるでマックス・ヴェーバー[29]ですが、〝バッハの音楽と資本主義の精神〟ですね。

岡田　これは絶妙のギャグだな（笑）。なるほどヴェーバーの名著『プロテスタンティズムの倫理と資本主義の精神』をそうカタヤマ流に「もじる」わけね。ヴェーバーはプロテスタントの節約の倫理が貯蓄を生み、近代資本主義の母体になったと説くわけだけど、バッハの音楽の「みんなで素朴に声を合わせて歌う倫理」が近代市民社会のモデルをはからずも提示していた、だからこそ「音楽の父」に奉られたというわけか。

いずれにしてもバッハの音楽の背景には強烈なプロテスタント倫理があって、それはカトリック的なものと全然違いますよね。ザルツブルクはカトリックの牙城ですが、ここに生まれたモーツァルトはきらびやかな宮廷文化の奢侈と不可分に結びついている。宮廷はカトリック教会とずぶずぶの関係だった。どちらも非倹約。貯蓄なんてするやつは卑しい、もてる者は富を捨てよ、浪費せよ、それが神の御意思である、という発想。まじめで質素な近代市民の倫理には全然合わない。モーツァルトのオペラもエロティックな主題が満載で、《コジ・ファン・トゥッテ[30]》なんてスワッピングの話だし、良俗に反することはなはだしい。そこへ行くとバッハの音楽は、さっき片山さんがおっしゃったように、平等主義的なんだな。つまり「みんなで〜しましょう」的に聴こえる。ちょっと僕はそこが苦手なんだ。「みんなでみんなで」の学校の教室イデオロギーみたいなものを連想しちゃう。

片山　やはり倫理ですね。そこでもバッハは「音楽の父」に相応しい。ルネサンスを経てバロック時代になり、市民社会、平等性が徹底され、みんなが対等の市民となる。それがバッハの徹底的なポリフォニーとダブる。フーガやカノンの作曲家としてのバッハですね。やがてヘンデルやテレマン、息子のカール・フィリップ・エマヌエル・バッハから抜きんでて、さらにはハイドンやモーツァルトも押しのけて、「音楽の父」としての地位を確立した。まさに近代社会がこうありたいという願望によって、押し出されてきたのが、バッハではないでしょうか。

岡田　その構図はまさにルーツ探し。やっぱり明治維新と伊勢神宮を連想する（笑）。

片山　一人で伊勢神宮と靖國神社を兼ねてしまうとは恐ろしい（笑）。

岡田　さきほど片山さんがおっしゃったように、バッハはフーガの名手です。フーガは対位法というか多声楽の究極の精密化。あたかも教会の会衆が、少しずつ入りがばらばらとずれながらも、みんなで口々に神を讃えるメロディーを口ずさむイメージ。それを鍵盤楽器で一人でやったりもする。でも同時にバッハと言えばコラールが代名詞。こちらは非常に和声的で、みんなが同時に、一斉に声を合わせる。それをオルガンが伴奏する。「心の灯としての信仰」といったプロテスタ

28　一般的な合唱曲の意もあるが、本来は、プロテスタント教会でうたわれる讃美歌のこと。
29　ドイツの社会・経済学者（一八六四～一九二〇）。「禁欲的プロテスタンティズム」を論じた。
30　一七九〇年初演。不道徳な内容だとワーグナーなどに批判されつづけたが、その後、名作とされるようになった。

ント的内面性とピッタリくる。フーガもコラールもそれぞれの形で、「みんな一緒に」のイメージの音楽ですよね。

片山　だからこそ近代が進めば進むほど、どんどんバッハがえらくなってしまった。時代的には、バロック時代は、まだ王さまも貴族も威張っている時代だから、ヘンデルやテレマンやヴィヴァルディみたいに、特定の誰かが前に出て歌ったり、弾きまくっているほうがいい。

しかしバッハはそうではないから、同時代的には古いと思われた。パレストリーナの続きをやっているみたいに思われていた。主役がいなくて、華がなくて、つまらないと思われていた音楽なのに、近代に反転して、バッハがえらくなっちゃった。神のもとで秩序を表わそうとするような、パレストリーナ的な世界ではなく、人間がみんな対等に絡み合って、仕事をしていって、世の中が豊かになっていく。そのような流れに、バッハのポリフォニーの美学が読み替えられました。これは修正史観ですね。

バッハと占星術?

岡田　ところでバッハが再発見される一九世紀前半のドイツは、まだ統一国家ではありませんでした。だからこそ、統一を望む人々にとってバッハは、「これぞわれらドイツ民族の真のルーツ」とばかり、いわば根源崇拝の文脈で受け取られたんでしょう。

片山　確かにナショナリズムとも関係しますね。ネーション・ステートを構成する国民は神でなく国家のもとで平等でなければならない。四民平等というやつです。しかも国力は有機的に組織されねばならない。バッハの鍵盤曲はしばしば、試しに弾いて歌っているうちに、だんだんと気持ちが合ってきて、やがてポリフォニックな壮大な音楽に発展していくような構成になっているでしょう。典型的にはプレリュードとフーガですね。《平均律クラヴィーア曲集》なんてプレリュードとフーガの集積ではないですか。全部の調性を使って、ひとつの大いなる秩序というか、パラダイムの全体を描き尽くす。それは神の秩序なのだろうけれど、世俗的な秩序にも読み換えられるでしょう。神と観るか、国と観るか、世界と観るか。どうとでもなる。

岡田　《平均律クラヴィーア曲集》でバッハは、すべての二四の調性を使って、神の創った宇宙を描こうとしたのかもしれない。宇宙を回っている二四の惑星の軌道を音にしたような曲集とも見える。同じくバッハの代表的な鍵盤曲集に《インベンション》がありますが、この題名は、「発明」というよりもむしろ、「発見」の意味の方が強いと思う。神が創った世界の秩序を発見するんです。あるいは占星術師が星の配列から世界の運命を読みとるかんじ。このあたり、どことなく中世的でもあり、しかし同時に数学者のようでもある。まあバッハの時代はまだ、占星術師と錬金術師と科学者と数学者と神学者が混然一体となっていた時代だったんでしょうが。

片山　なるほど。発明は人間中心主義的ですが、発見は気付きですものね。ライプニッツもバッハも、まさに神の秩序をインベンション（発見）するつもりで数学や音楽を極めていくのだけれども、図らずもそれが人間の合理主義的な、科学的な世界観を発見していくことにつながって、結局は神から離れた近代的な価値観をもたらしていく。

バッハとプロテスタント

岡田　ここで話を戻して、教会音楽家としてのバッハを見ていきましょう。一六八五年、ドイツ中部の田舎町アイゼナハに生まれたバッハは、ミュールハウゼンやヴァイマール、ケーテンなどの町を転々とした後、一七二三年にライプツィヒの聖トーマス教会のカントル[31]に就任します。そして、一七五〇年に亡くなるまで、この町で活動します。

片山　先ほどバッハを田舎者だと言ってしまいましたが、ライプツィヒはライプツィヒなりに内陸ではかなりの都会でしたね。

岡田　ライプツィヒは商業都市で、メッセと呼ばれる大規模な定期市が盛んで、お金持ちの町です。同時にルター派プロテスタントの中心でもある。そして出版業・印刷業がとても栄えていた。当時の文脈ではルター派は、戦闘的な原理主義宗教だったともいえるでしょうね。ちなみにルター派はナチスに協力的だったことでも知られている。

片山　やっぱり鉄の規律みたいな世界になっていくのですね。だからプロテスタントは、ナチズムにも社会主義にも適応してしまう。

岡田　そしてバッハの音楽の中にも、ルター以来のプロテスタント的な徹底性があると、私は感じるんですね。神の秩序を余すところなく音楽で表現し尽くす。神の国の栄光を音楽という形でこの世で実現する。そもそもバッハが生まれたアイゼナハも、彼が活動したライプツィヒも、ルターゆかりの街なんてもんじゃない。ルター派の牙城です。

片山　凄みが出てきますね。

岡田　吉田秀和[32]が『音楽の旅・絵の旅[33]』で主題にした、「イーゼンハイム祭壇画」がありますね。グリューネヴァルトが描いた、ほとんどグロテスクともいえる凄惨なイエスの磔刑図です。グリューネヴァルトはルター派で、彼はあれを悲惨を極めたドイツ農民戦争[34]の直前に描いたわけですけれども、「神の苦しみを見よ、汝らも苦しむべし」といわんばかりの、見る者を責め苛む何かを感じます。

片山　パッション（受難）というのは、まさにコンパッション、「共に苦しめ」という話ですよね。

岡田　狂気そのものと言っていい受苦を、私はバッハの《マタイ受難曲》にも感じるんですよ。

片山　ますます怖い。

岡田　そして《マタイ受難曲》的なものがワーグナーにつながっていくと、私は思っているんです。ワーグナーもライプツィヒ生まれ。ほとんどパラノイアとも見える徹底性と受苦の法悦と宇宙的なものの希求はバッハそのものだ、なんていったらバッハ・ファンに怒られるかな。

31　本来は「歌手」の意だが、プロテスタント教会では、音楽式典や音楽教育を司る総合プロデューサー的な役職。
32　音楽評論家（一九一三〜二〇一二）。ラジオ『名曲のたのしみ』の司会などで活躍し、文化勲章を受章した。
33　一九七九年刊。吉田秀和による紀行エッセイの代表作のひとつ。
34　一五二四年、ルターの宗教改革を支持する農民による反乱。最終的にルターは鎮圧側にまわり、農民は敗北。

片山　バッハの器楽曲には何らか抽象性があるから聴く側も逃げ道はあるけれど、教会音楽、特に受難曲はそうはいかないですね。

岡田　そもそも三時間にわたって、あれほどの阿鼻叫喚を聴かせるというのは、正直なところ信者じゃない者には酷だ。《マタイ》は三時間ものあいだ、「すべて汝らの罪である。汝もともに苦しむべし」と言い続ける音楽ですからね。

《マタイ受難曲》の異様さ

片山　そんな《マタイ受難曲》が、非キリスト教国の日本で、しょっちゅう「コンサートホール」で演奏されているんですから、不思議ですよね。

岡田　まったくその通りで、あれは本場ドイツの聴衆も、そんなにしょっちゅう聴くものではありません。キリストの受難を記念する「聖金曜日」（三月末から四月中旬）のころにのみ上演されるものなんです。初演も一七二七年の「四月一一日」でした。私が一九九〇年頃にミュンヘンに留学したとき、あそこはカトリックですが、「聖金曜日」の週になると演奏会からシンフォニー・コンサートもピアノ・リサイタルも全部なくなって、宗教曲一色になることにカルチャー・ショックを受けた。《マタイ》ももちろんこの期間にしか演奏されません。当時のミュンヘン・オペラは、この時期はワーグナーの《パルシファル》[35]しかやらないことになっていた。やっぱりバッハとワーグナーはセットだ（笑）。

片山　《マタイ》と《パルシファル》を双面神のように聴くと西ローマ帝国の文明圏の正体はかなり分かる気がするなあ。

岡田　コンサートホールは来る日も来る日も宗教音楽。もちろん教会も宗教音楽ばっかり。《マタイ》のほかは、ジョヴァンニ・バッティスタ・ペルゴレージ[36]やアントニン・ドヴォルザーク[37]の《スターバト・マーテル》とかですね。

片山　痛い思いをする音楽ばかりですよね。十字架に打ち付けられるというのは生々しすぎるし、痛すぎる。

岡田　しかもチケットが全部よく売れる。特にバッハの《マタイ受難曲》のチケットは手に入りにくい。地元の人びとは、このときしか聴けないと思っているから。おまけにその時期になると、CDショップには巨大な「受難曲」コーナーが現れる。ありとあらゆる作曲家の受難曲CDが並んで、ほんとにビックリします。

片山　受難と言うと受動的だけれども、パッションは受難と情熱を兼ねる言葉でしょう。情熱的ということは能動的に難を受けに行くのだなあ。

岡田　町を挙げて喪に服すようなこんな特殊状況の中で《マタイ受難曲》を聴くと、確かに心を揺さぶられるんですよね。独特の洗脳作用みたいなのが働いてくる。あの感覚はワーグナーそっ

35　一八八二年初演、ワーグナー最後の楽劇。聖杯伝説をもとに、キリスト教の救済思想が描かれる超大作。
36　イタリアの作曲家（一七一〇～一七三六）。二六歳で没する直前、《スターバト・マーテル》（哀しみの聖母）を書いた。
37　チェコの作曲家（一八四一～一九〇四）。子供三人を相次いで失い、《スターバト・マーテル》を書いた。

くりです。気がつくと音楽によって信者にされてしまっている。

片山　音楽による総動員の始まりとしての受難曲ということか。

岡田　そのほか、バッハの山ほどあるカンタータなども、本来はすべて「教会暦」によって、演奏される日が決まってるんです。たとえば有名なBWV140の《目覚めよと呼ぶ声あり》は、「三位一体主日後の第二七主日」のための曲。その日以外に演奏するのは本来おかしいんですよね。

恐るべし、音楽布教

岡田　ところでよく考えたら、私たちは二人ともミッションスクール出身ですよね。

片山　さようでございます。

岡田　ただ、どっちもローマ・カトリックだよね、幸か不幸か（笑）。

片山　そのせいかどうかは分かりませんが、やっぱり、プロテスタントの戦闘的な、駆り立てるような、それにはちょっとついていけないところがありますね。カトリックには、もうどうせ人間は罪深いんだから、そのまま放っておいてくれみたいなノリがあります。ところが、プロテスタントでは、キリストが罪を全部引き受けてくれた以上、さらに猛り狂って、より信仰を広めていくんだーみたいな、ポジティヴで前のめりな雰囲気がある。少なくとも私の学校では、なかったノリですよ。

岡田　私の学校でもなかった。

片山　だからやっぱりあのプロテスタントのノリというのは、キリスト教の一般論ではとても片付かない特殊な業があるように思います。入ってきたキリスト教がカトリックか、プロテスタントか、正教か。重要ですよね。

岡田　そうですね。特にバッハの音楽が、明治期の日本にどうやって「侵入」したかを見ることは、興味深いです。いうまでもなく日本には根深い欧米コンプレックスがあり、それを背景に、「進んで改宗したがる」というような、天正の少年使節的な傾向がある。

片山　たしかに日本人がバッハを聴くときって、みんな、教会のミサに列席するみたいな顔してますよね。そして、指揮者やソリストの多くは、まるで司祭のよう。指揮者の中には、まるで修道士のような衣装で登場する人がいるじゃないですか。やっぱり疑似宗教というか、代替物になっているような気がします。

岡田　天正の少年使節がポルトガルに行って、リスボンの大教会で見事にオルガンを弾いたなんて逸話がありますけど、まさに音楽から入ってきたんですよね、キリスト教は。

片山　江戸時代に幕府があれほどキリスト教を警戒し、特に天草、島原の乱でキリスト教を徹底的に退ける最終決断をしたというのは、単なる教理として入ってくる以上の恐怖を感じたからでしょう。音楽だと、「身体的な体験」として入ってくる。それに慣らされると、もうどんなに踏み絵を示されたって、踏めなくなる。それほど音楽の力は強くて恐ろしい。たとえば長崎県の生月島の人たちは、グレゴリオ聖歌を、日本のお経のようにカムフラージュして唱えた。これが

「オラショ[38]」でしょう。

こういう音律は、当人の感性を支配して、一生、それに対する懐かしさを覚えるようになる。子どものころ覚えた歌は何歳になっても口ずさめる。それが本格的なキリスト教音楽になると、いくら信仰を捨てさせても、あるスイッチが入ると、すぐ蘇ってくる。それを退けるためには、徹底的に最初から覚えさせないようにする、つまり根絶やしにするしかなかった。

岡田 江戸幕府は、音楽の歴史で言えばちょうどバロック時代の始まりぐらいに、キリスト教の流入を妨げたわけですね。けれども一九世紀のロマン派音楽の全盛時代に、とうとう日本は抗しきれず国を開いた。西洋音楽も怒濤の勢いで入ってきた。新政府はまず上野に音楽学校[39]を開いて、洋楽導入に一気に舵を切った。同時に、明治期の重要な「洋楽布教所」は、教会でした。そもそも山田耕筰[40]はキリスト教伝道師の息子だったでしょう?

片山 山田耕筰は音楽には讃美歌から入っている。日本民謡なんかは元々あまり知らない。信時潔も牧師の子ども。そういう環境だから明治前半の生まれでも本格的西洋クラシック音楽作曲家に育ちえたわけで。

岡田 ああ、そうですね。それから《サッちゃん》《いぬのおまわりさん》を書いた大中恩の父、大中寅二[41]も、プロテスタント教会のオルガニストでした。

バッハの本質は「コンポジション」

岡田　それにしても、一体なぜバッハがここまで日本人の心をとらええたのか。《マタイ受難曲》などには、ルター派信者以外には容易に理解しがたい壁があると思うけれども、でもそれだけなら、ここまでの普遍性を極東日本で獲得することはなかったでしょう。やはりバッハの音楽の中には、何かしらの普遍がある。

思うにバッハの音楽の普遍性の秘密は、「コンポジション」にあるんじゃないか。「コンポジションとしての音楽」を、あそこまで極めた作曲家はほとんどいないだろう。徹底的にコンポーズ（組立て）された音楽。音と音を組み合わせて「構成」された音楽。あの客観性と徹底性はすごい。そして……これはこれですごくキリスト教っぽいよね。異教徒を改宗させるためには、徹底的な抽象化を行なう必要があった。私はここに、すごく科学的数学的であると同時に、すごく神学的である何かを感じます。

片山　そうですね。究極に向かって徹底していこうとする異常なまでのこだわりの世界ですね。カトリックのぬるま湯的な世界観を突き破って、人間はここまでやらねばならない、感じねばならないと突き詰める怖さがありますよね。考えてみると、イエスは神の子なのだから、受難を追体験すると言っても限度がありそうなものだし、想像が過ぎるのも不敬な気が日本の生ぬるい人

38　隠れキリシタンたちによる口承音楽。題意は、ラテン語の「oratio」（祈り）を日本語風に変えたもの。
39　東京音楽学校。現在の東京藝術大学音楽学部。
40　日本を代表する作曲家、指揮者（一八八六～一九六五）。《赤とんぼ》《この道》や、オペラ《黒船》で知られる。
41　作曲家、オルガニスト（一八九六～一九八二）。《椰子の実》を作曲。霊南坂教会のオルガン奏者をつとめた。

間としてはしてしまうのだけれども、少なくともバッハの受難曲は真に迫らないと納得できない世界でしょう。そこまでしなくてもというえげつなささえある。

岡田 その心性が毎年、「聖金曜日」の時期に再活性化されて蘇る。忘れたくても、忘れられないようになっている。復活するようセットされている。

片山 そういう体験が何百年のオーダーで継承されている世界とそうでない世界が同じ近代と言われてもついには分かるものではないという気もしますね。生贄を捧げる牧畜民の世界観に結局は関連づけられるのでしょうが、磔刑で血が流れて、聖母が涙を流す。乾いた土地で肉食をしていないとこの世界観は分からない。

バッハは「おもしろい」vsショパンは「好き」

岡田 「コンポジション」の話に戻ると、バッハの音楽を理解する鍵は、やっぱり「和声的な音楽vs対位法」だと思うんです。そして、対位法の極致に「フーガ」がある。これらの特徴やちがいも含めて、バッハなら何を聴くべきかみたいなことを、少し語っておきませんか。

片山 まず対位法なら、楽器が指定されていない、究極の抽象的音楽ということで《フーガの技法》BWV1080[42]でしょうか。

岡田 そうですね。それに対して和声的なバッハを知りたければ、オルガン・コラールでしょうか。BWV639のコラール前奏曲《われ汝に呼ばわる、主イエス・キリストよ[43]》などが典型ですね。これはもう山ほどありますから。
対位法って客観的な秩序を表現するのに適しているんですよね。宇宙のすべてのものが固有の運動軌道を持っていて、各々が固有の時間で回りながら、しかしすべてが調和している、それこそが神の創造物だ、というような世界。

片山　多即一ですね。

岡田　複数のパートが、それぞれ独自にメロディーを奏でるんだけど、しかし、それらが全体として小宇宙になっている。それに対して、和声というのは全部が同時に鳴り響き、全身にビンビン響きますからね、感情吐露に向いているんですよね。ハーモニーの音楽は一七世紀ぐらいから本格的に生まれてきたものです。ということは、この時代あたりから、音楽が徐々に感情表現になり始めてきた。

片山　瞬間の響きに溺れるのが和声だろうから、対位法には絶対にそれなりの時間進行が必要だけれども、ハーモニーの一撃ということなら瞬時ですね。喜怒哀楽はやはり瞬間性にその要諦がある。

岡田　対位法というのは科学というか、数学みたいなところがあるから、感情ではどうにもならない。ちなみに音大ピアノ科の学生さんたちは、総じてバッハにあまり興味がない。たぶん感情

42　一四曲のフーガと四曲のカノンで構成された曲集（未完）。クラシック音楽の頂点と呼ぶ人もいる。
43　ルター派の教会で、コラール（讃美歌）をうたう前に前奏曲として演奏された。

吐露ができないからだと思う。でもたまに「バッハがすごく好きだ」という学生がいて、ほとんど例外なくそういう学生は頭がいい（笑）。塾で数学講師のバイトをやっているようなタイプの子が多いというのが私の経験則です。

片山 なるほど。音楽に求めているものがそもそも違うのか。

岡田 そういう学生は、バッハを「好き」と言わず、「おもしろい」って言うんですよね。「この曲の構成がおもしろい」とか、そういう反応なんです。他方、ピアノ科学生に圧倒的人気のあるショパンですが、ショパン好きの子は、みんな「あの曲が好き」と言う。和声的な音楽にうっとりと感動するのが好きってことでしょうかね。

片山 その話が、今日、もっとも端的にバッハの特性をあらわしているかもしれませんなあ。ポピュラーミュージックは、何といっても和声的でしょう。コード進行がすべてというくらいで。それで、気持ち良くもってゆくようにできているわけだから。

グールドと《ゴルトベルク変奏曲》

岡田 そろそろこの章も終盤ですが、バッハを語るならやはり《ゴルトベルク変奏曲》[44]、そしてグレン・グールド[45]は外せないでしょう。

片山 《ゴルトベルク変奏曲》は巧緻な対位法の宇宙でしょう。バッハの音楽はみんなそうとも言えるけれど、この曲は成り立ちに眠るための音楽という能書が付いているでしょう。ショパンなら気持ちよくなって眠るのかもしれないけれど、《ゴルトベルク変奏曲》は取りつく島がなくなって寝てしまうのではないか。そうなると、下手に感情移入を試みて弾くのは愚の骨頂。全体を見事なまでに冷ややかに俯瞰するか、あるいは常に関節を外してのめりこみを避けるか。そうなるとやはりグレン・グールドかと思いますが、岡田さんは、グールド、どうですか？

岡田　私は長いあいだ、なぜグールドがあそこまでマーシャル・マクルーハン[46]に入れ込むのか、ちょっと不思議でした。カナダの英文学者マクルーハンは、メディア論で話題になった人ですね。彼のコミュニケーション論は、要するに人間はテレビに接続することで感覚器官が拡張されていく、といった内容でした。日本では、評論家の竹村健一[47]によって広まりましたね。

グールドとマクルーハンは、家が近所だったせいもあるようなんですが、とにかく仲がよかった。そのマクルーハンを、グールドはエッセイやインタビューなどで、さかんに紹介したり、共感したりしている。

片山　一緒に写っている写真なども、よく見ました。

岡田　二一世紀の今日からみると、マクルーハンの言っていたことは、当たり前のことに聞こえるかもしれない。だけど、一九六〇年代からすでに、全世界の人間の脳がメディアを介して相互

44　主題と三〇の変奏で構成された二段鍵盤チェンバロのための曲。一九五五年にグールドが個性的な演奏で録音。
45　カナダのピアニスト（一九三二～一九八二）。ある時期からコンサートを拒否。スタジオ録音のみで演奏した。
46　カナダの英文学者、文明評論家（一九一一～一九八〇）。メディア研究で知られ、グールドと親しかった。
47　評論家（一九三〇～二〇一九）。一九六七年刊『マクルーハンの世界』で注目され、以後、テレビでも活躍。

に接続され、それが宇宙の振動と接続されて一体になるみたいなイメージを持っていたのですから、すごく先見性があったと思います。

片山　とりあえずインターネットで実現したかたちですね。

岡田　たぶんグールドもそこにピンときたのではないか。つまりグールドがバッハを弾いているとき、自らの指とピアノの鍵盤がつながって一つの「電脳」になる、みたいなイメージがあったんじゃないか。ヘッドギアから電流が流れ、脳からの刺激によって指が鍵盤上を走り、そして鍵盤の動きが回線でモニターに接続され、そこから世界中のテレビ、ラジオ、ネットにさらにつながるような巨大なシステム……。

片山　彼がコンサートでの生演奏を拒否して、スタジオ・レコーディングばかりになったのも、そのような未来的ヴィジョンに嵌ったからでしょうね。異端ではなく前衛ですね。最先端に突出して、未来を先取るということ。

岡田　友人のあるピアニストがグールドのことを「電気を流されたサル」と呼んでいたのが印象的でね。絶妙の表現だと。そうか、グールドは電気を流されたサルになりたかったのかと。あるいは人類が電気を流されたサルにメタモルフォーゼンする未来を、グールドは予測していたのかもしれない。

片山　互いに刺激に反応し続けるだけのフィードバックの地球的ネットワークですね。人類の究極は、個の主体性とは無縁な、仮想現実空間上のサルの群れであると。

グールドとランダム再生

岡田　それからもう一つ。グールドが一九五七年にモスクワに演奏旅行したときのライブがCD化されているんです[48]。このときグールドはモスクワ音楽院で、学生相手にレクチャー・コンサートをやって、《ゴルトベルク変奏曲》を弾いてる。ところがこれが、時間の都合もあったと思いますが、全曲ではなく抜粋なんです。おまけに第三変奏、第一八変奏、第九変奏、第二四変奏、第一〇変奏、第三〇変奏の順で。言ってみれば、ランダム再生をアナログでやってみせている。

片山　アリア主題を弾かずに、第三〇変奏で終わる。もう一種のリコンポジション（再作曲）ですね。

岡田　彼は電気メディアだからこそ可能なランダム再生的な世界に、ある種の理想を見ていたのではないでしょうかね。彼にとっての「時間」とは、私たちが馴染んでいるような、過去から現在を経由して未来へ流れていくものではなく、いきなり途中から始まって、ある時点で過去に戻り、それから遠い未来に飛ぶみたいなものだったのではないか。理論物理学の最先端の研究者たちみたいなことを考えていたんじゃないか。そしてバッハの音楽はこうした発想とまったく違和感なく結びつく。これまたバッハの凄さでしょう。

48　CD『Glenn Gould in Moscow』〔一九五七年五月一二日、モスクワ音楽院小ホール〕（メロディア）。

片山　ローマ帝国末期のキリスト教の教父アウグスティヌス[49]は、神の時間とは球体であると言った。過去と現在と未来が、常に全部見渡せて、自由にすべての時間に行ける。第二変奏の後が第三変奏というのは神の時間ではない。それですね。

岡田　ああ、それです。まさに。

片山　人間が神になり代わる究極の時間感覚ですね。

岡田　グールドの顔つきって、なんか最先端物理学の天才みたいですよね。そういう人がたまたまピアノを表現媒体に選んで、じゃあ自分の世界観の表明として何を弾くかといえば、やはりバッハなんですよね。

片山　マクルーハンに影響を受けたせいか、グールドは、とにかくたくさんしゃべったり書いたりしている。そういう中で未来の音楽は、聴く側が自由にいろんな演奏から選んで、アトランダムに組み替えて行くことで生まれるんだと言っていたでしょう。しかもその作業が家庭で誰にでもできるようになるんだと。聴くとか、演奏するとか、作曲するとか、そうした一方的な役割関係はご破算になる。今まで鑑賞するだけの立場だった人も、素材を切り貼りして作曲できるようにもなれば、《ゴルトベルク変奏曲》なら《ゴルトベルク変奏曲》のいろいろな演奏を編集して自分の理想の演奏を録音上に実現できる。未来の音楽のありようはそんなものだとね。彼は、その一種の実践をモスクワ音楽院でやったわけですね。

岡田　インターネットの音楽アプリからランダムにダウンロードする現在を予測していたみたい。

片山　いま、いよいよ私たちの実生活が、そういう段階になりはじめました。しかし、それに使われる音楽、それにもっともふさわしい作曲家が、大昔のバッハだと。正直なところ、自分たちが生きているうちに、ここまで音楽環境が変化するとは思っていませんでしたが、バッハはあいかわらずその中心にいる。

ポスト・モダンを先取りしていたバッハ?

岡田 そういえば、序章で「アダージョ・カラヤン」をアバドが批判して、一つの楽章だけ切り離して継ぎはぎにするのはよくないと言った、という話がありましたね。いかにもアバドらしい、いくぶん時代遅れのモダニストぶりを見せてしまうようなエピソードでした。

ところが、残念ながら私の頭も同様で、過去~現在~未来の順に、物語は時間軸に沿って展開すべきだとの根強い意識がある。昔ながらの「近代頭」から脱しきれない人間です。しかしグールドもさることながら、片山さんのお書きになっているものなどを拝読すると、まさにランダム再生的ですよねえ。「週刊新潮」のコラムなども、次から次へと別次元のトピックへ展開していく。以前、雑誌のグラビアで拝見しましたが、ご自宅のCDの山なども、ちょっと壮絶な光景でした。あれなど、おそらく整理してなんかいませんよね。ランダムなんでしょう?

片山 幾らなんでもランダムということはないのですが、似たようなことにはなっている。探し

49 西ローマ帝国の司教(三五四~四三〇)。「聖アウグスティヌス」とも呼ばれる。

物には本当に困っています（笑）。

岡田　いや、だからこそ、片山さんの頭の中は、いつでもランダム再生できるのでしょう。Aの次にはBが来て、Bの次にはCが来るべしという、そういう感じのシンタックス[50]にならないはずです。全部が頭の中に同時にある。ものを書くとき、終わりを見定めて、終点へ向かって物語を書こうとは考えないでしょ？

片山　もちろん最後はここに行かないと困るというのはあるにしても、思いつきをどんどん嵌めこみながら、自動生成に任せたいところはありますね。

岡田　さっきから何でこれをしつこく聞いているかというと、私は「近代頭」なもので、キチンと落としどころに落ちないと居心地が悪いんですよ。最後にあそこに落とすために、流れの必然性をつくっていこうとする。典型的な近代頭です。そしてクラシック音楽は総じて、こうした「落としどころ」のある構成でできている。序奏があって、主題提示、展開部、再現部、そしてコーダで締めるソナタ形式は、その典型です。こうした「ロジックのある物語展開」はクラシックの曲の背骨みたいなもんですね。これが欠けると軟体動物になる。それはイケナイというのが、近代音楽イデオロギーだ。

　しかし全然違うタイプの音楽だってある。実はそれこそ古楽であり、現代音楽のミニマル・ミュージックだった。そして双方へ行ける作曲家としてバッハがいる。特に《ゴルトベルク変奏曲》や《平均律クラヴィーア曲集》のような器楽曲は、一つの長い物語というよりは、どこからでもランダム再生できるばかりか、聴き終えてもグルリと円形を描いて元に戻る円環のイメージすらある。それは近代のロジックではない。どこからでも始められるし、どこでも終われる。どっちの方向に進んでもいい。反転もできる。まさにカタヤマ的かも（笑）。

片山　私のことはさておき、バッハについてはおっしゃるとおりだと思います。だいたい、カノンとかフーガとかシャコンヌとかパッサカリアとか、それからダンスのリズムですよね、バッハの音楽にフォルムを与えるものというと。ソナタ形式だと経過が長くて途中で終われないでしょう。でもバッハのフォルムって対位法的なものまで含めて短小なものがヴァリエーションを装ったトートロジーで数珠つなぎになっているだけなので、どこで切れても別に痛くもかゆくもないし、無限にやっていても問題ない。順番が変わってもどうということはない。ベートーヴェンの《運命》だったら第四楽章の後に第一楽章やったら変ですよ。でもバッハの《無伴奏チェロ組曲》[51]だったらプレリュードを後回しにしても別に可笑しくないですよね。やはり神の時間ですね。

『惑星ソラリス』におけるバッハ

岡田　最後に少し変わった観点からバッハを語りたいと思います。たとえばアンドレイ・タルコ

50　語句などの組み合わせの規則性。またはIT分野でいう人工言語の構文規則などのこと。
51　全部で六曲あるチェロ独奏曲。二〇世紀初頭、カザルスが再発見・演奏し、「チェロの聖典」となった。

フスキー[52]の映画『惑星ソラリス』[53]における、バッハの曲の使われ方なんかはどうでしょう?

片山　コラール・プレリュード《われ汝に呼ばわる、主イエス・キリストよ》へ短調（BWV639）。確かにたいへん印象的な使われ方ですね。

岡田　川べりで、水草がそよいでいるシーンで、バッハの曲が流れている。地球の終わり、あるいは人類が死滅したあとの世界のイメージですね。人間がもういないのに流れている音楽。こんな場面で流せる音楽は、確かにバッハ以外には絶対ありえない。

片山　そうですね。『惑星ソラリス』は、ポーランドのスタニスワフ・レムの小説が原作ですが、タルコフスキーは「惑星ソラリスにある意思を持った海」という点を哲学的に強調していました。ソラリスでは、全体で一つのある秩序が完成していて、個物というものが「アウフヘーベン」された世界、すなわち矛盾するいくつかの要素が統一されて「止揚」しているような世界を描いています。そこに唯一、流れる音楽が、あのバッハなんですね。

岡田　そう、劇中に流れる音楽は、あの曲だけです。

片山　タルコフスキーは、ほかの映画でもバッハを使っています。遺作となった『サクリファイス』では、《マタイ受難曲》のなかのアリア〈憐れみ給え、わが神よ〉が流れます。核戦争が勃発し、終末的な状況になったとの設定です。まさに究極の「崩壊」「滅亡」のイメージで、現にこの映画の完成直後、タルコフスキーは亡くなってしまうわけです。その最後の最後が、やはりバッハでした。

岡田　昔から私は「人類が死滅した後でも鳴り続けている音楽があるとすれば、それはバッハ以外にはない」と考えていて、例えばグレゴリー・ペックが主演したSF映画『渚にて』[54]や、小松左京の『復活の日』[55]『日本沈没』[56]などにも、バッハがピッタリ合うような気がしていました。そう言えば最近、たまたまアーサー・C・クラークの『幼年期の終り』[57]を読み返したんです。

片山 あれは傑作ですね。

岡田 すごい小説です。地球が幼年期を終え、次の段階に進化することになった。人類も全部メタモルフォーゼンしちゃう。そんななか、地上に残った最後の「人間」が、ポツンと一人で来る日も来る日もピアノでバッハを弾いている。ああ、やっぱり地球で最後の一人になって何を弾くかとなったら、それはベートーヴェンじゃない、バッハしかないと納得した。

片山 ベートーヴェンは、人間の「相手」がいないとうまくいかないでしょう。一人だったら、やはりバッハですね。

岡田 なるほど、そうか……ベートーヴェンは「相手」が必要。それは重要なポイントです。ベートーヴェンの音楽は弁証法的だからね。クラークの小説みたいに、「相手」が宇宙人だったりしたら弁証法は成り立たないだろうしな（笑）。

52 ソ連の映画監督（一九三二〜一九八六）。「映像の詩人」と呼ばれた。
53 一九七二年公開。スタニスワフ・レム原作の「哲学的SF」。
54 一九五九年公開のアメリカ映画、スタンリー・クレイマー監督。第三次世界大戦後の世界が描かれる。
55 一九六四年初刊。一九八〇年に深作欣二監督で映画化。新型ウィルスによる人類絶滅の危機が描かれる。
56 一九七三年初刊。同年、森谷司郎により映画化。地殻変動による日本列島沈没の危機が描かれる。
57 一九五二年初刊、SF史に残る傑作。「次の段階」に変化する地球の最後の姿が描かれる。

片山　『幼年期の終り』も、人類はみんなメタモルフォーゼンして、肉体を超越した、一種の精神エネルギー生命体みたいな存在になって、宇宙に行ってしまう。しかも相互交換可能な、一つの「全体」になったような表現でした。これ、音楽でいったら、まさにバッハ的なポリフォニーの実現ですよ。それまでモノフォニーで一声部だった音楽が、ポリフォニー＝多声部で一つの世界を表現できるようになったのですから。

そういう、生身の人間としては滅亡して、その先に行くというヴィジョン。「いなくなる」わけではなく、全部の人間が齟齬なくコミュニケート可能な精神エネルギー体に進化するというのが、『幼年期の終り』のラストでもあり、また『惑星ソラリス』における意思をもった惑星にもつながるように思うんです。それこそが、バッハ的なヴィジョンではないでしょうか。

岡田　やっぱりバッハの音楽は「本当はこわい」んだよね（笑）。

片山　つまり、個物の相克を乗り越えると、完璧なポリフォニー、そして別々の旋律が同時にからみ合う対位法に行き着く。しかし、そこまで行くには、大きな痛みや犠牲を伴う。それでもなんとか血を流しながらたどり着き、ついに人間の全能力が神に向かって解放され、すべてが可能になったとき――それは、もしかしたら核エネルギーのことかもしれないけど、とにかく人間がやることを全部やってこそ、その先に開けるものがある。これがまさしくバッハの《マタイ受難曲》でしょう。みんなで血を流して、ルター的な狂気に駆られて、行くところまで行ったら、進化して違ったものになっちゃう。そういうことまですべて引き受けるのが、たぶんバッハなんです。

なので、やっぱりタルコフスキーもクラークもバッハを使うのは、ちゃんと落としどころをわかっているからなんですよ。

岡田　確かに彼らはバッハの音楽の本質を熟知している……。

バッハが辿り着いた「超近代」

岡田　クラークの『幼年期の終り』、あるいはレムとタルコフスキーの『惑星ソラリス』は、従来の「人間」がいなくなって、脳波エネルギーなどの強度だけが全宇宙とシームレスにつながっている世界を描いている印象がある。全人類の脳がインターネットでつながっている世界。それはもう目の前に来ている。

片山　私どもが持っている音楽のネタは、もうバッハが全部、実現してしまっているようなものですからね。やっぱりバッハは神の秩序を、自分の音楽で表現しようとしたのだと思います。神の秩序を一人で引き受けたという点では、たしかに「音楽の父」ですが、引き受けすぎて、その先にはもう「音楽の終わり」が垣間見えている、だから超人類や現代音楽に通じるものがある。それはポスト・モダンも超えた「超近代」かもしれません。

タルコフスキーもレムもクラークも、そんなユートピアを描いたわけですが、音楽でそれをやったのが、バッハなのでしょう。ベートーヴェンのような「起承転結」とか「闇から光へ」とか「悲しみから喜びへ」とは、まったくちがう。時代的にはベートーヴェンより前なのに、すでにバッハは、喜怒哀楽も闇も光も全部、アトランダムに合体させて表現してしまっていた。これを「音楽の父」といっていいかどうかは別として、バッハは、そういう作曲家だと認識して聴くべきではないでしょうか。

岡田　ちょうどよいタイミングがきたので、そろそろ次章のベートーヴェンの話に移りましょう。

第二章　ウィーン古典派と音楽の近代　ハイドン、モーツァルト、ベートーヴェン

1．ハイドン

エステルハージ時代のハイドン

岡田　この章の主人公はやっぱりベートーヴェンにならざるをえないでしょうね。よく「ドイツ三大B」なんていわれるのが、バッハ、ベートーヴェン、ヨハネス・ブラームス[1]です。最後のブラームスについては、なんとか三人揃えなきゃいけないという数合わせの観もありますが、バッハの次にベートーヴェンが来るのは、誰も文句のつけようのないところかと思います。

1　ドイツの作曲家（一八三三〜一八九七）。四曲の交響曲などで知られる。

ベートーヴェンはいわゆるウィーン古典派の三巨匠の一人です。一八世紀終わりから一九世紀始めにかけて、ウィーンを中心に活躍したのが、ハイドン、モーツァルト、ベートーヴェン。その中でも絶対的な影響力があったのはベートーヴェンでしょう。

片山　バッハとベートーヴェンで、ほとんどのことは語れてしまいますものね。

岡田　バッハは一八世紀の前半、つまり人がまだ神を信じていた時代の人でした。フランス革命より前、さらにいえば産業革命よりも前の「前近代の人」であったわけです。それに対してベートーヴェンは市民革命と産業革命より後、つまり「近代の人」です。ただし、ベートーヴェンを語るより前に、やはりハイドンとモーツァルトを論じておく必要がありますね。

片山　確かに。バッハよりもヘンデルやテレマンからハイドンにつながって、ハイドンがいないとベートーヴェンは出てこられない。そんな具合でしょうか。ハイドンの作曲家としてのキャリアを眺めると、彼は七七年間の生涯のうち、四〇年近くを、ハンガリーの大軍事貴族、エステルハージ家の音楽監督のような立場として過ごしていたのですよね。当時は、いまのようなフリーランスの作曲家なんていませんから、どこかの教会か都市か貴族か王に、サラリーマンとして雇われるしかなかった。

　すると、当然、エステルハージ家の屋敷内において、ご主人様一家との日常的なコミュニケーションの中で、音楽を発表することになる。しかもハイドンが長く仕えたニコラウス・エステルハージ[2]は、たいへんな音楽好きでしたから、たとえばいつもの定型表現の中に微妙な細工をするだけでも通じるわけですね。平安貴族の和歌のようなもので、みんな似ていると言えば似ているが違うと言えば違う。微妙な差異があれば差別化は十分なんですね。

岡田　聴衆一人一人の顔がはっきり見えていて、そのうえでハイドンは曲を提供した。後世では考えられない親密なコミュニケーションが、聴き手と作り手の間にまだ残っていた時代の作曲家ですね。

片山　ハイドンといえば、交響曲が一〇六曲もあるし、ハイドンの工夫した交響曲の器あってこそベートーヴェンの交響曲も生み出されるのですが、曲種の背負う意味がまだベートーヴェンとは違っている。芸術家としての勝負作ではない。雇い主の楽しみのためにちょっと纏まった曲をというときは、すぐ交響曲でしょう。そうでなかったら三ケタはできない。

あと、たとえば、バリトンという弦楽器を使った三重奏曲を一二〇曲以上も書いています。バリトンはヴィオラ・ダ・ガンバ[3]に似た、でも擦る弦の他に、共鳴弦がたくさん付いている楽器です。ヴィオラ・ダモーレ[4]やノルウェーの民族楽器のハルダンゲル・フィドル[5]みたいなものですね。ハイドンの時代の弦楽器の室内楽というと、これまたかなりハイドンが切り開いた楽曲分野である、二つのヴァイオリンと一つのヴィオラと一つのチェロで弦楽四重奏が有力になってくる。ヴィオラ・ダ・ガンバやバリトンはオーケストラの楽器にも入らないし、一八世紀中葉以後の作曲

2　ハンガリー貴族（一七一四～一七九〇）。大の音楽好きで、ハイドンをお抱え音楽家として雇用した。
3　ヴァイオリン以前に盛んだった弦楽器で、数種類の大きさがあった。
4　バロック時代に用いられた、六～七弦の弦楽器。
5　古くからノルウェーにある弦楽器。ヴァイオリンに似た形状で、装飾が施されている。

家の趣味から外れるでしょう。でもハイドンは作らねばならなかった。ご主人さまのエステルハージ侯爵がバリトンを愛奏していて、みんなと合奏したかったからですよね。だから三ケタもできてしまう。

岡田　なるほど、それは知らなかった。

ハイドンのロンドン旅行

片山　ハイドンは雇い主の注文に合わせて、エステルハージ家の日常・非日常を生演奏の音楽で満たしていた。同家の大きめなオーケストラの編成に合わせて交響曲も次々と作られた。でも貴族から市民へと経済力も移ってゆく頃でしょう。大貴族が屋敷の中にコンサートホールやオペラ劇場をもって、内々で楽しめた最後の時代にギリギリ引っかかって、非常に恵まれた一人が、ハイドンだったわけで。ジャン＝バティスト・リュリ[6]がルイ一四世に仕えていたり、バッハの息子のカール・フィリップ・エマヌエルがフリードリヒ大王に雇われていたり……。専従の音楽家になれれば食べられていた時代のたそがれ時を生きたのがハイドンですね。

ところが、ご主人が亡くなって代替わりしたら、一応肩書だけは「名誉楽長」として残り、そのあとまた改めてけっこう仕事をさせられるようにもなるけれども、もう貴族の家の楽長だけでは食えなくなった。給金が下がった。そこで市民相手に稼ぐことを考えた。

岡田　そこで金持ちがたくさんいるロンドンで儲けようと考えた。というか、ヨハン・ペーター・ザロモン[7]という興行師がハイドンをロンドンに招待して、自分の企画したコンサートの目玉にしようとしたわけだけど。あまりにも有名な、二度にわたるハイドンのロンドン滞在です。彼はこのために一二曲の交響曲[8]を提供した。ベートーヴェンの交響曲の直接のモデルになったといってもいいでしょう。それから何より重要なのは、このザロモンが企画したハイドンのコンサートは、およそ「コンサート」という制度の誕生だったともいえる。チケットと引き換えにホールで音楽を聴く、という制度が本格的に始まる。ハイドンと交響曲とロンドンとコンサート制度と音楽好き市民階級。これらは不即不離で結びついている。

片山　そうですね。当時のロンドンには、それまでの限定された貴族層＝親密圏と、将来の市民社会＝公共圏の中間みたいな近代市民的ブルジョワ層が早くも生まれていた。そこでウケるために、貴族ほどに訓練されていない市民の耳にも刻まれやすいが、たとえばテーマが讃美歌や民衆歌謡風で覚えやすく口ずさめるような曲の出番となるわけです。

ハイドンのエステルハージ時代の曲は、玄人向けの高度な装飾術の展覧会みたいなもので、でも、ロンドンの市民向けになると、キャッチーな要素のある交響曲が量産されますね。たとえば、《驚愕》《軍隊》《時計》《太鼓連打》など。ニックネームが付きやすい音楽ということだし、楽譜商がハイドンの新曲の楽譜を売りたいから、宣伝上の工夫もするわけですね。

6　バロック時代にフランスで活躍したイタリア人作曲家（一六三二～一六八七）。
7　ロンドンで活躍したドイツ人の音楽家、興行師（一七四五～一八一五）。ハイドンの興行主として有名。
8　第九三～一〇四番の一二曲。

岡田　ロンドンは資本主義発祥の地の一つといっていいだろうし、ハイドンは「マーケット」のための「商品」として音楽を書いた最初の一人でしょう。

片山　仮に、ハイドンの交響曲で、曲番当てクイズ大会をやったら、三〇番台とか、四〇番台とか、いやいや、七〇番台くらいでも、大変ではないですか。でも「イギリス・セット」や「ザロモン・セット」と呼ばれる一二曲になると、それぞれの曲のキャラクターが立ってくるようになる。ベートーヴェンに比べればまだまだだけれども。

エステルハージ時代のハイドンの曲は、俄か仕立てで教養を求める市民の耳では違いが分からず寝てしまう曲なのでしょう。ところが、ロンドンで市民向けに初演する曲は違ってくる。キャッチーで受ける工夫がないと市民相手には稼げないとハイドンは分かってしまった。

それからハイドンがロンドンで学んだ大きなことといえば、市民社会と大合唱がセットになるらしいということですね。教会の聖歌隊ではなくてもっと世俗的にみんなで楽しむ大合唱。それはロンドンにヘンデルが蒔いた種でしょう。バッハがライプツィヒで聴く者に痛みを強いる受難曲を彫琢しているときに、ヘンデルはロンドンで市民の素人コーラスが底抜けに楽しめるオラトリオを提供していた。大都市ロンドンに地方から流入してきて、知らないもの同士、市民として仲間になろうとするときには合唱サークルですよ。一緒に歌いましょうという。ハイドンはウィーンに戻ってそれらを真似してオラトリオ《天地創造》[9]や《四季》[10]を作曲した。教会の音楽とは違う。「市民大合唱」の路線を開拓したみたいなものです。

岡田　プレ《第九》ですね。

片山　そのとおりです。このロンドン時代のハイドンの経験が、じかにベートーヴェンにつながる。現に、ハイドンは初めてロンドンへ行った帰りにドイツのボンへ寄って、ベートーヴェンを弟子にとる約束をするのだから。個人レッスンも収入源ですから。

岡田　ハイドンがロンドンに行ったのは六〇歳ぐらいですから、考えてみれば大変体の頑丈な人だったわけだ。

片山　ベートーヴェンもロンドンにはついに行かなかったけれど、イギリスからの頼まれ仕事はたくさんして稼いで、《第九》はというとロンドン・フィルハーモニック協会[11]からの委嘱でしょう。

岡田　ハイドンの大合唱路線を、同じロンドンの地で引き継ぐはずだった。

クラシック音楽における「イギリス趣味」

岡田　ちょっと脱線しますが、ハイドンがロンドンで活躍したせいか、イギリス人はハイドンがすごく好きですよね。

片山　いわゆる、クラシック音楽における「イギリス趣味」ってやつですね。

9　ザロモンの委嘱で書かれたオラトリオ。「旧約聖書」「失楽園」がテキストで、ウィーンでは新年の曲として有名。
10　《天地創造》につづいて書かれたオラトリオの大作。ともにハイドンの代表作。
11　一八一三年に創設された、コンサートを主催する音楽団体。

岡田　そう。ドイツ人がよくバカにするイギリス趣味。たとえばドイツ人はよくジャン・シベリウス[12]をバカにするんですが、その理由はイギリス人がシベリウス好きだから（笑）。実際テオドール・アドルノ[13]もそういうことを言ってます。まさにシベリウスはイギリス趣味ど真ん中なんですね。あとセルゲイ・ラフマニノフ[14]ね。それからもちろん自国のエドワード・エルガー。[15]こんなイギリス趣味の筆頭がハイドンです。

そもそも音楽の歴史において、イギリスをあまり「ヨーロッパ」だと思わない方がいいんだよね。ブレグジット[16]でもそうだけど、本質的にイギリスって「欧州の外」であって、それは音楽の歴史でも変わらない。だいたいイギリス出身の大作曲家なんていないに等しい（笑）。大陸から有名音楽家を金にものをいわせてひっぱってくる伝統はあるんだけど。それがヘンデルであり、ハイドンであるわけです。

ちなみに面白いことに、イギリスはポピュラー音楽の世界では有力なんですよね。ビートルズとかローリング・ストーンズとかレッド・ツェッペリンとか。対するにクラシック音楽の「本場」のドイツやオーストリアの世界的なロック・グループなんて想像もつかない（笑）。

片山　確かに。

岡田　ビートルズの旋律やハーモニーは、スコットランド民謡の末裔です。これはレイフ・ヴォーン＝ウィリアムズ[17]でもエルガーでもフレデリック・ディーリアス[18]でも変わらない。田園的なんですね。「田舎」的な懐かしいひなびたかんじ。《蛍の光[19]》ももともとスコットランド民謡です。いずれにしても、スコットランド民謡的なものは、クラシック音楽の語法より、ポップスに向いていたのかもしれない。

片山　ミュージカルが多く生まれるのも、似たような論理かもしれません。

岡田　《キャッツ》や《オペラ座の怪人》のアンドルー・ロイド・ウェバー[20]が、まさにそれですね。

片山　もともと、北の島国で、遅れた「野蛮国」という歴史があるわけではないですか。ただ、島国で船を乗り回すのが得意だから新天地を発見していちばんの金持ちになってしまう。富裕な市民層もいち早く形成される。土地に依拠する王や貴族の分もいち早く悪くなる。地が「野蛮」な「文明国」。やっぱり海賊の国ですからね。「野蛮人」は分かりやすい者としか本当は付き合いたくない。多少気取るけれども、地はかくしようがない。これがイギリスの強みですかね。

岡田　いや、そのとおり。

12　フィンランドの作曲家（一八六五〜一九五七）。七つの交響曲や、交響詩《フィンランディア》などで知られる。
13　ドイツの哲学者、音楽評論家（一九〇三〜一九六九）。シベリウスのような後期ロマン派には否定的だった。
14　ロシア出身の作曲家、ピアニスト（一八七三〜一九四三）。後期ロマン派特有の濃厚な作風で知られる。
15　イギリスの作曲家（一八五七〜一九三四）。行進曲《威風堂々》や、《愛の挨拶》などで知られる。
16　イギリスのEU（欧州連合）離脱のこと。
17　イギリスの作曲家（一八七二〜一九五八）。九つの交響曲や、吹奏楽曲《イギリス民謡組曲》などで知られる。
18　イギリスの作曲家（一八六二〜一九三四）。管弦楽曲《春初めてのカッコウの声を聴いて》などで知られる。
19　イギリスの詩人ロバート・バーンズがスコットランド古謡を書き直して、いまの曲に整えた。
20　イギリスの作曲家（一九四八〜）。ミュージカル史上、もっとも成功した作曲家といわれている。

イギリスとロシアの共通分母

片山　あと辺境の「野蛮人」としての心性が通じるのか、彼らはロシアの音楽も好きですね。スラブ的なものと、すぐに結びつく。ベンジャミン・ブリテン[21]とディミトリ・ショスタコーヴィチ[22]とが仲のよかったのが典型です。両国とも、しつこくくどい音楽が好きなんですよ。ブリテンもショスタコーヴィチも、そうではないですか。私はそのくどいのが大好きなのですが。

岡田　実際あの二人は互いに評価しあっていた。

片山　イギリスとロシアの共通点と言えば、もう一つ思い浮かぶのは「ノクターン」(夜想曲)という音楽形式です。ゆったりと物憂い、まさに「夜の音楽」ですね。多くのひとは、ショパンの専売特許のように思っているかもしれませんが、あれを創始したのは、ダブリン生まれのアイルランド人、ジョン・フィールド[23]です。フィールドは、ある時期からロシアへ行き、サンクトペテルブルクに移住し、最後はモスクワで亡くなった。お雇い外国人みたいなものですね。それでフィールドは、ロシアの夜が長いなあと思って、ノクターンを発明した。これまた、イギリスとロシアの結合です。市民的な、わかりやすいロマンチックというかメランコリーというか、ラフマニノフまで行くような気質が、ロシアで暮らしたアイルランド人のアイデアから育ってゆく。

岡田　それからあの時代のヨーロッパって、いわゆる「スコットランド趣味」がものすごくはやる。ウォルター・スコット[24]に代表される幻想小説です。初期ロマン派にものすごく影響を与えた。ロッシーニのオペラ《湖上の美人》とかドニゼッティの有名なオペラ《ランメルムーアのルチア》が典型です。アイルランドのフィールドも、同じような文脈で人気を博したんでしょうね。

片山 ハイドンもベートーヴェンもイギリスからの注文で、スコットランドやアイルランドの民謡を家庭音楽用に、たくさん編曲して稼ぎましたよね。結局、民謡とナショナリズムということになってくると思うのですが。前に話題に出たプロテスタントのコラールと同じ構図でしょう。プロテスタントのドイツ人は、ドイツ民謡風の旋律とコラールを結びつけて、ドイツ的なるものが生まれてくる。イギリス国教会における讃美歌も民謡調でしょう。そこに王室賛美も乗っかってくる。

岡田 《God Save the King/Queen》が世界初の「国歌」になるのは、一八世紀の半ばごろだけど、そういうもののエコーもハイドンにはあるな。だいたいあの国歌がスコットランド民謡的だし。

片山 エルガーの曲も、肝心なところは民謡調でしょう。いかにも王室賛美的な、イギリス民謡

21 イギリスの作曲家(一九一三~一九七六)。《ピーター・グライムズ》や《青少年のための管弦楽入門》で有名。
22 ソ連の作曲家(一九〇六~一九七五)。一五の交響曲や、オペラ《ムツェンスク郡のマクベス夫人》で知られる。
23 アイルランドの作曲家、ピアニスト(一七八二~一八三七)。
24 スコットランドの小説家、詩人(一七七一~一八三二)。その多くの作品が、音楽化されている。

が讃美歌になったようなメロディーが、実に感動的に、突然出てくる。《エニグマ変奏曲》[25]でいちばん有名なのは、第九変奏〈ニムロッド〉ですが、あれなど典型じゃないですか。ほかにも、彼のカンタータやオラトリオなどでも、きめたいところでは民謡みたいな平易で明快なメロディーが出てくる。《第九》的とも言えますが。ともかくそこでみんな、「おお！」と感動しちゃうんですね。

岡田　そうそう。

片山　その手法が、グスターヴ・ホルスト[26]やウィリアム・ウォルトン[27]といったイギリスのポスト・エルガーの音楽にも受け継がれるわけですね。

イギリス人の合唱好き

岡田　ハイドンの話はベートーヴェンの前座のつもりだったんですが、「イギリス」で盛り上がって、ちっとも終わりませんねぇ。せっかくだから、もうすこし続けましょうか。

片山　そうしましょう。

岡田　いま、片山さんが「王室賛美」「王室讃歌」といったキーワードを挙げられたけれども、これはイギリス音楽のキーワードかもしれない。エルガーもヴォーン＝ウィリアムズもウォルトンもホルストも、音楽のクライマックスでは、《God Save the King/Queen》みたいな、あの手のイムヌス（hymnus）というか、アンセム、要するに讃歌が来るんですよね。

ちなみに、《God Save the King/Queen》に少し戻ると、あれが国歌になる一八世紀半ばって、イギリスではヘンデル・ブームだったんです。ヘンデルは、ハイドンに先立ってイギリスに呼ばれて、大人気になっていた。ヘンデルはバッハと同い年で、バロックを代表する二巨匠ですが、バッハにはもちろんイギリスから声がかかるなんてことは、まったくなかった。ヘンデルは聴衆の好みに自由に合わせられたけれども、バッハはそれができなかったということかもしれない。とにかくヘンデルはロンドンに呼ばれて、大規模コーラスでやたら万歳と歌う、シンプルなメロディーのオラトリオをいっぱい書いた。イギリス人の好みにぴったり合ったんでしょう。その代表が一七四二年に初演されたオラトリオ《メサイア》[28]です。「ハレルヤ・コーラス」は超有名曲で誰でも耳にしたことがあるはず。

イギリス人はとにかく大陸から有名人を呼んできたがる。ヘンデルに続くのがハイドンで、一七九〇年にイギリスにわたった彼も、同地の好みをいちはやく吸収し、最晩年のオラトリオの二つの大傑作である《天地創造》と《四季》を書きました。これまたライトな民謡風のメロディーと大合唱が満載です。

片山　大合唱が可能になるのは、先の話とダブるけれど、市民の合唱サークルあってこそでしょ

25　エルガーが作曲した管弦楽曲。主題と一四の変奏のすべてに「謎」（エニグマ）が隠されている。
26　イギリスの作曲家（一八七四〜一九三四）。組曲《惑星》など、民謡風の旋律を使った曲で知られる。
27　イギリスの作曲家（一九〇二〜一九八三）。戴冠式行進曲《王冠》や、多くの映画音楽で知られる。
28　ヘンデルが書いたもっとも有名なオラトリオ。欧米ではクリスマス時期に演奏されることが多い。

う。資本主義国の尖端を行くイギリスで、市民の社交として、合奏は大変だからまず合唱が育つ。
岡田 そうそう。もちろんプロの合唱団もあるけれど、本質的に合唱文化はアマチュアのものです。市民の余暇。そもそもヘンデルが、あんな巨大な大合唱の曲を次々に作れたのは、いくらでも集まってくるセミプロやアマチュアのコーラスがいたからでしょうしね。
もちろん楽器が好きな人もいて、後になると炭鉱労働者が続々とブラスバンドを結成したりもするけれど、やっぱりアマチュアといえばコーラスでしょう。合唱は身体ひとつでできますもんね。オーケストラやブラスバンドなど楽器を使う趣味は、経費や練習場所の確保がたいへんだったでしょうし。そしてヴァイオリンやピアノはやっぱり、基本的にお金持ちの趣味なんですよね。
片山 ピアノなど、自宅内に置いておくためにはスペースも要るし。
岡田 合唱が本質的に労働者文化と結びついていたことは、忘れてはいけないですね。《第九》があれだけ有名曲になったのも、このことと無関係ではない。高度経済成長期の日本でも、《第九》は労働組合系の合唱団とかによってものすごく歌われたし。いずれにせよ、先ほどのハイドンの二つのオラトリオは、《第九》のモデルの一つになった。クラシック音楽史に与えたイギリスの影響は大です。

《God Save the King/Queen》と《ラ・マルセイエーズ》

片山 先ほどイギリスの《God Save the King/Queen》がたぶん世界で最初の国歌だという話が

出ましたが、おそらく世界で二つ目の国歌は、フランスの《ラ・マルセイエーズ》ですよね。

岡田 よく知られているように、《ラ・マルセイエーズ》は一七八九年から始まったフランス革命の時代の曲ですよね。ライン河を護衛するフランス軍から生まれた軍歌。それがあちこちで歌われるようになり、マルセイユからパリに進軍した連中が、これを歌いながらチュイルリー宮殿を襲った。これが人気が出て、国歌に制定されました。一時、ナポレオンが「暴君を倒せ」の歌詞をお気に召さず、国歌から外しましたが、七月革命で復活しています。

片山 イギリス国歌とちがって、共和国の歌ですね。そして歌詞がとびきり残酷だ。

岡田 自由を妨げるものはギロチンで殺ってしまえ、みたいな残酷な歌詞。フーリガンが暴れながら歌うような曲なんだよね（笑）。あまりに血なまぐさい歌詞なので、フランスでは、子供向けの別ヴァージョン歌詞もあるらしい。

片山 それに比べると、まあ、イギリス国歌は、まことにやんごとない内容ですねえ。

岡田 まったくです。そういえば、「ハイドン」と「国歌」のキーワードで忘れてはいけないのは、ドイツ国歌、いわゆる「皇帝賛歌」ですね。

片山 ハイドン作曲の弦楽四重奏曲第七七番《皇帝》の第二楽章ですね。

岡田 これ、もともとはオーストリア帝国の皇帝賛歌だった。そしていろいろな経緯があって、今ではドイツ国歌になっています。悪名高かった「世界に冠たるドイツ」の歌詞の部分は、今では省かれますが。この名旋律がどういう過程を経て生まれたかは諸説あって定まっていないんですが、ひとつだけ確実なのは、イギリス国歌の影響下で書かれたことなんですね。

《ラ・マルセイエーズ》に代表される、野蛮な革命歌や軍歌が生み出す空気を、ハプスブルク王家は恐れていた。支配者を賛え、支配者に共感できる象徴的な音楽をつくらなければいけないということで、ハイドンに委嘱し、《オーストリア国家及び皇帝を賛える歌》を書かせたらしい。そのときに参考にされた曲が、《God Save the King/Queen》だった。

片山　近代国歌のモデルは英仏の二型ということですね。讃美歌か、軍歌か。帝国だったオーストリアはイギリス型を採用したと。

音楽と金づる

岡田　ここで、ちょっと脱線するかもしれないけど、「クラシック音楽とお金」の話をしておきましょう。重要な話です。つまりクラシック音楽は、もともと教会・貴族にふんだんにバックアップしてもらっていたわけですが、ということは、非常にカネがかかる。だから教会や貴族が没落して、市民の世の中になってくると、「じゃあ金づるはどこに探すのか」という話になる。「クラシック音楽のエリート性に憧れてくれるお金持ち」というのが大事になってくる。

片山　ハイドンのころは、そのような金持ちがイギリスにいた。そして一九世紀終わりころから、それがアメリカに移る。その次はやっぱり日本でしょうね、二〇世紀後半ころ。

岡田　そして二一世紀に入ってからは中国かな。

片山　日本人は真面目だし西洋コンプレックスをばねに文明開化に邁進したのだから、ヨーロッパのクラシック音楽の真髄も素直に受け入れて同化したいと熱望してしまう。しかし、中国の場合だと、やはり中華思想で西洋コンプレックスを跳ね返してしまうのか、西洋クラシック音楽を平気でたわめてしまえている気がしますね。

たとえば、中国では、自国の民族楽器を、西洋式のオーケストラと共演させるような曲を、平気で普通の定期演奏会に入れてくる。日本でも尺八協奏曲や箏協奏曲はあるけれど、日本の聴衆はそれを特殊だと思いがちでしょう。ところが中国の人はもっと当たり前だと思っているのではないでしょうか。京劇の俳優が台詞をやるのを交響楽団が伴奏する演目もありますね。日本だったら、歌舞伎役者とオーケストラが共演する曲をつくったら、真面目なクラシックの聴衆は鼻白んでしまうでしょう。でも中国だとどうやらそんなことはない。

あと、交響曲でも中国はラフマニノフが大好きですね。中国人が素直に感動できる音楽といえば、マーラー、ブルックナーより、やっぱりラフマニノフになる。

岡田　ベルリン・フィルやウィーン・フィルも中国公演ではラフマニノフとかチャイコフスキーをやるみたいね。彼らでロシア音楽をわざわざ聴く必要もないと思うんだが(笑)。

片山　二〇一七年に、サイモン・ラトル[29]指揮のベルリン・フィルが、中国を中心にしたアジア・ツアーをおこないましたが、メインのひとつはラフマニノフでした。

岡田　いずれにしても、クラシック音楽は常にパトロンがいないと立ち行かなかったわけで、そ

29　イギリス人指揮者（一九五五〜）。ベルリン・フィルの元首席指揮者で、現在はロンドン交響楽団の音楽監督。

の意味では、今の中国のポジションはハイドン時代のイギリスに相当するのかもしれません。

片山　中国人の趣味に合う曲や演奏形態がクラシック音楽の主流になるということか。

岡田　ベートーヴェンもロンドンに行きたかったみたいだし、モーツァルトだってロンドンへ旅立つハイドンを見送ったとき、とてもうらやましかっただろう。それからカール・マリア・フォン・ウェーバー[30]もロンドンへ行っていますね。歌劇《オベロン》[31]はロンドン初演用に英語で書かれました。彼はそのままロンドンで客死している。メンデルスゾーンもものすごく頻繁にロンドンに行っている。

片山　当時のイギリスにはお金があって、しかも仕事の内容とギャラがきちんと計算されて、「契約書」を交わしていたと思うんです。

岡田　契約書を交わして、ギャラがちゃんと貰えるのはでかい。そういう近代的な契約概念がいちはやくイギリスでは確立されていた。イタリアの音楽業界なんて長い間めちゃくちゃだったから。

片山　モーツァルトのころまでは、どこかで年収いくらで雇ってくれないかと、みんな走り回っていた。ところが、次第に貴族社会でもなくなってきて、せっかく宮廷で雇ってくれても、どんどんギャラが下がる時代だった。そんな時代に「宮廷音楽家」なんて称号を得ても、意味が薄くなった。ハイドンまでは地位と収入が何とか見合う面があったけれど、少しだけ下ってモーツァルトになると、もう「教会専属」「宮廷音楽家」の肩書を得ても、十分な収入が伴わない。

そうなると、やっぱり「市民」を相手にして、一番お金をくれる「予約演奏会」、いまでいう

「定期演奏会」をやるとか、楽譜の出版に向かうしかない。そこでビジネス先進国で大陸の文化教養に憧れを持つイギリスの役割が突出してくるわけでしょうね。

イギリス人の作曲家たち

片山 そのイギリス人が、大陸から来たヘンデルやハイドンに頼るのではなく、自分たちのオリジナル音楽が欲しいとなると、結局、民謡的な曲や、《God Save the King/Queen》的なメロディーになる。イギリスのナショナリズムはローカルな文化と結びついて極めて強固ですよ。普遍的というのからはだいぶん遠い。そして、アンセム的な成分を多分に含んだ自国の作曲家が大事にされる。エルガーがいて、チャールズ・ヒューバート・パリー[32]やチャールズ・ヴィリアーズ・スタンフォード[33]がいて、ヴォーン＝ウィリアムズ、ホルスト、ウォルトンなどがいる。アーノルド・バックス[34]やアーサー・ブリス[35]もいる。ブリテンやマイケル・ティペット[36]はインテリ受けす

30 ロマン派ドイツの作曲家（一七八六〜一八二六）。オペラ《魔弾の射手》《オベロン》などで知られる。一八二六年初演。ロンドンのロイヤル・オペラの委嘱で書かれた。のちにドイツ語に訳された。
31 イギリスの作曲家（一八四八〜一九一八）。聖歌《エルサレム》は、毎年、プロムスの最後で演奏される。
32 アイルランドの作曲家（一八五二〜一九二四）。七つの交響曲のほか、教会音楽を多く書いた。
33 イギリスの作曲家（一八八三〜一九五三）。パリーやスタンフォードの弟子。ケルト風の音楽を多く書いた。
34 イギリスの作曲家（一八九一〜一九七五）。スタンフォードの弟子。《色彩交響曲》などで知られる。
35 イギリスの作曲家（一九〇五〜一九九八）。反戦要素のあるオラトリオ《われらの時代の子》などで知られる。

る分、ちょっと違う。

岡田　そのあたり僕は苦手だなあ。二流どころか三流四流にしか思えない（笑）。

片山　イギリスのオーケストラのポストを持つと、ゲオルク・ショルティ[37]もダニエル・バレンボイム[38]もアンドレ・プレヴィン[39]もベルナルト・ハイティンク[40]も、みんなエルガーやヴォーン＝ウィリアムズやホルストをたくさん録音しました。

岡田　そう、やめてほしい（笑）。

片山　私はうらやましいですよ（笑）。だって日本のオーケストラでポストを得た有名外国人指揮者が日本の作曲家の録音に精を出したなんて話は聞いたことがありません。文化の素地がそれだけ違う。日本人が日本の曲は恥ずかしいと思っているのだから。そうなる理由はあるわけですけれども。同じイギリスの優れた作曲家でも、どこかシェーンベルク趣味やラヴェル趣味が強かったりすると、敬して遠ざけられる。よその真似をしていると。イギリスらしさが足りないと。

とにかくイギリス人はイギリス人によるイギリス人のためのイギリス的な音楽を偏愛する。毎年のプロムス[41]の締めくくりのコンサートも、エルガーの《威風堂々[42]》で熱狂する。

岡田　なんであのアホらしい曲にあんなに熱狂できるのか謎だ（笑）。プロムスと言えば、毎年ロイヤル・アルバート・ホールで開催されますが、ヒッチコック監督の映画『知りすぎていた男[43]』でも、ラストの場面でロイヤル・アルバート・ホールが出てきますよね。あれを観るたびに、やたらでかいだけで趣味の悪いホールだなあと思う。ヒッチコックがわざとアイロニーでそう映しているのかもしれないけれど。

片山　そういえば、『知りすぎていた男』の映画全体の音楽は、おなじみバーナード・ハーマン[44]ですが、そのシーンで演奏される曲は、アーサー・ベンジャミンのカンタータ《ストーム・クラウド》（時化）ですね。ベンジャミンはオーストラリア生まれのイギリス人で、ブリテンの先生でした。

映画では、カンタータの演奏中、シンバルが一発鳴る瞬間と銃声が重なるという設定でしたが、あの劇中で指揮していたのがハーマン自身です。実はあの曲は、もとになった映画『暗殺者の家』[45]ですでに使われていて、それをそのまま踏襲したわけですが、それにしてもいかにもイギリス人っぽいですよね。《第九》でも、いやいや、ヘンデルとかでもない。現代のイギリスのカンタータでなければいけない。

岡田　カンタータも、イギリスの作曲家は、よくつくりますよねえ。

37　ハンガリー出身の指揮者（一九一二〜一九九七）。グラミー賞最多受賞記録を持つ。
38　アルゼンチン出身のイスラエル人ピアニスト、指揮者（一九四二〜）。ベートーヴェンのピアノ・ソナタ全集を五回録音。
39　ドイツ出身の指揮者、作曲家、ピアニスト（一九二九〜二〇一九）。映画『マイ・フェア・レディ』の音楽監督。
40　オランダの指揮者（一九二九〜二〇二一）。多くの作曲家の交響曲全集を録音している。
41　ロンドンで毎夏開催される大規模なクラシック・コンサート。最終夜は全英に生中継される。
42　エルガーの行進曲。第一番がもっとも有名で、中間部の旋律は「第二のイギリス国歌」と呼ばれる。
43　一九五六年公開。ドリス・デイが歌った主題歌《ケ・セラ・セラ》も有名。
44　アメリカの映画音楽作曲家（一九一一〜一九七五）。主にヒッチコックとのコンビで知られた。
45　一九三四年に公開されたヒッチコック監督のスリラー映画。

片山　今でもそうです。ジェームズ・マクミラン[46]もそうだし、平明な合唱音楽を得意とする作曲家がとても強い。というか、地位が高い。ジョン・ラター[47]とか、ボブ・チルコット[48]とか。

岡田　導入程度にハイドンの話をするつもりが、思わずイギリスの話で盛り上がってしまいました。そろそろモーツァルト、そして本命のベートーヴェンの話をしましょう。

2. モーツァルト

モーツァルトの浮遊感と根無し草

岡田　まずベートーヴェンより前にモーツァルトですね（笑）。先ほども述べたように、彼はハイドン、ベートーヴェンとともにウィーン古典派の三人といわれますが、いちばん早く死んでいる。

片山　三五歳で亡くなっていますからね。年表を見ますと、モーツァルトはハイドンより二四歳下。ベートーヴェンはハイドンより三八歳下。で、モーツァルトが死んだ一七九一年の時点で、ハイドンは五九歳、ベートーヴェンは二一歳です。

岡田　モーツァルトの没年の一七九一年は、フランス革命とほぼ同時期です。一方、ハイドンの没年は一八〇九年（七七歳）ですから、彼は一九世紀まで生きていた。つまり市民社会というものが、ある程度軌道に乗ったのを見届けて、死んだことになります。一八二七年に亡くなったベートーヴェンも、もちろんそうです。そこにいくとモーツァルトはまるで、フランス革命によって倒された旧体制に殉ずるようにして亡くなっている。

彼の音楽には貴族社会的なもの、アンシャン・レジーム（旧体制）的な感性が、強く残っている。たしかに交響曲第三九、四〇、四一番などには、ベートーヴェン的なというか、近代市民社会的な公共性が予告されてはいるけれども、しかし根っこのところでモーツァルトは、宮廷社会の人だったと思う。このあたり片山さんはどう感じていますか？

片山　おっしゃる通りで、まずはずっと、ハイドンの「エステルハージ家向き話法」と変わらないところにいますよね。つまり宮廷社会向けの語り口に何の疑問もなく寄り添っていた。ちょっとエキセントリックなところが違っていたけれど。それが後ろの方になると、やはり端境期を漂う具合になる。交響曲第四〇番の冒頭の寄る辺なく浮遊する感じですね。あの頼りない感傷。ペテルブルクのオーケストラでは二〇世紀の頭まで、第四〇番の第一楽章をすごく遅く、センチメンタルに引きずるように演奏する習慣があって、それを最初からアレグロで弾かせた初めての指揮者は客演したマーラーだったそうですが、そうなるとモーツァルトは、フィールド、ショパン、チャイコフスキー、ラフマニノフのモデルでもあるんですね。

46　スコットランドの作曲家（一九五九～）。声楽・合唱曲が多い。
47　イギリスの作曲家（一九四五～）。癒し系の合唱曲が多く、日本でもアマチュアを中心に人気が高い。
48　イギリスの作曲家（一九五五～）。合唱曲専門で、特に若者向けの曲が多い。

それから、イタリアのシェーンベルク主義者の作曲家、ルイージ・ダッラピッコラ[49]が、モーツァルトの歌劇《ドン・ジョヴァンニ》のラストで騎士長が登場する、あの地獄落ちの音楽を、あまりに音程が跳躍しており、ほとんど無調で、二〇世紀音楽を予告していると言っている。端境期で行きどころがなく壊れている感じでしょうか。

岡田 たしかに彼はアンシャン・レジーム的なのに、時として二〇世紀音楽も顔負けの狂気を爆発させる。

片山 モーツァルトは、芝居と映画の『アマデウス』[50]で描かれたように、どこかぶっ飛んでいる人なのかもしれないけど、それよりは私は彷徨っているような感じを覚えます。足下がないみたいな。

岡田 モーツァルトって、音楽史で最初の「根無し草」なんですよね。ザルツブルク生まれだけど、子供の頃から、天才少年として親にヨーロッパ中の宮廷を連れまわされ、まったく故郷に根を下ろさず、そしてウィーンに飛び出していく。ここに彼の近代性はある。浮遊する存在。

片山 そうですね。よくモーツァルトは短調の曲がいいと言うけれど、短調、長調にかかわらず、浮遊感が常にある。ハーモニーやメロディーについて、長調だと言われても、局所的には長調だか短調だか半音階だかどの軌道に乗りたいのだかよくわからないようなところがたくさんある。あの感覚ですね。

フランス革命の変動期、モーツァルトは旧体制の中で不安を覚え、蒼ざめたりしながら浮遊感を音楽にした。不安の中でうねって、浮遊して、迷い道を行っているみたいな……。

岡田　わかる、わかる。

「核家族」で育ったモーツァルト

片山　あとの時代の作曲家も、どこか不安や浮遊感を覚えて十二音技法などに行くんだけど、結局、ダッラピッコラが言うようにモーツァルトが先取りしているように聴こえる。そう思えるからモーツァルトは現代人に近しいと、感じられるようになった。

ところが、ベートーヴェンは、そんなことはしなかった。旧体制の崩壊も明らかになり、浮遊はやめて、足下を踏みしめながら、はっきり叫び出した。田舎者なので、勝手に「俺の時代が来た」みたいな気になって、大声で叫び出した。しかも難聴だったから、やたらと大きな音でオクターブを重ねまくって、うるさいことこのうえない。もうどうしようもない人なんだけど、やっぱりそれがある種の右肩上がりの時代の、新しい音楽モデルとなったんですね。

岡田　ベートーヴェンとの対比という意味で、モーツァルトの浮遊感について考えてみると、彼が「核家族」の出身だということに注目したい。

片山　ああ！

49　イタリアの作曲家（一九〇四～一九七五）。十二音技法の曲を多く書いた。
50　ピーター・シェーファー作の芝居は一九七九年に初演。ミロス・フォアマン監督の映画は一九八四年に公開され、米アカデミー賞で作品賞など八部門を受賞した。

岡田　教育パパだった父親レオポルト・モーツァルト[51]はアウグスブルクで生まれ、ザルツブルクにやってきて、大学に入ったけれど結局やめて、二流音楽家として職をみつけた。父親の代で初めて東京にやってきました――みたいなものですね。父の代からすでに故郷から切れている。そしてモーツァルト一家は、有名な肖像画でもわかるように、パパとママとお姉ちゃんと僕の四人だけ。大家族の時代に珍しい「核家族」だった。

片山　そうですねえ。

岡田　彼は核家族の親密さもさることながら、息苦しさも経験したでしょうね。そもそも父親は、まさにマンガ『巨人の星』の主人公の父である星一徹というか、美空ひばりの母、タイガー・ウッズの父、イチローの父、マイケル・ジャクソンの父の原型です。自分の子どもを天才少年として売り出そうとするステージ・パパという現象は、身分制度が緩んできて、音楽やスポーツによって一発逆転で社会的に上昇することが可能になる時代になってから出てくるものであって、その意味で近代現象です。「神童」として親によって売り出されたという点でも、モーツァルトは近代的です。彼以前に「神童」なんていなかったもんね。

片山　階級流動性あっての神童ですものね。

岡田　同世代の子どもの遊び友だちもいなかったでしょうね（笑）。その点でも切断されてますよね。しかも「自分はもうザルツブルクの大司教の下で雇われ人でいるのはイヤだ」と言って、ウィーンに飛び出してフリーランスになるわけです、ここでまた切断されていますよね。ウィーンに出てからは、父や姉と疎遠になる。コンスタンツェ[52]との結婚に父親が反対していたせいもあって、最終的にはほとんど決裂状態になったといってもいいんじゃないかなあ。またも切断です。自分の過去をどんどん切って捨てるような生き方だった。まるで松本清張の『砂の器』の和賀英良みたい（笑）。

小林秀雄の『モオツァルト』

片山 モーツァルトとなると、日本でそのイメージをかたちづくっているものとして小林秀雄[53]の『モオツァルト』[54]にも触れておく必要があるように思うんです。涙を流したときは、悲しみは先に行っているという、あの評論。正確には「モオツァルトのかなしさは疾走する。涙は追いつけない」ですが。

悲しい。だから泣く。ここで「悲しい」と「泣く」のあいだに挟まっている「だから」には因果を説明する理屈がある。理屈でなくて感情かもしれないけれど、とにかくワン・クッションある。このワン・クッションが小林は嫌なわけでしょう。近代人の理知がありのままを感じさせなくする。分析作用とか取り繕いとか、夾雑物が入ってくる。和歌の世界でも万葉人はありのまま

51 ドイツの作曲家、ヴァイオリニスト（一七一九～一七八七）。彼のヴァイオリン教本はいまでも読まれている。
52 モーツァルトの妻（一七六二～一八四二）。作曲家ウェーバーの従姉。悪妻だったと言われるが、異説もある。
53 文芸評論家（一九〇二～一九八三）。文学、音楽、美術、骨董などを幅広く論じ「批評の神様」と呼ばれた。
54 文芸誌「創元」創刊号（一九四六年一二月）に発表された。

を素直に感じて表現する素朴さをまだ有していたのに、『古今和歌集』、『新古今和歌集』と下るにしたがって邪魔が増えて、即時性がなくなってゆくということでしょう。小林にとっては、だから涙を流しましたという手間をかけて説明することが不純なのですね。そこはアンリ・ベルクソン[55]的なのかな。『万葉集』に戻りたい。音楽だとモーツァルトが万葉人の即時性を持っている。だからモーツァルトがよいのだ。そういう話なのかなと。

岡田　今の片山さんの話を聞いて連想したのは、最近の脳科学の話です。人間の知覚というのは、視覚が聴覚より一瞬、遅れるんだそうです。聴覚が先に到達している。このタイムラグを事後的に脳の知覚システムが補正統合している。現実に対して人間の知覚というのは遅れる。このことを思い出した。そして知覚によって呼び覚まされる二次反応、たとえば「泣く」とかは、さらに遅れる。人間とは現実を足を引きずりながら追いかけていく情けない存在でしかない。人間は、「これが今だ、リアルタイムの今の現実だ」と思っているけれど、実はそれはもう「今」じゃなくて、現実は今より先に行ってしまっている。

片山　その限界をモーツァルトの音楽は超えた？

岡田　そこまでは断言できないけれど、小林の『モオツァルト』はモーツァルトの音楽の即物性というかドライさ、ある種の情け容赦なさをよくつかまえた評論だと思います。

3．ベートーヴェン

天才とバカのあいだ？

岡田　今度こそベートーヴェンの話題に入りましょう。どこから話しましょうか。

片山　ちょっと変化球かもしれませんが、『ベートーヴェンとその甥―人間関係の研究』（原著一九五四年刊／邦訳一九七〇年、武川寛海訳、音楽之友社刊）という本を入口にしましょうか。フロイト門下で、ウィーンの心理学者、シュテルバ夫妻の共著です。

岡田　ああ、カールという、ろくでもない甥の話ですよね。自殺未遂したりして、伯父のベートーヴェンにさんざん迷惑をかけまくった。

片山　そのろくでもない甥の話と、ベートーヴェンの会話帳などをもとに、人間ベートーヴェンの実像を精神分析的に書いた本なんです。これを読むと、ベートーヴェンは掛け算もできなかったとか、ひどいことがいっぱい書いてある。「17×5」ができないので、「17＋17＋17＋17＋17」って、会話帳に書いてあって、しかもその答えが間違っていたとか（笑）。そんな人間が、あんな《大フーガ》のような、複雑に絡み合う、数学的な音楽を書いていたのかと思うと、不思議ですよね。

岡田　ベートーヴェンは天才だけど、どこかとんでもなくバカなところがあるんだよなあ……。

55　フランスの哲学者（一八五九～一九四一）。小林秀雄は「感想」（未完のベルクソン論）を執筆している。

片山　そう。あるところは突出しているんだけど、バランスがまったく取れていない。実生活でも、浮浪者と間違えられて逮捕されたりしていたわけでしょう。かなり壊れている。

岡田　やっぱり、ベートーヴェンぐらいのカリスマになるには、ある意味で「バカ」でないとダメなのかもしれない。そこへ行くとハイドンやモーツァルトは、傍若無人なバカになりきれない。二人とも貴族社会で生活していたので、ぎりぎりのところで節度を保つ。

ちなみに最近、モーツァルトの手紙を丁寧に読んでみたのですが、ものすごく頭の回転の速い人だと改めて思いました。教養があるというタイプじゃないけれども、目から鼻へ抜けるというか、当意即妙の言葉で端的にパッと表現できる。掛け算ができたかどうかは、わかりませんけどね（笑）。

片山　やはり社交的人物ですものね。演技ができる。

岡田　モーツァルトは絶対に「バカ」じゃない。芝居／映画『アマデウス』が世間に広めた、ハチャメチャなモーツァルト像に対しては、私は常に怒ってます。どことなく風変りな人ではあったかもしれないけれど、あれは誇張しすぎだ。

ガサツな田舎者？

片山　それに比べると、ベートーヴェンはガサツな田舎者ですよね。

これはさっき出た話ですが、ベートーヴェンが初めてハイドンに会ったのはボンでした。ちょうどハイドンがロンドンから帰ってきて、ボンに寄っているとき、ロンドン帰りのハイドン先生がいると聞いて、強引に押しかけた。ハイドンはどう思っていたのか。それでも月謝を払ってくれる人はいてほしい。

岡田　むかしの演歌歌手の世界みたいですね。憧れの先生に習いたくて、勝手に田舎から東京に来ちゃいました、みたいな。

片山　ベートーヴェンのボン時代の同年生まれの友人の作曲家に、アントン・ライヒャ[56]がいました。この人はチェコ人なので、チェコ語読みだとアントニーン・レイハとなります。で、このライヒャが回顧録を書いていまして、こんなエピソードが載っている。

　まだボンにいるとき、ベートーヴェンがモーツァルトのピアノ協奏曲を弾いた。ライヒャは譜面めくりをしていた。すると、ベートーヴェンの打鍵が強すぎて、弾いているうちにピアノ線が飛ぶというんですね。しかも何度もそういうことが起きる。そういうことが当時のピアノだとどのくらい起きるものなのか、よく分からないけれども、新種の音楽家という感じはしますよね。まるで梶原一騎原作の劇画みたいな。

岡田　あるいは、演奏中に興奮してギターを破壊するジミ・ヘンドリックス[57]みたいだ。

片山　そのノリです。で、後にパリ音楽院の教授に収まったライヒャは、こういうエピソードを、

56　チェコ出身の作曲家（一七七〇～一八三六）。管楽器のための曲を多く書き、作曲教本も有名だった。

57　アメリカのギタリスト（一九四二～一九七〇）。史上最高のロック・ギタリストと称される。

ベートーヴェンをちょっとバカにして書いているわけでしょう。あいつはやっぱりおかしな男だったと。

「ベートーヴェン株式会社」の創業社長

岡田　それでもベートーヴェンは、一九世紀以降の作曲家にとって、「偉大な父」でした。いわば、一代で「クラシック音楽業界」という名の大企業をつくった剛腕社長みたいなものなんですよ。われわれもずいぶんひどいことを言ってきましたが、まあ新橋の飲み屋で偉大な創業者の悪口を言ってる平社員みたいなものです（笑）。

いずれにせよ、あとにつづく時代を考えるとき、ベートーヴェン・コンプレックスを無視しては語れない。後の作曲家はみんな、あまりに偉大すぎる父ともいうべきベートーヴェンの陰で、「絶対にお父さんのようになれない」と劣等感を抱き続けたといって過言ではない。ベートーヴェン・コンプレックスがそのまま一九世紀のクラシック音楽史になっている。

片山　なるほど、たしかにベートーヴェンは一代で創業者になっちゃった人ですよね。そして今でもクラシック音楽業界は、なんだかんだ言って、結局はベートーヴェン頼みだ。

岡田　クラシック音楽とは究極、「ベートーヴェン株式会社」だとは思いません？　「バッハ株式会社」とはちょっと言えないでしょう。ちょっと特殊すぎる。「モーツァルト株式会社」でもない。そもそもモーツァルトは繊細すぎて社長はつとまらない（笑）。クラシック・レパートリーからベートーヴェンを除いたりしたら、業界が成り立たない。彼の生み出したヒット商品は、九つの交響曲、五つのピアノ協奏曲、三二のピアノ・ソナタ、一六の弦楽四重奏曲、一〇のヴァイオリン・ソナタ……。すごい。

シューベルトとかシューマンとかブラームスとか、彼の後継者たちもいろんなことをやるんだけど、結局「フォーマット」はそう変わらない。交響曲、ソナタ、弦楽四重奏エトセトラ。時代や経営者が変わって、外見がいくら巨大化しても、「フォーマット」は一緒なんです。その中に盛られる「コンテンツ」も、だいたいベートーヴェン・モデルといっていいだろう。その基本構図は「悩む人間の姿がいかに悩みを克服するか」というプロット。

片山 そこが市民社会向けの新商品なんですね。ベートーヴェンそのものが新しい。

岡田 ベートーヴェンって、主題《テーマ》自体はあまり「いけてない」んですよね。ところが冴えない材料を飽くことなく加工して、つまり「テマティッシェ・アルバイト」(主題労作)を施して、巨大な建物を建ててしまう。主題を加工して、少しずつ変形して、執拗に変奏発展させる。いわゆる「動機加工」「主題労作」=「テマティッシェ・アルバイト」です。つまり彼は「労働」しているわけですね。資本主義をやっている。やっぱりベートーヴェン株式会社だ(笑)。

とりわけラストの盛り上げ、という点で、彼の右に出る作曲家はいないよなあ。最大限に盛り上げて、完全に帳尻を合わせて、一分の隙もないタイミングで曲を終える。これは並の作曲家にできることじゃない。アイデアだけだったら、それなりの能力ある人間だったら面白いものが出せるだろう。でもアイデアを発展させ、最後まで展開しきって、ジャストのタイミングで終わることは、映画でも小説でも、ものすごく難しい。ベートーヴェンはそれをやる。

片山　ひらめきでなく労作というところがベートーヴェンのベートーヴェンたる所以ですよね。諸井三郎が弟子たちに「君たちも努力すれば、バッハにはなれないが、ベートーヴェンにはなれる」と言って励ましたという。刻苦勉励する市民なんですよね。

ベートーヴェンと世界平和を祈る音楽

岡田　作曲家の近藤譲[58]さんが、こんなことを言っていました。現代音楽の聴衆はすごく少ないとよく言われるけど、ハイドンやモーツァルト時代の聴衆だって、せいぜい二〇人か三〇人、多くても一〇〇人がいいところだっただろう。それを考えれば、現代音楽は別にマイナーでもなんでもなくて、単にベートーヴェンより前の時代に戻っただけじゃないかと。

片山　ハイドンがロンドンで体験したことだったろうけれど、よく知らない人がチケットを買って演奏会にきてしまうようになる。ハイドンやモーツァルトのときにそうなって、ベートーヴェンになるとそれが常態になるということか。

岡田　確かに近藤さんが言ってることは当たっているんですよ。つまり五〇人ぐらいの聴衆だったら、コアなファンしかいないわけだから、自分の音楽をどういう人が聴くか、どういう反応をするか、事前にわかったうえで、作曲や演奏ができる。いろんな駆け引きも可能で、チェスを楽しむような感じですよね。ここでちょっと驚かせようとか、ちょっとおもねろうとか……知恵比べを楽しむことができる。そういう意味では、ハイドンやモーツァルトの時代は知的な音楽を書けた時代だったと思うんです。
それに対してベートーヴェンは、見ず知らずの何百人もの人間を想定しなければならなくなり始める時代の、最初の作曲家だったといえないか。いや、何百人どころか何千人、何万人の人々に向かって、彼は呼びかけようとした。《第九》のフィナーレで彼はそれをやっているわけですよね。

片山　いきなり全人類が相手だと。

岡田　マイケル・ジャクソンとライオネル・リッチーの《ウィ・アー・ザ・ワールド》の原型を作ったのがベートーヴェンだ（笑）。
いずれにしても、ハイドン・モーツァルトとベートーヴェンの間で、かなりメンタリティが違うのは間違いないでしょう。もともとハイドンの場合、なかば前近代的な、しかし非常に知的レベルの高い少人数のサロンで音楽を書いていた。モーツァルトはもう少し規模の大きな聴衆だったかもしれないけれども、それは上流啓蒙市民や宮廷サロンの世界だった。一定の音楽リテラシーを持つ人を相手にしていたことには変わりはありません。

片山　そこが変わった。リテラシーのあまりない人々が聴いても納得してもらえるくらいの音楽をたくさん書かないと、ベートーヴェン株式会社はたちまち倒産だ。

58　日本の作曲家（一九四七〜）。作品の大半は海外で出版され、高い評価を得ている。

岡田　たとえば交響曲第五番の《運命》。ベートーヴェンの典型的な図式、つまり「どんな苦難も乗り越えよ」のメッセージの極致ですね。われわれのようなひねくれた人間は、人生がそんなにうまく勝利で終わるわけがないだろうと思っているから、つい《運命》や《第九》の悪口を言いたくなるんだけど、実際に聴くとやっぱりいつも圧倒されてしまう。

そういえばバレンボイムが、イスラエルとアラブ系の若手音楽家を集め、民族融和を願って「ウェスト・イースタン・ディヴァン・オーケストラ」を結成しましたでしょう？　ＤＶＤも出ました。そこで《運命》をやっているんですよね。

今さら《運命》かよ、ベートーヴェンかよと思わないでもないんだけど、でもパレスチナで民族融和を願うコンサートをやるとなったときに、やはりベートーヴェン以外に選択肢はない。いまだに近代市民社会の一つの理想像を示し続けているんだよね。ちなみにユーディ・メニューヒン[59]がユーゴ内戦時にサラエボ平和コンサートで指揮した曲も、たしか《第九》でした。レナード・バーンスタイン[60]がベルリンの壁崩壊、東西ドイツ統一を祝って演奏したのも、《第九》でした。

片山　《第九》の前にも後にも《第九》なし。やはり《第九》でひとつでき上がって、しかも終わっているのでしょうね。後がないのだから。

岡田　世界融和を祈念する催しで何を演奏するかといって、クラシック音楽以外まで含めて考えても、じゃあビートルズかと言われればちょっとちがう。マイケル・ジャクソンはいいかもしれないんだけど……。

片山　そういえば、マイケル・ジャクソンは、その種のコンサートをよくやっていましたね。

岡田　一九九二年にルーマニアでコンサートをやって、「ライブ・イン・ブカレスト」というDVDにもなっています。独裁者チャウシェスクが始末されたあとのブカレストに、マイケル・ジャクソンが降臨したんですね。なかなか感動的なんですよ。感激して失神するティーンエージャー続出。

その後、ルーマニアが「きれいな世界」になったかと言えば、そうとは言えないでしょう。しかし、少なくともその一瞬は、音楽を通して、ひょっとすると諸民族がより美しい世界をつくることができるんじゃないかとの「夢」が煌めいている、とても感動的なコンサートです。ベートーヴェン的なコンサートだ（笑）。もっともこれは間違いなしにアメリカの文化戦略の一環であったわけで、文化大使としてマイケル・ジャクソンを旧東側に送り込み、西側の自由主義陣営に引き入れるという構図はあっただろうけど。

中国で《第九》が禁止？

岡田　そういえばアメリカのウェブサイトで、中国で《第九》が禁止になった、とのニュースが

59　アメリカ出身の天才ヴァイオリニスト、指揮者（一九一六～一九九九）。平和活動でも知られた。

60　アメリカの作曲家、指揮者、ピアニスト（一九一八～一九九〇）。クラシック、ミュージカル、映画音楽など、超人的なまでに幅広い活動で知られた。代表作《ウエスト・サイド・ストーリー》など。

数年前に流れていました。「共産党が《第九》を新しい宗教音楽と認定して禁止した」という話らしい。

片山 えっ、そんな話があるんですか?

岡田 在米中国人向けの反共産党系サイトが情報源らしく、フェイクニュースなんだけど、あっても不思議じゃない話だと、妙に納得してしまいました。だって、《第九》は結局、西側民主主義のシンボルですから。世界中の人類が手を取り合って幸せになろうという、西側イデオロギーです。ベートーヴェンの音楽は、フランス革命以降の近代西洋社会における宗教音楽という側面が、確かにある。

片山 そうか。既に文化大革命前に中国語訳して《第九》を歌う国になっていたけど……。

岡田 西側とは思想を異にして独自路線を目指す中国共産党が、西側の宗教音楽というかイデオロギー音楽を禁止するというのは、それなりに筋の通った話ですしね(苦笑)。もしニュースが本当だとしたら、中国共産党は音楽の政治的含意を見極める目がある。ある意味で大変に文化的洞察力がすぐれていると感心した。さっきも出たように、ベルリンの壁が崩壊したとき、《第九》は西側の勝利を謳う音楽として、要するにソ連の崩壊を寿ぐ歌として、盛大にアメリカ人のバーンスタインによって演奏された。そんなものを中国が軽々に許す方がおかしいという気もする。

片山 《第九》のフィナーレのゴールが実際の人類史のどういう状態と符合すると考えるべきか。文化闘争が改めて勃発したら面白いでしょうね。

ベートーヴェンと右肩上がりの時代の音楽

岡田　いまベートーヴェンの音楽は民主主義の宗教音楽かもしれないという話をしましたが、それが同時に資本主義のイデオロギーにもなっているという点が、彼の音楽の強さだとも思うんだけど？

片山　そうですね。まさに資本主義社会は、常にネジを回し、基本的にはすべて「成長」することが前提となっている。会社は「対前年比」、チェーン店は「昨年との出店数比較」が重要。そうやって常に「成長」していないと、銀行はお金を貸してくれないわけですし。そういう社会であるかぎり、やっぱり人間をさらなる高みに引き上げようとするベートーヴェンの音楽が必要だということになるのでしょう。

岡田　ただ、これからのＳＤＧｓ社会にベートーヴェンがふさわしいかというと、ちょっとどうでしょうか。みんなで集って、右肩上がりの明日を夢見て《第九》を歌っているかぎり、永遠にＳＤＧｓは無理だろうと思わないでもない。ベートーヴェンの音楽が熱く語りかけるのは、「頑張れば頑張った分だけより良い明日が待っている」という、右肩上がりの時代のモデルです。しかし今はもう、勇気をもって、あえて「下がる明日」を迎えようではないかという時代の入り口に立っている。

片山　たしかに今日のように、地震にコロナに戦争など、いつ何が起きるかわからない不安な状況であれば、浮遊している根無し草のモーツァルトの方が訴えかけてくるものがあるかもしれません。あるいは、序章で触れたECMのミニマル・ミュージックとか。でも、クラシック音楽も、ただ「不安です」とか、「さみしいです」とか、「SDGs社会を目指します」とか、そういうモデルばかりでは、ネジが回らないし、聴く人も限られてしまうでしょう。

理屈は抜きにして、「何だか元気が出るよね」といったようなプラスアルファ、いわゆる「余剰」が人間社会には必要なのだと思います。ベートーヴェンには、それがある。なんでここまでオクターブを重ねるんだとか、なんでクライマックスがこんなにしつこいんだとか。それをベートーヴェンは「労働」に転化させた。

さっきのアルバイト（労働）の話にもどりますが、ベートーヴェンの音楽は、「もうちょっとおとなしく生きよう」とか、「なんだか不安を覚えるので、ひっそりと生きよう」にはならない。そういうものを超えて、このままじゃ済まない、何とかしなきゃいけないというときに、必要とされるものが全部、ベートーヴェンには詰まっている。それが、しつこさや音の厚さにあらわれている。音が濁る直前まで和音やオクターブを重ねて、耳が聞こえなかったせいなのか、もっとわざとなのか、ここまでうるさくしないと音楽リテラシーの低い市民は耳を傾けないという割り切りか、もともと精の有り余った人間だったのか、とにかくプラスアルファが異常に多い。さっきのライヒャのエピソードに象徴されるような、叩け叩けですね。

そういうおかしな人が、フランス革命期で世の中がすべてひっくり返るような時代にフィットしたのか、あるいは、そんな状況だからこそベートーヴェンみたいな人間が生まれたのか、鶏が先か卵が先かみたいな話で。でもそこで唯一無二の人間として出現したことは間違いない。ヘーゲル的な意味で英雄ですよ。ナポレオンは英雄としてのありようを裏切ったかもしれないが、ベートーヴェンは裏切っていない。

それでもやっぱりベートーヴェンはすごい……

片山　でも、資本主義と民主主義の社会になって、みんなが参加して、それこそ《第九》的な、知らない人と肩を組むとか、手を取り合うとかして、前に進もうとかいうのは、じつは私は苦手なんですよね。みんなで肩を組みましょうというのは、どうもねえ。

岡田　ベートーヴェンは聴けても、実際に自分がそういう現場に遭遇すると、もう耐えられない。

一方で、それをしないと、人間は何しろ社会的動物だから、生き残れない、前に行けないというのも、それは分かりますよ。もう近代人は駆り立てられるしかない。圧力が必要だ。その圧力がベートーヴェンだ。

岡田　わかるわかる。

片山　ほとんど呪いのようなものだ。がんばれ、がんばれと耳元で囁き続けるお化けだ。彼の音楽はしつこい。《第九》のコンセプトから、編成から、音量から、和音から、楽式まで、とにかくベートーヴェンはしつこい。圧力そのものだから。

岡田　くどい。モーツァルトはくどくない（笑）。

片山　変奏曲だって、バッハやモーツァルトの変奏曲とはちがって、あそこまでテンションを上げていくなんて、普通ではない。《ディアベッリ変奏曲》[61]なんて、すごいではないですか。あんな平凡な主題でも、とてつもなく盛り上がる。三流高校の平凡な生徒が予備校でしごき抜かれて東大に合格しましたみたいなものではないですか。

岡田　だから「やっぱりベートーヴェンを歴史的賞味期限切れにはできない、絶対に廃棄処分にはできない……」となってしまう。

片山　異常にアクセルを踏みこむわけですね。そういう近代的・資本主義的・右肩上がり的モデルは、ベートーヴェンがいきなり食い尽くし、使い尽くしてしまった。あとの作曲家は、そのどれかの延長線上でヴァージョン・アップくらいのことをしていくしかない。パラダイムそのものは変えられなくなってしまっている。ベートーヴェンは四楽章の交響曲を書いたから、シベリウスは単一楽章で書いた。ベートーヴェンが《第九》を書いたから、マーラーはそれを上回ろうとして《千人の交響曲》を書いた。

「坂の上の雲」とベートーヴェン

岡田　ちなみにベートーヴェンの音楽が、人と人が肩を組んで一致団結しなければいけない社会の変革期にピッタリ合うとすれば、それってすごく司馬遼太郎的じゃないですか（笑）？「坂の上の雲を目指せ！」みたいな時代に、ベートーヴェンほどはまる音楽はなかった。だからこそ明治後期の洋楽の導入において神格化されたのは、誰よりベートーヴェンだった。

片山　坂を上る時代にはベートーヴェンですよね。

岡田　ベートーヴェンは神さまだった。大正時代にウィーンに留学したものの、私には弾けませんと自殺したピアニストもいましたよね。彼女もベートーヴェンの《月光》ソナタを髪を振り乱して弾くことで知られていた。

片山　久野久[62]ね。バッハが弾けないからと自殺する人はいなくても、ベートーヴェンが弾けなくて自殺する人はいる。坂を上り損ねると死ぬんですね、近代人って奴は。

岡田　大正七年には、徳島県板東町（現・鳴門市）の「板東俘虜収容所」で、ドイツ人俘虜が《第九》を日本初演します。これまたベートーヴェンの音楽とあまりにもぴったりくるエピソードです。音楽を通した人類融和。敵と味方が肩を組んで、よりよき未来を目指す。ちなみに日本でこれだけ《第九》が年末の風物詩になったのは、高度成長期に大流行した歌声運動、いわゆるアマチュア・コーラスの発展が背景にありますよね。

片山　そうですね。《第九》を年末にやることは日本では戦争中からあったけれど、習慣化したのは高度成長期でしょう。プロのコーラスだと雇うのにお金がかかりますが、アマチュアだと逆にチケットまで売ってくれる。オーケストラも数が増えて過当競争で年を越すのが大変だ。アマ

61　ベートーヴェンによるピアノ変奏曲の傑作。主題と三三の変奏で構成され、演奏に一時間近くを要する大曲。
62　日本のピアニスト（一八八五〜一九二五）。一五歳で東京音楽学校に入学、猛練習することで有名だった。

チュア・コーラス人口に目を付ける。だから年末の風物詩になった。年末を明るく歌い納めるのは日本人の情緒にもかなう。オーケストラの楽員にも年末のボーナスが出やすくなる。《第九》じゃなくて、もっとほかの曲ではダメなのか。年末にみんなでバッハの《フーガの技法》を聴くとかする方が、人間が平和で静穏になる気もするのですが。ありえないでしょうけれども、でも、そうせねば今の地球環境問題なんて解決しないような……。

岡田　ベートーヴェンを聴いているかぎりは、どんどん熱くなって、地球温暖化も進むのかも（苦笑）。ベートーヴェンの音楽にとって、「熱くなる」のは絶対善なんだから……。

片山　そうなんですよ。結局、熱くなって、滅亡する。ベートーヴェン・モデルの行き着く先は、産業革命以後の「熱」「蒸気」を使った温暖化の世界にならざるをえない。音量も演奏者も増えていって、情緒的にも熱くなるのですから。

岡田　暑苦しいんだよね、ポスト・モダンが喧伝され始めた時代に青春をすごした身としては。

片山　《熱情》とかね、ああいうものになるわけです。ひたすら駆り立てられて、爆発して、それが人間の感情や魂の解放だということになる。しかも愛を貫くことにも関係してくる。熱量が高まると、お見合い結婚じゃなくて、恋愛結婚になる。

岡田　そういえばベートーヴェン以後、一九世紀を通してクラシックの作曲家たちは、どんどん「愛」を描くようになるなあ。熱い愛。純粋な愛。暴走する愛。バッハにはそんなもの全然ない。あるとすれば「神への愛」とか「神の愛」だろう。モーツァルトでベースになるのは遊戯としての愛、たとえ内心は熱くとも、クールを装う愛ですが。ヤバい恋愛小説『危険な関係』を書いたピエール・ショデルロ・ド・ラクロ[63]は彼の同時代人です。でも一九世紀というかベートーヴェン以後の音楽における「愛」はもっと直情径行で真面目だ。

片山　どこかのやんごとなき一家の娘のように、父母が何と言っても、「わたしはイヤです。彼と一緒になります」とか言って、家を飛び出す。

岡田　暴走婚ですね。

片山　そう。そんな娘を描いたのが、ワーグナーの楽劇《ワルキューレ》[64]のブリュンヒルデでしょう。ワーグナーこそ、ベートーヴェンを神のごとく崇めていた。ブリュンヒルデこそ、ベートーヴェンの「熱」が感染して生まれたヒロインですよ。

岡田　ロマン派の「命がけの愛」はベートーヴェンから生まれた。作曲家は世界の中心で愛を叫ぶようになり始めた。この「愛問題」は、またロマン派のところで話すことになるでしょう。

ベートーヴェンと人類の終わり

片山　でも、ベートーヴェン・モデルを脱却しないかぎり人類に未来がないとすれば、このままでは、それこそ小松左京的な終末論に行き着くしかない。小松の考え方に従うと、人間とは能力

63　フランスの作家（一七四一～一八〇三）。『危険な関係』は何度も映画化・舞台化されている。
64　一八七〇年初演。《ニーベルングの指環》四部作の第一夜（第二部）。ブリュンヒルデの「愛の救済」が描かれる。

を全開して、どこまで行けるかを試す生き物だ。そう考えると、熱で豊かになり、熱で滅びていくのも、一つの運命なのでしょう。

だとすれば、ベートーヴェンを聴きながら、滅んでいけばいいんじゃないかと思います。ベートーヴェンを聴きながら、たぎる地球の中で、熱にうかされて、「もっと光を」じゃないけど、「もっと熱く」とか言って、滅びていく。これはベートーヴェンの呪いだ。

岡田　とんでもないベートーヴェン像ですねえ。やっぱり片山さんは世界絶滅待望論者だ（笑）。でも、そういうSF的なディストピアって、まさに後の一九世紀末あたりからアレクサンドル・スクリャービン[65]が描くものですよね。彼には晩年の《焔に向かって》なんていうすごいピアノ曲もあります。熱量が高まって高まって、最後には地球が溶けていく幻覚。交響曲第五番《プロメテウス―火の詩》では炎の神プロメテウスを崇めている。

片山　スクリャービンの場合、進化の究極を音楽にしたのでしょう。バッハの章で触れた『幼年期の終り』に似ています。人間が次元上昇していく。そういう中で、いくらアルバイト（労働）しても、あるところまでしか行けないから、その先は霊的な存在や神的な存在になるしかない。そうなると、人智学、神智学の世界となるわけですけど、スクリャービンはそれを音楽にした。ニーチェの超人思想もそうだけど、スクリャービンには、最後には「超えて」いかないと、先には進めないとの思いがあったんだと思います。

そうすると、ベートーヴェンの延長線上には、まさに超人類というか、そういうものを目指す作曲家があらわれるという話になる。動機労作をいくらしても人間は人間で、ベートーヴェンを超えるには超人類になるしかない。ベートーヴェンを超える何かがあるとすれば、ワーグナーでもシェーンベルクでもなく、美的・思想的にはスクリャービンかもしれません。

岡田　なるほど！　ワーグナーやシェーンベルクですら超えられなかったベートーヴェンの西欧的「人間」理想を、ロシア人のスクリャービンが超えたのかもしれない、と……。今日の世界情勢を考えるとき、かなりやばそうな譬えだな（笑）。ですが確かにスクリャービンが描いた、世界が熱を帯びて溶けていく悪夢は、ベートーヴェンの《第九》的な夢を、ほぼ百年後にリニューアルしたものかもしれませんね。

片山　ひたすら熱量を高めていって、その果てに燃え尽きるのではなく飛躍するということですからね。

映画におけるベートーヴェン

片山　ちょっと方向をかえて、映画の話題を持ち出したいんですが、溝口健二の昭和二三年の映画に、『夜の女たち』という作品があります。田中絹代と高杉早苗主演で、終戦直後、戦争未亡人が夜の町でたくましく生きていく物語です。この音楽を、主に戦前に活躍したクラシック系の作曲家、大澤壽人が担当しているんですが、これがベートーヴェンの《運命》なんですよ。

65　ロシアの作曲家、ピアニスト（一八七二〜一九一五）。神秘的な楽曲で知られる。

岡田　へえ〜。

片山　冒頭から「ジャジャジャジャ〜ン！」と始まって、《運命》のなかの旋律をいろいろいじくりまわして、一種の《運命》変奏曲みたいにして、映画全体に音楽を付けているんですよ。しかもジャズオーケストラみたいな編成のバンドで。その音楽をバックに、女たちは、男に搾取されながらも、ふてぶてしく、終戦直後の荒波のなかを生きていく。ということは、終戦直後の昭和二三年の時点でもまだ、ベートーヴェンは、たくましく生きていくことのシンボルになっていたわけです。この映画は、溝口の不振期の作品のように言われていますけど、いかにも溝口好みの題材で、決して失敗作ではないと思うんですけどね。

岡田　大澤は裕福な家庭に生まれた関学ボーイ、阪急沿線関西ブルジョワの洒脱イメージで、早くからボストンやパリに行ったりして、ベートーヴェン的な苦悩ポーズとはおよそ対極と思っていたけど。

片山　暗い「運命」の中で打ちひしがれながら、そこからベートーヴェン的な勝利に向かって、幻想を抱きながら懸命に生きている女たちの姿が、占領時代を思わせるアメリカ風軽音楽バンド編成によって、演奏されている。何重もの意味が重なっている。

岡田　ベートーヴェンはただの「いい音楽」じゃない、ひとつの「世界観」なんですよね。それでは、私も映画の話を。アルゼンチンの作曲家のマウリシオ・カーゲル[66]なんですが……。

片山　例の「奏者がティンパニのなかに頭を突っ込む」「ここで指揮者が倒れて、あとはコンサート・マスターが指揮する」などの珍妙な指示が書き込まれた曲を書く人として受けることもある、極めて文化制度批判の意識の高い作曲家ですね。《バッハ受難曲》なんてふざけたものを大真面目に作るのだから。

岡田 あの人、映画もつくりますよね。そのカーゲルに『ルートヴィヒ・ヴァン』（一九六九）という短編映画があるんですよ。YouTube で観ることができます。一九七〇年のベートーヴェン生誕二〇〇年記念に向けて制作されました。あれ、大爆笑なんです。ベートーヴェンの足跡を辿る「しっちゃかめっちゃかポスト・モダン・シュールレアリズム」みたいな映画。自分でシナリオをつくって、たぶん自分で撮影もして。もちろん音も自分で付けている。

片山 私も観ております。

岡田 この最後で、ベートーヴェンのピアノ・ソナタを弾いている老女の白髪が、白髪三千丈とでもいうのか、どんどん伸びていく。ついに白髪がグランドピアノを覆い尽くす。これはかつてベートーヴェン弾きとして、ものすごく有名だったドイツのカリスマ女流ピアニスト、エリー・ナイ[67]のパロディだと思います。巫女のようなキャラで有名な人でしたが、徹底的な反ユダヤ主義者で、ヒトラーに重用された。そういう人物が厳かに弾くベートーヴェンは、不老不死の老婆みたいなものだと言いたいんでしょうかね。ポスト・モダン・ベートーヴェン・パロディの傑作です。それからシュトックハウゼンもおなじ一九七〇年前後に、ベートーヴェンのいろんな作品が

---

66 アルゼンチンの作曲家（一九三一〜二〇〇八）。奇想天外な前衛音楽で知られる。
67 ドイツのピアニスト（一八八二〜一九六八）。戦後は演奏活動を禁じられるが、一九五二年から復帰した。

デタラメに短波ラジオから出てくるパロディ作品をつくっています。《ベートーヴェンつき短波》というタイトルです。

『時計じかけのオレンジ』のベートーヴェン

岡田　一九七〇年のベートーヴェン生誕二〇〇年とは、ポスト・モダン的なベートーヴェン・パロディが出始めた時期なんですね。あのころから、ベートーヴェンの持っていた神話的な意味を、反転させようとする動きが出てくる。

片山　《第九》が流れるキューブリックの映画『時計じかけのオレンジ』も一九七一年でしたね。

岡田　あれは強烈でした。主人公の凶悪極まりない少年が、ベートーヴェン好きなんですよね。しかも、ロック感覚で《第九》を聴いている。そんな狂暴な不良少年が、病院の薬物治療で性格矯正されて、借りてきたネコみたいになっちゃう。ところが、ひょんなはずみで、再び凶悪性を取り戻す。それを寿いで、バックで壮大な《第九》の合唱が鳴る。つまり狂暴性という人間性を少年が取り戻した象徴として、《第九》が流れるんですね。ものすごく凝った使い方でした。

片山　あの映画の原作者、アンソニー・バージェス[68]は、作曲家でもあるんです。《二四の前奏曲とフーガ》なんて作曲しているんですよ。そのほか、ピアノ曲など、かなりの大作もCD化されています。

岡田　そうなんですか。

片山　しかし、あの映画における《第九》の使い方は、人間の、良くも悪くも、最大限の前向きのエネルギーの発動源としての音楽でしたね。

岡田　その前向きの熱いエネルギーの中には、確かに獣性みたいなものがあり、それを回復させる音楽というような演出でした。獣性を矯正されて抜き取られてしまうと、ベートーヴェンが謳った人間性の熱さもなくなる、という話でしょうか。それから、この時期に作られたSF映画で、ベートーヴェンが流れる作品をもうひとつ。チャールトン・ヘストン[69]が主演した『ソイレント・グリーン』[70]（一九七三年）です。ここで使われるのは交響曲第六番《田園》。第三番《英雄》や五番《運命》のような「みんなでがんばろう！」ノリとは対照的な、まさに田園的なベートーヴェン。ところが『ソイレント・グリーン』でそれがどういう使われ方をするかといえば……。

片山　食料不足で滅亡寸前の人類が、実は人間を食料に加工して食べているという、恐ろしい映画ですね。

岡田　あの映画のなかに、おカネを出せば安楽死させてもらえる施設が出てくる。主人公の友人が、もうこんな世界で生きていたくないと、安楽死施設へ行く。ベッドに横たわり、周囲に美しいお花畑の映像が流れる。すると、そこで《第九》ならぬ《田園》が流れてくる。言葉を失うような場面でした。ベートーヴェンの音楽はこういう使い方もできる。

68　イギリスの作家、作曲家（一九一七～一九九三）。
69　アメリカの俳優（一九二三～二〇〇八）。代表作『ベン・ハー』『猿の惑星』など。
70　リチャード・フライシャー監督作品。原作はハリー・ハリスンの『人間がいっぱい』。

あと、もうひとつベートーヴェンを使っている映画があります。バッハの章でタルコフスキーの『惑星ソラリス』が話題に出ましたけど、そのタルコフスキーが『ノスタルジア』(一九八三年)で《第九》を使っている。

片山 ああ、そうでした!

岡田 終末待望論みたいなものに取り付かれている男が、焼身自殺する。その際、男の子にテープデッキを持ってこさせて、スイッチを押す。すると、《第九》が始まる。面白いのは、カセットテープだからテープがよじれて、音楽がストップするんですよ。その部分が「すべての人々は兄弟となるのだ」と歌っているんです。それを流しながら、男は焼け死んでいく。実に哲学的な《第九》の使い方でした。

片山 これもまたベートーヴェンの呪いですね。決して実現しない夢で人間を呪縛して滅ぼしてゆく。

ポスト・ベートーヴェン

岡田 そろそろベートーヴェンの話も終わりにしなければなりませんが、最後に「ポスト・ベートーヴェン」について論じておきませんか。さきほど、明治期の右肩上がりの時代に、ベートーヴェンが神格化されていったという話が出ましたね。さらに大正教養主義、そして戦後における一億総中流の中で、日本におけるベートーヴェン神話はさらに強化された。

片山　年の瀬は《第九》を聴くのが当たり前という習慣が、本当に急激に浸透して、大昔からそうであったようにみんなが錯覚するようにもなった。

岡田　ただし同時代をリアルタイムで生きた私の感覚では、この神話はまさに一九七〇年代の後半ぐらいから陰りはじめたような気がするんです。以前にも言ったけれど、昭和高度経済成長期の大企業サラリーマンの自宅応接間には、世界美術大全集と百科事典とカラヤンのベートーヴェン全集とサントリーのウィスキーが置いてあるイメージがあった。アップライト・ピアノもあって、お嬢さんはピアノをやっている。そして当時いっぱいあったクラシック喫茶でも、メイン・レパートリーは文句なしにベートーヴェンだった。《運命》を聴きながら、難しい顔してカントを読む京大生（笑）、というような定型があった。カントの代わりに、ベートーヴェンに心酔していたフランスの小説家ロマン・ロランの『ジャン・クリストフ』でもいいんだけど。そんな「重い」クラシック受容が、一九七〇年代から徐々に変わっていった印象がある。

片山　研鑽し、苦悩し、自らを追い詰め、苦労して階梯を上りつめて行く人間像がリアリティを喪失していったのと、平仄が合っている……。

岡田　その後の、一九八六年からはじまったといわれているバブル絶頂期が、日本の明治以来の洋楽導入史における、一つの頂点だったのでしょう。その象徴的な出来事が、一九八六年一〇月のサントリーホールのオープンです。「長かった近代日本の目的をついに達成した」というような感覚がありませんでしたか。サントリーホールは売店でシャンパンが飲める日本初のホールでした。オープニングにはカラヤンが来る予定だった。結局、病気で来日できませんでしたが。そのほか、内外の錚々たる顔ぶれが続々出演して、たいへんな騒ぎでした。

片山　そうそう、すごいオープニング・シリーズでしたね。これまたオープニングはベートーヴェンの《第九》で、指揮はヴォルフガング・サヴァリッシュ[71]でした。

岡田　「世界中の音楽が東京で聴けるようになった」「われわれもついにクラシック一等国の仲間入りを果たした」みたいな感覚があった。と同時に、あのころから、ベートーヴェンの影が薄くなりはじめたような気がする。入れ代わりに、モーツァルトがクラシックの代名詞になりはじめた。奇しくも、映画『アマデウス』の日本公開がちょうどその前年、一九八五年でした。

片山　言われてみれば、サントリーホールのオープニング・シリーズで大きな話題になったのは、内田光子による、モーツァルトのピアノ協奏曲「全曲」連続演奏会でしたね。半分は彼女自身の〝弾き振り〟でした。

岡田　このクラシック受容の変化って、これもまたポスト・モダン現象だったと思うんです。ベートーヴェンみたいに、眉間にしわを寄せて悩むんじゃなくて、モーツァルトのように、あるいは浅田彰[72]のようにというべきか、何でもかるーくいなしていく天才がもてはやされるようになる時代の始まりです。

やがて「モーツァルトを聴いて熟成したワイン」だとか、「胎教にいい」とか、スピリチュアルな需要まで出てきた。かつての精神修養的なベートーヴェン受容とは、相当に性格が異なってきた。このパラダイムシフトは、日本の近現代クラシック音楽史のひとつの亀裂になっている。クラシック・ファンも、かつてのような教養権威主義からオタク系、いわゆるクラオタに変容していった（笑）。

年末に《第九》の代わりに何を聴くか

片山　おっしゃるとおりだと思います。その変化はセゾン文化の隆盛〜崩壊と一致しているような気もしますね。右肩上がりで、ひたすら上を目指していたところから、功成り名を遂げて、成熟社会に入った。そこで注目を浴びたのが、モーツァルトとセゾン文化だった。

岡田　その話を待っていた。

片山　山崎正和[73]さんの『柔らかい個人主義の誕生』が一九八四年の刊行。その二年後がサントリーホールの開館。一方、セゾンは、一九八三年に「ＷＡＶＥ」、八四年が「シネセゾン」、八七年が「ホテル西洋　銀座」「銀座セゾン劇場」のオープンです。なんとなく成熟した、一九世紀ブルジョワ社会に似てくるわけです。

岡田　日本独特のポスト・モダン文化ですよね。

片山　文化人類学者の山口昌男[74]による『モーツァルト好きを怒らせよう　祝祭音楽のすすめ』の

71　ドイツの指揮者（一九二三〜二〇一三）。二三歳でバイロイト音楽祭に初出演した（当時の最年少記録）。
72　日本の批評家（一九五七〜）。一九八三年刊『構造と力』が、ベストセラーとなった。
73　劇作家、評論家（一九三四〜二〇二〇）。『柔らかい個人主義の誕生』は吉野作造賞を受賞。
74　文化人類学者（一九三一〜二〇一三）。漫画評論やモーツァルト・ファンとしても知られた。

刊行もそのころ、一九八八年でした。彼は、明らかにトリックスターとしてモーツァルトをとらえ、ベートーヴェン的なものを軽やかにからかうモーツァルトを論じていました。

岡田　さっき出た浅田彰さんも、言うまでもなく、モーツァルト大好きだしね。

片山　中沢新一[75]『チベットのモーツァルト』が、サントリー学芸賞を受賞したのも同時期、一九八四年です。もう明らかに、この時期以降は、ベートーヴェンじゃない。ポスト・モダニズムとしてのモーツァルトの時代です。それは、世の中がある程度、豊かになったから、これ以上はもういいと。満ち足りた生活、おいしい生活の時代に入った。

岡田　糸井重里[76]による西武百貨店のコピー「おいしい生活」が一九八三年でした。ちなみに同じ年の連続テレビドラマ『金曜日の妻たちへ』も印象的だったな。今から思えばどーってことのない古典的な「よろめき奥さまドラマ」なんだけど大ヒットした。舞台が田園都市線沿線というのもポスト・モダンの浮遊感、「たぶん幸せなんだけどどこにも地面がない」みたいな感覚をよく表現していた。

片山　ただ、それでも人間はさみしいから、たまにはお酒を飲んで、芝居を見ましょう、音楽を聴きましょう、そうやって、楽しく生きていましょうとなるわけです。

そういった文化環境をつくっていったのが、まさにセゾン文化であり、サントリー文化であり、ポスト・モダンの思想家たちだったわけです。それに見合った文化芸術のキャラクターとして必要だったのは、もうベートーヴェンではなくて、モーツァルトだった。

岡田　日本の経済力がピークに到達して、もうベートーヴェンのように悩んでがんばる必要がなくなったんだな。今となっては夢物語だけど（笑）。

片山　真面目で実力もあったアントニオ・サリエリ[77]を、ひたすらからかい、バカにするモーツァルトの映画をみんな面白がって観ているのですから、考えてみれば奇妙な現象でした。しかし、バブルの崩壊とともにセゾン・グループも解体されてしまい、ポスト・モダンとモーツァルトの時代も過ぎ去ってしまった観があります。まさに諸行無常の響きありですね。

岡田　それでも年末の《第九》だけはずっと変わらない。もう右肩上がりの時代じゃないんだから、そろそろ別の方向を考えてもいいんじゃないかとも思うけど。

片山　では、一二月は、何を聴いたらいいですかね。先ほどはバッハの《フーガの技法》を聴けばいいなどと言いましたが、やっぱりちょっと実現するのは難しいかも……。

岡田　普通の教会音楽、たとえば《きよしこの夜》とかを聴けばいいんじゃないですか？　あるいはモーツァルトの《レクイエム[78]》とか、バッハの《クリスマス・オラトリオ[79]》なんかどうですか。

片山　クリスマスの音楽は自然ですよね。暦も冬至と繋がってできていて、キリストの誕生日も

75　人類学者（一九五〇〜）。『チベットのモーツァルト』で、ニュー・アカデミズム・ブームの扉を開いた。
76　コピーライター、エッセイスト（一九四八〜）。現在は「ほぼ日」社長でもある。
77　イタリアの作曲家（一七五〇〜一八二五）。ウィーンの宮廷楽長として名声を博した。
78　未完に終わったモーツァルト最後の作品。妻コンスタンツェの希望で、弟子のジュスマイヤーが補筆完成させた。
79　一七三四年作曲。全六部からなるカンタータ集。本来は教会暦に従って、クリスマスから一日一部ずつ演奏される。

冬至に重ねられたものでしょうからね。聖書に誕生日の記載はないわけですから。年末から新年は教会では降誕節でしょう。クリスマス音楽は一二月二五日が過ぎても有効です。キリスト教徒でなくても北半球で四季を享受している地域なら、クリスマスをもともと冬至の祭りと考えれば、クリスマス音楽を聴いても、信仰と違うからけしからんと目くじらを立てる必要もないでしょう。反キリスト教でなければ。

そういえば、以前、《第九》のかわりに、黛敏郎[80]《涅槃交響曲》[81]をやりましょうと言っていた人がいましたね。成仏しちゃうんですかね、年末に（笑）。でも「涅槃」は、欲得や俗世から離れることでしょうから、年末には意外に合うかもしれません。《涅槃交響曲》の管弦楽の響きは仏教寺院の梵鐘の音の模倣だから、「除夜の鐘」効果もありますよ。

80 戦後日本を代表する世界的作曲家（一九二九〜一九九七）。映画音楽も多い。
81 一九五八年初演。黛の代表作で、仏教の声明や、梵鐘の模倣などを取り入れた画期的な音楽。

第三章　ロマン派というブラックホール

1. ロマン派とは何か

ロマン派は一括りにできるのか

岡田　ロマン派はクラシック・レパートリーの本丸です。でもロマン派とは何ぞ。一言で答えるのは非常に難しい。でもごまかしてはいけない（笑）。

片山　そうですね。ヨーロッパの古典主義を担ってきたラテン語に対して、俗語として中世に広まったのがロマンス語。そのロマンス語で書かれた世俗的な文章がロマンチックな読み物なわけで、「ロマン」とはそこから出てきた言葉です。つまり、小難しい古典主義ではない、階級を問わず広く受け入れられる新しい価値が「ロマン」であった。そのような流れの中で新たな音楽を生み出していったのが、いわゆるロマン派の音楽家たちでしょう。

岡田　一口にロマン派と言っても、とにかくたいへん期間が長い。教科書の年表風にいいますと、おおむね一八〇〇年代初頭から一九〇〇年代まで、ベートーヴェンやフランツ・シューベルト[1]あたりからクロード・ドビュッシー[2]やマーラーやリヒャルト・シュトラウス[3]の時代までをロマン派と呼んでいます。ほぼ一〇〇年です。これだけ長いエポックを「ロマン派」と一括りにしていいんでしょうか。

片山　たしかに、ちょっと無理があるかもしれませんね。

岡田　一般的に、一九世紀なかごろくらいまでの普通の「ロマン派」に対して、世紀末前後のそれを「後期ロマン派」と呼ぶことが多い。ドビュッシーやモーリス・ラヴェル[4]といったフランスの「印象派」は、要するにフランス版の後期ロマン派です。「世紀末ロマン派」というか「なれの果てロマン派」とでも呼んだ方がいいかもしれないけど。

片山　便利な言葉だけれど広すぎて、対象を曖昧にしすぎる憾みがありますね。確かに分けて使わないと見えるものも見えてこないような。

岡田　リンゴを切るように、ロマン派を前半と後半の二つに分けて考えることには、それなりに意味があるような気もするんですよね。というのも、この一〇〇年はものすごい勢いで社会の近代化が進んで、一九世紀の初頭と後半とでは、まるで世界が変わったといっても過言じゃない。たとえば、ベートーヴェンの時代の音楽家たちは馬車で移動していたのに、五〇年後にはもうみんな鉄道でヨーロッパ中を移動していた。この二つの世界をひとまとめに「ロマン派」にしていいのかなと思うわけです。

片山　ブラームスも、前半生は馬車で、後半生は列車で移動するようになりましたね。一八九六年、クララ・シューマン[5]の訃報を聞いたブラームスが、葬儀に出席しようと列車に乗った。ところが、慣れないせいで、途中で抜かれる列車に乗ってしまい、葬儀に間に合わなかった。いかにも時代を象徴する話だと思います。乗り慣れない私鉄に乗ると、ブラームスと同じ目に遭いますけれども。

岡田　鉄道があったということは駅舎もあった。一九世紀後半にはそれは鉄筋でつくられる巨大建築になる。電気による街灯も普及し始める。こうした社会インフラの劇的変化も、音楽史を語る上で無視していいわけではない。

片山　ちなみに、日本で初めての鉄道が新橋〜横浜間で開通し、横浜にガス灯が造られたのが一八七二年。クララ・シューマンやブラームスが亡くなる二〇年以上前のことです。

岡田　近代化の点で西洋と日本とではそれほどタイムラグがなく、ほぼ世界同時進行の現象だった。音楽評論家のパウル・ベッカーが、有名なワーグナー伝『Wagner : Das Leben im Werke』

1　オーストリアの作曲家（一七九七〜一八二八）。歌曲王と呼ばれ、《冬の旅》《魔王》などの他、交響曲も書いた。
2　フランス印象派を代表する作曲家（一八六二〜一九一八）。代表作に交響詩《海》《牧神の午後への前奏曲》など。
3　ドイツ後期ロマン派を代表する作曲家（一八六四〜一九四九）。《ばらの騎士》などの楽劇、交響詩で知られる。
4　フランスの作曲家（一八七五〜一九三七）。主な作品に《スペイン狂詩曲》やバレエ音楽《ボレロ》など。
5　ドイツのピアニスト（一八一九〜一八九六）。シューマンの妻。ブラームスが思いを寄せていたといわれている。

（一九二四年）のなかで、「ワーグナーはもう本物の幽霊を見たことがなかった」といっている。

片山　うまいことをいいますね。

岡田　リヒャルト・ワーグナー[6]は一八一三年生まれですから、もう幽霊なんていなくなった時代、文明開化の人だった、というわけです。だからこそ、幽霊ノスタルジーから《さまよえるオランダ人》[7]なんて幽霊オペラを書いたのかもしれません。一七八六年生まれのウェーバーが歌劇《魔弾の射手》[8]で描いたような、深い森の闇の恐怖みたいなものは、ワーグナーにはもう実体験からかなり遠くなっていた、と。おなじロマン派でも、前半と後半では、相当な体質の違いがある。

片山　それなのに、ベートーヴェンのあとは、シューベルト、エクトル・ベルリオーズ[9]から、ワーグナー、アントン・ブルックナー[10]、さらには、マーラー、リヒャルト・シュトラウスまで、みんな「ロマン派」と一括りにされてしまう。しかも、教科書によってはドヴォルザークやシベリウスなどの国民楽派・民族派なども含まれています。

　さらに言えば、シェーンベルク、ウェーベルンなど、それまでの調性へのこだわりから脱し、機能和声の崩壊ギリギリのところ、これもなんとか「ロマン派」の最後であるかのように言われたりします。

　しかし、シューベルトもリヒャルト・シュトラウスもおなじ「ロマン派」では、かなりごまかされて、目隠しされている気がしないでもありませんね。彼らの音楽の何が同じで、何が異なるのか、考えて参りましょう。

ロマン派の世代整理

岡田　ここで少しロマン派における世代整理をしておこうと思います。まずロマン派の先駆けと言えば、先ほども名前の出たウェーバーでしょう。ロマン派の精髄、幻想的なもの、奇怪なものへの憧れを初めて音楽にした人といっていい。飛び抜けた天才でした。

片山　モーツァルトの姻戚ですね。モーツァルトの妻コンスタンツェがウェーバーの従姉でしたから。

岡田　ウェーバーは一七八六年生まれで、これはモーツァルトの《フィガロの結婚》の初演年です。そしてウェーバーは一八二六年に亡くなった。あのベートーヴェンが亡くなったのは、その翌年。つまりウェーバーは、ベートーヴェンより先に死んでいるんですね。

片山　古典派の時代の真っ最中に生まれ、古典派の終わらないうちに亡くなっているわけだ。

岡田　それから、一七九〇年代にロマン派の優秀な作曲家が多く生まれている。ジョアキーノ・

6　ドイツの作曲家（一八一三〜一八八三）。自らの楽劇を上演するためのバイロイト祝祭劇場を建設した。
7　一八四三年初演。現世と地獄の間をさまよう幽霊船の物語。
8　一八二一年初演。思いのままに命中する弾丸をめぐる物語。
9　フランスの作曲家（一八〇三〜一八六九）。代表作に《幻想交響曲》《ラコッツィ行進曲》などがある。
10　オーストリアの作曲家（一八二四〜一八九六）。重厚な交響曲や宗教音楽で知られる。

ロッシーニ[11]（一七九二年生まれ）、シューベルトとガエターノ・ドニゼッティ[12]（ともに一七九七年生まれ）が代表格です。このうちシューベルトとドニゼッティは、ロマン派の幻想世界のほうへ行くことになります。ところがロッシーニは、まだまだ古典的というか、一八世紀的な感覚を守りつづけた人ですね。彼らが同じ世代で、しかもベートーヴェンとまったく同じ時期に活動している。

片山　その時期は古典派もロマン派もごちゃまぜなんですよね。

岡田　シューベルトが亡くなったのは、ベートーヴェンが亡くなった翌年の一八二八年。同じ時代に活躍していても、精神史的に所属しているところは別。こういう見方をしないと、ロマン派の百年を理解することはできないと思う。

片山　そのとおりですね。

岡田　で、その次にロマン派の著名な音楽家たちがまとまって登場してくるのが、一八一〇年前後です。まずメンデルスゾーン（一八〇九年生まれ）、ショパンとシューマンが同い年（一八一〇年生まれ）、フランツ・リスト[13]（一八一一年生まれ）、ワーグナーとジュゼッペ・ヴェルディ[14]も同い年（一八一三年生まれ）。彼らの兄貴分ともいえるベルリオーズは一八〇三年生まれとちょっと前ですが。ちなみにベルリオーズの代表作《幻想交響曲[15]》初演は一八三〇年。ベートーヴェンの没年と三年しか違わない。

片山　《幻想交響曲》なくしてリストもロシア五人組[16]もなしというくらいのもので。それがベートーヴェンと重なるか重ならないかのところだから、古典派とロマン派を切り分けるのが実はそもそも難しいのかもしれない。

岡田　「ロマン派」といえば連想される「青白い顔の早世の天才」のような人たち、たとえばショパンやシューマンには「ロマン派前半」というイメージがあります。一方で、大劇場のオペラ興行で満場の喝采を狙うワーグナーやヴェルディには「ロマン派盛期」というイメージがある。でも実年齢の点では同世代。少々感性は鈍いが、その代わり体が丈夫だったワーグナーとヴェルディは長生きして、同世代の最高の天才たちが夭逝した後、わがもの顔でロマン派後半を牛耳ったという構図です（笑）。

片山　人の寿命は不公平ですよね。

岡田　一八一〇年の世代の後は、一八三〇〜四〇年代生まれの世代に有名な作曲家が集まっています。ブラームスが一八三三年生まれ、そしてピョートル・チャイコフスキー[17]が一八四〇年生まれ、ドヴォルザークが一八四一年。このあたりがロマン派後半の大家という感じでしょうか。

11　イタリアの人気オペラ作曲家（一七九二〜一八六八）。代表作に《セビリアの理髪師》《ウィリアム・テル》など。
12　イタリアの作曲家（一七九七〜一八四八）。代表作に《ランメルムーアのルチア》《アンナ・ボレーナ》など。
13　ハンガリーの作曲家、ピアニスト（一八一一〜一八八六）。超絶技巧の演奏で「ピアノの魔術師」と呼ばれた。
14　イタリアのオペラ作曲家（一八一三〜一九〇一）。国会議員としても活躍。代表作に《椿姫》《アイーダ》など。
15　全五楽章。失恋して自殺をはかるが死にきれない芸術家の苦悩を描く。
16　一九世紀後半のロシアで活躍した五人の作曲家。バラキレフ、キュイ、ムソルグスキー、ボロディン、リムスキー＝コルサコフを指す（第三章一九六頁参照）。
17　ロシアの人気作曲家（一八四〇〜一八九三）。代表作にバレエ《白鳥の湖》や、交響曲第六番《悲愴》など。

その次が一八六〇年世代となります。彼らが活躍する時期はもう世紀末、一九世紀から二〇世紀への世紀転換期です。ジャコモ・プッチーニ[18]が一八五八年生まれ、マーラーが一八六〇年生まれ、ドビュッシーが一八六二年生まれ、リヒャルト・シュトラウス一八六四年生まれ。だいたいこの一八六〇年代世代が、ロマン派最後の世代という形になるんですね。

ベートーヴェンはロマン派の開祖なのか

片山　ところで、小学校の音楽の教科書の年表でも、古典派とロマン派の区切りにベートーヴェンがいることになっているけれども、それはつまり両方にまたがっているのか何なのか。

岡田　「ベートーヴェンはロマン派の扉を開いた」みたいな言い方がよくされるけれども、そしてそれは一面で当たっているけれども、でも一方で、やっぱりベートーヴェンとロマン派とでは何かが根本的に違う。前の章でも触れたように、ベートーヴェンの音楽の大きな特徴のひとつは、あの〝終了感〟です。どんな曲であれ、必ず作品を「完成」にまでもっていく。ところが、ロマン派というのは、それがやれなくなる時代なんです。つまり、ベートーヴェンは「フォルム」を完成させる。その意味で古典的だ。でもロマン派は個人感情を延々と吐露して、なかなか曲をきれいに終わらせることができない。シューベルトの代表作が《未完成》交響曲[19]だというのは象徴的です。なにせ代表作が未完なんだからね（笑）。

片山　シューマンやブラームスが交響曲をつくろうとしたとき、すでにベートーヴェンが基本パターンを提示して、ひとつ徹底的に展開してしまった。その先、どうやったらいいかわからない。それが悩みの種でしょう。

それを思えば、ベートーヴェンはロマン派への扉を開いたどころか、後続の音楽家たちを困らせた。その悩みながらかたちのはっきりしない曲を作るのが音楽におけるロマン派なのかとも思ってしまいますが。

岡田　シューマンやブラームスは最初の交響曲を書くまで、ものすごく時間がかかったもんな。あれはベートーヴェン・コンプレックスだったんだろう。指導教官を尊敬するあまり、いつまでたっても博士論文を提出できない学生みたいなもんだ（笑）。

片山　結局、ベートーヴェンで、みんな頭打ちになった。そこで、あとにつづく連中は、悩んで、メランコリックになる。ロマン派には憂鬱がつきまとうわけではないですか。それから憂鬱を打ち破る躁状態みたいなものも。

岡田　偉大な創業社長の後継者として、先代の事業を継承発展させねばならない、でもうまくいかない、悩む——これがロマン派だとすら言える。

片山　しかも、フランス革命でてっきり自由主義社会が来ると思ったら、反動の時代になった。「会議は踊る、されど進まず」で知られる一八一四年のウィーン会議[20]以降は反動の時代です。こ

18　イタリアのオペラ作曲家（一八五八～一九二四）。代表作に《トスカ》《蝶々夫人》などがある。
19　交響曲第七番。第三楽章冒頭で筆が止まっているが、その理由はいまなお不明。
20　ナポレオン戦争後の領土分割を協議するため、一八一四年から一年近く続いた会議。

うなると、あとは個人の内面の世界に引きこもるしかない。これが、いわゆる「内面への逃避」……ロマン派の音楽史を語るときの定型ですよね。

岡田　ベートーヴェンが「社会へのメッセージ」という性格をもっていたのと正反対。

片山　そのあと、さらに内面の夢想化が進んで、誇大妄想の権化、ベルリオーズの《幻想交響曲》が登場する。もう個人のファンタジーに移行するわけですね。ベルリオーズは、軍楽隊と合唱による《葬送と勝利の大交響曲[21]》だの、四組のバンダ（別働軍楽隊）を必要とする《死者のための大ミサ曲（レクイエム）[22]》だの、とんでもない曲を連発しました。

岡田　ロマン派の手法の一つが、ベートーヴェン発案の当たりパターンを、規模を巨大にして再生産する、あるいは微妙にずらす、あるいは反転させるという手法です。シューベルトの《未完成》交響曲だって、常に「完成」ができるベートーヴェンを反転させたといえなくもない。

ベルリオーズと吹奏楽

片山　ベルリオーズの《幻想交響曲》はすごい曲だと思うけど、あんなすごい音楽が本当にベルリオーズ一代でできたと考えていいのでしょうか。

一般的な音楽解説では、それがベルリオーズ個人の麻薬幻想や女性にふられたときの錯乱と結びつけて語られがちです。でも実際は、あの時期の社会的な騒乱とか変革が背景にないと、第四楽章〈断頭台への行進[23]〉みたいな曲って、絶対に生まれないと思うんですよ。

一歩引いてみれば、ベルリオーズのスタイルというのは、明らかにフランス革命や、そのあとのブルボン王朝が倒れるときの革命や戦争の影響下にありました。つまり、フランスにおける吹奏楽・軍楽隊の拡張と、パリ音楽院における管楽器教育の充実、それによる大編成の常套化が背景にある。

岡田　あの時代は管楽器が発達し、いろいろと妙な楽器が次から次へと発明されました。ベルギーの楽器発明家、アドルフ・サックス[24]など、膨大な数の管楽器を開発した。もっとも、そのなかで今でも残っているのは、ほぼサクソフォンだけですが。

片山　そして、それまで軍楽や吹奏楽と、演奏会用の曲やオペラは別ものだと思われていたのに、ベルリオーズは全部、一緒にしてしまった。そこにベルリオーズの新しさがあったと言うこともできますが、むしろこの時代のパリだったら、遅かれ早かれベルリオーズみたいなのが出てくるのは当然の流れだったと考えるべきでしょう。

岡田　ベルリオーズの《幻想交響曲》の背景には、実はフランス革命以来の国民総徴兵制や軍楽隊の拡大がある。この文脈は大切ですよね。

片山　ロマン派の芸術家たちは、それこそ自身が分裂しているように見せることによって、ある

21　一八四〇年初演。七月革命の記念曲。初演時は、野外で二〇〇人ほどの演奏者を要した。
22　一八三七年初演。七月革命犠牲者の追悼曲。これまた数百名の演奏者を要し、ティンパニに至っては一六台必要。
23　夢の中で恋人を殺害し、死刑宣告を受けて断頭台へ引きずられていく幻想が描かれる。
24　ベルギーの楽器発明家（一八一四〜一八九四）。

いは、ちょっと狂っているかのように振る舞うことによって、ハムレットじゃないけど、全部プライベートな幻想ですとか言って、反動の時代に生き残りを図った。ベルリオーズはその典型です。

岡田　ベルリオーズは自伝まで書いてますね。そこでことさらに自分を狂人として演出している。

片山　そういえば、いまでもしばしば来日している〝世界最高の軍楽隊〟、ギャルド・レピュブリケーヌ吹奏楽団[25]は、一八四八年の「諸国民の春」革命の際に、パリ防衛隊内部で結成されたファンファーレ隊がルーツです。

岡田　フランスでは、防衛軍でも革命軍でも、それらを組織するにあたって、《ラ・マルセイエーズ》のような新しい「軍歌」が必要だった。日本の《同期の桜[26]》《軍艦行進曲[27]》、果ては《六甲おろし[28]》にまでつながってくる系譜といって誇張ではない。

片山　そうですね。ちなみに日本でも、一八五〇年代には長崎で、砲術指南の高島秋帆[29]が、西洋式の太鼓の調練をおこなっています。このひとは、天保一二年（一八四一年）に、武蔵国徳丸ヶ原（現在の東京都板橋区高島平あたり）で、日本初の洋式砲術の公開演習をおこなったことでも有名です。これを若き日の勝海舟が見て「西洋人の戦争は、誰かが撃たれたら、すぐに代わりが出てきて交代するのか。一対一は時代遅れなのか」と考え込んだ。これ、むかしの大河ドラマ『勝海舟[30]』にも出てくる場面です。このときの合図が太鼓でした。

　戦争がこういうスタイルになると、西洋式の機敏な動きをするためには、着物よりもズボンを穿いているほうがいい。水戸の徳川斉昭なども「もともと日本でも職人はズボンみたいなのを穿いていた、これからはみんなズボンにすればいい」と主張しはじめる。これに対し、鳥居耀蔵[31]という幕臣は「西洋式の恰好をすると、日本の武士の魂が失われるので、ズボンを穿いてはならない」と言い出して、論争になった。この鳥居耀蔵とは、「遠山の金さん」に必ず悪役で出てくる守旧派で、もともと儒学の林家の出身です。この論争は天保時代の話ですから、ペリーが来るよりもずっと前のことです。すでにこのころから、西洋式の太鼓とか砲術とかズボンとかが話題になっていたんですね。そして、その延長線上に、西洋式の軍楽隊が出てくるわけです。

岡田　ロマン派の時代は、大群衆を大編成の軍楽隊で煽って、ブカブカドンドンやって、「これぞわれらの国民軍!」みたいに士気を鼓舞する音楽が重要になってきた。「ロマン派の幻想ってステキ……」みたいな呑気な話じゃない。血なまぐさい。あのシューベルトも《軍隊行進曲[32]》を書いている。そして、ショパンにも《軍隊ポロネーズ[33]》がある。

---

25 フランスの国営軍楽隊で、一九六一年、東京文化会館の開館記念公演で初来日した。
26 太平洋戦争時に歌われた軍歌。海軍兵学校(航空隊)が題材。
27 瀬戸口藤吉作曲。日露戦争時によく演奏された。現在、海上自衛隊の公式儀礼曲。
28 阪神タイガースの球団歌。佐藤惣之助作詞、古関裕而作曲。
29 江戸時代後期の砲術家(一七九八～一八六六)。
30 一九七四年のＮＨＫ大河ドラマ。倉本聰ほか脚本、渡哲也／松方弘樹主演。
31 江戸時代の幕臣(一七九六～一八七三)。天保期に南町奉行となり、北町奉行(遠山の金さん)を左遷させた。
32 原曲はピアノ連弾曲。第三番まであるが、第一番がもっとも有名。
33 ポロネーズ第三番。勇壮な曲想から、この通称題で呼ばれている。

片山　その後も、ロマン派の軍楽好みはずっと続いていて、ワーグナーなんて軍隊行進曲みたいな曲が多いですし、ブルックナーの《交響曲第八番》[34]の第四楽章にも軍隊ラッパのファンファーレが登場します。

岡田　マーラーにも、軍隊行進曲がぞろぞろ出てきますね。それこそ太鼓にあわせて進軍するような。まさに映画にもなった『ブリキの太鼓』[35]の世界ですよ。マーラーは、生々しい戦争の現実と、コンサートホールの清らかな空間という、まったく異質な二つの現実をコラージュするような曲を作った。ロマン派は軍隊行進曲の時代だったともいえるんじゃないでしょうか。

ロマン派と軍隊音楽

岡田　片山さん、もう少し軍隊の話を続けたい様子ですね（笑）。

片山　いやいや、私は必ずしも軍隊好きというわけでもないんですが、でも、考えてみると、軍隊行進曲は、古典派の時代からあったわけで、たとえばハイドンの交響曲第一〇〇番《軍隊》[36]も、トルコ風軍楽です。モーツァルトの《トルコ行進曲》[37]はもちろん、歌芝居《後宮からの誘拐》[38]なども、舞台がオスマン帝国のせいもあって、全編、軍楽隊風の音楽ですものね。

岡田　オスマン帝国って、一八世紀の時代、ヨーロッパからは「オソロシイ野蛮国」と見られていましたよね。強大だったそのオスマン帝国の軍楽隊は、世界中の軍楽隊や吹奏楽のルーツのひとつになっています。金属打楽器（シンバル、トライアングル）などは、すべてオスマン帝国原産といって過言じゃない。むかし、NHKで向田邦子の『阿修羅のごとく』[39]がTVドラマ化されましたが、テーマ曲にトルコ風軍楽《メフテル》が使用されて、話題になりました。かなり野性的なマーチング音楽です。

片山　シンフォニー・オーケストラにおける金管楽器や打楽器のパートの発展は、トルコ風軍楽の影響なくして考えられませんからね。ベートーヴェンの《第九》の終楽章でもトルコ風の行進曲が人間皆兄弟のユートピアに人々を導くための大きな仕掛けになっています。

岡田　ところが、一九世紀に入りヨーロッパとの力関係が逆転するにつれ、そのオスマン帝国でさえ西洋音楽を取り入れるようになった。一八四〇年代には、あのオペラ作曲家ドニゼッティの兄、ジュゼッペ・ドニゼッティ[40]をイタリアから音楽教師として招いている。

片山　そしてオスマン帝国の衰退が明らかになると、今度は「ハンガリー行進曲」が台頭してくるわけです。

34　オーストリア皇帝に献呈された。第四楽章は、その皇帝を描いたといわれている。
35　ドイツの作家、ギュンター・グラスが一九五九年に発表した小説で、一九七九年にフォルカー・シュレンドルフ監督によって映画化された。
36　一七九四年初演。曲中にトルコ風軍楽（シンバル、トライアングル、大太鼓）が登場する。
37　ピアノ・ソナタ第一一番（K331）の第三楽章。左手でトルコ風軍楽を表現している。
38　一七八二年初演。スペイン貴族がトルコ後宮に囚われた恋人を救出する喜劇。
39　一九七九、八〇年に放送。演出の和田勉がメフテルの《祖父も父も》をテーマ曲に選んだ。
40　イタリア出身の作曲家（一七八八〜一八五六）。亡くなるまでオスマン帝国で音楽教師をつとめ、準国歌を作った。

岡田　ハンガリーも、一九世紀におけるハプスブルク家の傭兵というか、お公家さんたちの番犬みたいな存在で、「野性的」のイメージがあった。ベートーヴェンのピアノ協奏曲第二番にもハンガリー風の部分がある。シューベルトもハンガリー風が大好き。後のベルリオーズの《ラコッツィ行進曲》[41]、ヨハン・シュトラウス一世の《ラデツキー行進曲》[42]なども、全部ハンガリー風です。ウィーン・フィルが、毎年、ニュー・イヤー・コンサートで《ラデツキー行進曲》を演奏していますが、あの「ラデツキー」って、ハンガリー系の将軍の名前ですよね。

片山　ハプスブルク帝国の軍隊はハンガリー系が強いですよね。ラデツキーもそうだし、ハイドンの主人のエステルハージもそうだ。で、《ラデツキー行進曲》ですが……。

岡田　あの曲は、北イタリアの反乱を鎮圧し、オーストリアに勝利をもたらしたハンガリーの英雄を讃える、血なまぐさい曲なんですよね。だから毎年、ウィーン・フィルのニュー・イヤー・コンサートを見ていると、呑気にマーチに合わせて手を叩いているセレブな観客に違和感を覚える。

戦争の最前線に出るのは、いつも下層兵士、それもハンガリー人やクロアチア人など、いわゆる傭兵的なひとたちばかりだった。ウィーンのブルジョワたちは、そういう傭兵的なものをコンサートホールに還流させ、金管楽器や打楽器がブンチャカ鳴るのを聴いて、それを美的に消費する。これって、けっこうグロテスクだとは思いませんか？

片山　シェイクスピアの『オセロ』みたいなもので、被支配民族は軍人兵士として消費され、その文化はエキゾチシズムとして消費の対象になる。そして、金管や打楽器がブンチャカ鳴るということでは、やはりフランス革命とそれに続くナポレオン時代が大きい。《ラ・マルセイエーズ》の話は、すでに出ました。そのあと、パリ音楽院ができるわけだけれども、そこでは管楽器教育が重視されました。なぜ、管楽アンサンブル曲といえば、フランス産が多いのか。結局、フランス革命で「軍隊」が完成したからなんですね。いまでも日本の中高生たちが管楽器のアンサンブル・コンテストで演奏するのは、多くがフランスの曲です。

岡田　高校の吹奏楽部って野球部と対だからなあ。国民総徴兵制の時代の平時訓練の名残なんていうと言いすぎかな。

片山　一八世紀のパリに、フランソワ・ドヴィエンヌ[43]という、フルート教授の超大物がいました。このひとは、もともとフランス防衛軍軍楽隊の軍曹だったんですが、まさに、ロベスピエール的な過激な人物でした。パリ音楽院ができると、いつの間にか事実上の院長のような存在となって牛耳った。こういう人物がフランスの音楽教育の中心にいたわけですから、その流れを汲むベルリオーズが過激なのも当然です。

これに対し、イギリスのように、フランス革命のような暴力的な事件がない国だと、さすがにすぐに軍隊行進曲とはならなかった。王さまや王女を讃える音楽でよかったわけで、国歌が

41　原曲はハンガリー民謡で、ベルリオーズが、劇的物語《ファウストの劫罰》に引用したことで有名となった。
42　ラデツキー将軍の戦勝を祝して作曲された。ウィーン・フィル・ニュー・イヤー・コンサートの定番アンコール曲。
43　フランスの作曲家、フルート奏者（一七五九～一八〇三）。膨大な量の管楽器曲を書いた。

《God Save the King/Queen》で、勇ましいとしても、エルガーからウォルトンのラインでしょう。それなりの節度が保たれている。ところがフランスは、国歌が血塗られた歌詞の《ラ・マルセイエーズ》で、ベルリオーズに至っては《死者のための大ミサ曲》や《葬送と勝利の大交響曲》、そして《幻想交響曲》の第四楽章〈断頭台への行進〉ですからね。

岡田　フランスと国民軍と軍楽隊――これこそロマン派音楽史の重要な地下水脈です。

片山　そして、フランス革命で生まれた国民皆兵の思想は、全ヨーロッパに広がっていきます。そうなると、行進曲やマーチングソングみたいな音楽が必要で、遠くまで聴こえるための太鼓と金管楽器が必要となった。ついには、ベートーヴェンの《ウェリントンの勝利》[44]や、チャイコフスキーの大序曲《一八一二年》[45]のように、野外で演奏して、本物の大砲や鐘を鳴らすまでになる。

観光音楽としてのロマン派

片山　ロマン派の本質と言えば、やはりエキゾチシズムも外せない要素でしょう。先ほども話したように、交通機関の発達により旅が日常になり、それまで以上に「遠く」に行くことができるようになったことが、大きく影響していると思います。

たとえばメンデルスゾーンのようなお金持ちは、一族で避暑や物見遊山ということで遠くへ旅して、その見聞が紀行文学ならぬ紀行音楽を生んだ。スコットランド旅行で生まれた序曲《フィンガルの洞窟》[46]や交響曲第三番《スコットランド》[47]、イタリア旅行で生まれた交響曲第四番《イタリア》[48]。枚挙にいとまがありませんね。いまでも吹奏楽でよく演奏されている《ハルモニームジーク（管楽）のための序曲》[49]はバルト海沿岸へ避暑に行った際に地元の楽団のために書いた音楽です。

岡田　簡単に遠くに行けるかどうかは、演奏家にとっても聴衆にとっても、とても重要なことですね。私たちがこれまで、コロナ禍以前に謳歌してきたコンサート・ライフというか、ナイト・ライフというのは、だいたい一九世紀後半に生まれたものですけれども、これって鉄道網が整ったからこそ生まれた生活様式なんですよね。鉄道網が整備されたからこそ、今日はあのピアニストを聴いて、明日はあのオーケストラが来るからそれを聴いて、みたいな生活が可能になった。

そして各地を旅するヴィルトゥオーソ（名演奏家）や作曲家は、いろんな未知の場所を知っているから、イタリアに行ったらイタリアの思い出を書いて、ロシアに行ったらロシアの思い出を書く、そういう音楽と観光と交通とが一体になったようなジャンルを生み出した。

片山　ピアニストであり作曲家のフランツ・リストもそうでした。彼はおそらく全ヨーロッパを股にかけたツアーをはじめた最初のピアニストでしょう。鉄道網が急速にヨーロッパ中に広がる

44　一八一三年、イギリスがフランスに勝利した戦いを描く。初演では本物の大砲が使用された。
45　ロシアがナポレオン軍を退けた戦争を描く。初演で本物の大砲や鐘が使用され、現在でも録音などで代用される。
46　一八三二年初演。スコットランド西岸、ヘブリディーズ諸島（原題）の自然を描く。
47　一八四二年初演。イギリスのヴィクトリア女王に献呈された。
48　一八三三年初演。第四楽章はイタリア舞曲を取り入れている。
49　一八二四年、メンデルスゾーン一五歳の時に作曲。二三本の管楽器と、打楽器で演奏される。

時期に、演奏旅行で遠くまで行くようになって、後年の写真や映画のようなルポルタージュ感覚の音楽を書いた。行った先で耳にした音をすべて吸収し、自由にピアノ曲にしていた。スイスに行って《巡礼の年 第一年》[50]、イタリアに行って《巡礼の年 第二年》[51]、さらには出身地であるハンガリーをネタにして《ハンガリー狂詩曲》[52]のシリーズでしょう。片っ端からつくっていった。一種の〝観光音楽〟ですね。名所ガイドというか、テレビの旅番組というか。

岡田 ヨーロッパの鉄道網が急速に拡大するのは一八四〇年代ですね。ちょうどリストの大ツアーの時期と重なっている。鉄道がなきゃペテルブルクからリスボンまでツアーをするなんて絶対に不可能だ。「世界を股にかける超人気ヴィルトゥオーソ」としてリストに先行したのは、魔人とうたわれたヴァイオリニストのニコロ・パガニーニ[53]でしょうが、彼のツアーはせいぜいウィーンからロンドンまで。それも一都市に一カ月近く滞在して、またのんびり次の都市に移動して、という調子だったようです。演奏旅行のやり方が全然リストとは違っていたんじゃないかな。

片山 さらにリストはピアノでオーケストラ音楽を編曲して演奏した。ヨーロッパのどこにもオーケストラがあるわけではなく、あっても毎日演奏しているわけではないし、レコードやラジオの時代もまだ先だから、たとえばベートーヴェンの交響曲を正しい編成で聴く機会はとても限られる。そこでリストはベートーヴェンの交響曲全九曲やベルリオーズ《幻想交響曲》をピアノ独奏に編曲して、超人的技巧の限りを尽くして、ピアノでオーケストラを疑似体験させてしまう。いままで大オーケストラなんて聴いたことのない地方の小都市の文化的階層も、ベートーヴェンやベルリオーズを聴けてしまう。そうやって都会と田舎を循環するプロセスが音楽を作っていくのがロマン派らしさの一つかもしれません。

岡田　現代のポピュラー音楽産業の源流は、実はこの時代のクラシック音楽にある。世界各地の大ホール（ドーム）をまわるツアーの類は、この時代に生まれたんですよね。

片山　ベートーヴェンが、ロンドンから委嘱された《第九》を現地で初演できなかった時代とは、大きな違いですよ。ベートーヴェンは憧れのパリにも結局、行く機会がなかった。モーツァルトは旅の人だったけれども。ロマン派の時代には、みんなが遠くと行き来する。

岡田　ドヴォルザークはアメリカに呼ばれて、交響曲第九番《新世界より》[54]を書いた。

片山　アメリカは独立国だけれども、植民地経営や辺境への進出と結びついたエキゾチシズムですね。フランス音楽やロシア音楽にはとりわけ顕著でしょう。フランスならドビュッシーやラヴェルは、やたらとジャポニスムやオリエンタリズムを好んだ。イタリアでも、たとえばプッチーニ《蝶々夫人》[55]、ピエトロ・マスカーニ《イリス》[56]、さらにはイギリスのアーサー・サリヴァン

50　一八四二年出版のピアノ曲集。スイスを題材にした九曲で構成されている。
51　一八五八年出版のピアノ曲集。イタリアを題材にした七曲で構成されている。シリーズはこの後《ヴェネツィアとナポリ（第二年補遺）》《第三年》と続く。
52　一八五三年出版のピアノ曲集。ハンガリー民謡やロマ（ジプシー）音楽をもとにしており、第二番がもっとも有名。
53　イタリアのヴァイオリニスト（一七八二～一八四〇）。驚異的な演奏テクニックで人気を博した。
54　一八九三年、ニューヨークで初演。アメリカでの印象から曲想を得ている。
55　一九〇四年初演。長崎を舞台に、アメリカ軍人に翻弄される芸者の悲劇。
56　一八九八年初演。江戸を舞台に、盲目の父と、娘あやめ（イリス）の悲劇。

《ミカド》[57]、これ全部、日本が舞台のオペラですね。おなじプッチーニ《トゥーランドット》[58]は中国の北京が舞台。レオ・ドリーブ《ラクメ》[59]は、イギリス統治下のインドが舞台。

岡田　ヴェルディの《アイーダ》[60]も、本来はスエズ運河開通（一八六九年）記念でカイロに建設されたオペラ劇場のため、エジプト政府から委嘱されたものでした。もっとも初演されたのは一八七一年になってからでしたが。

コンサートホールの登場

岡田　一九世紀のロマン派の音楽を考えるときに、忘れてはいけない重要なキーワードのひとつが、「コンサートホール」です。建物ね。銀座みたいなところに、街のシンボルとして、壮麗なナショナル・シアターを建てる。とりわけ一九世紀の後半は、続々と大ホールが建てられる時代ですよね。鉄筋コンクリートの建築技術が発展して、大規模建築が割と簡単にできるようになった。それから電気照明も一九世紀末から普及する。照明の効いた大ホールができて、便利な鉄道網を利用して、次から次へとパリやロンドンやベルリンやウィーンに大音楽家が来演する。

片山　渋沢栄一も、一八六七年のパリ万博に行った際に、パリの大劇場でオペラを観て感激し、それが一九一一年の帝国劇場の開設に結び付きました。

岡田　有名なウィーン楽友協会大ホールも一八七〇年の創建。ああいうところに、銀行家、高級官吏、弁護士といったブルジョワが集まって、ウィーン・フィルの響きに耳を傾け始めた。しかもホールは名士の社交の場でもある。典型的な一九世紀後半の音楽風景です。きっと日本も帝劇とかに、こういうセレブなナイト・ライフを移植しようとしたんですね。

ちなみに片山さんは、ああいう社交の場はちょっと居心地悪いんじゃない？

片山 私の場合、コンサートホールに行って音楽を聴くのは好きですけど、たしかに社交は苦手ですね。というか虚栄のポーズはなんか嫌でしょう。なるべく地味な恰好で行ってすぐ帰りたいですね。

ちょっと話がそれますけれども、私は中学高校のころは現代音楽が中心でしたから、立派な大ホールで満員の演奏会に行くよりも、ガラ空きの小ホールや中ホールの席でゆったり聴いていました。「現代の音楽展」などに行くと、私の席の列はほかに誰も座っていないのが当たり前でしたからね。社交しようがない。

岡田 そもそも現代音楽は「アンチ社交」を標榜していたともいえますね。

片山 満席でギッシリ座っていて、隣がうるさいとかケータイが鳴ったとかでいがみ合っているのは、どうもねえ。ガラガラになれたのがよくなかったのかも。

岡田 なるほど。われわれのように、音楽を聴くのは好きなんだけど、あまりおカネがない人種

57　一八八五年初演。日本の都ティティプー（秩父？）を舞台にしたドタバタ喜劇。
58　一九二六年初演。プッチーニの遺作で未完。北京を舞台にしたスペクタクル・オペラ。
59　一八八三年初演。イギリス人将校とインド人巫女の悲恋。劇中の〈花の二重唱〉や、アリア〈鐘の歌〉が有名。
60　一八七一年初演。エジプトの将軍とエチオピア王女の悲恋。

が一方にいる。他方に、特に音楽に興味ないんだけど、社会的ステイタスとしてS席五万円の外来オペラやウィーン・フィルに行く人種がいる。この聴衆層の乖離を描いた一九世紀のカリカチュア（風刺画）が、いろいろ残っています。

片山　現代日本でも、海外の一流オーケストラの来日公演などにはよくある眺めでしょうが、行ってみると、いちばんよいところには公演のスポンサー企業や関連会社の方々がまとめて座っておられて、やはり、演奏がはじまると辛そうな雰囲気になる。爆睡している方もある。現代の「社交」ですね。

岡田　まさにまさに。私なども、ああいう光景を見ると、芸術テロでも起こしたくなるときがあります（苦笑）。かつてミラノ・スカラ座で、カルロス・クライバーが全盛期のころ、そういうことが本当に起きたそうです。スポンサー企業が大半の席を占めてしまい、むかしからのファンが入れなくなった。チケットが手に入らなくて怒り狂った古参ファンが、スカラ座の入り口で、高級スーツや毛皮のコートを着た紳士淑女に生卵をぶつけたんだそうです。

片山　もっとも、それもコロナの時代になると、すっかり様変わりしました。コンサートホールも席を空けて切符を売る時期があったりして……。

岡田　よく考えれば、コンサートホールが続々建てられ始める一九世紀後半って、都市衛生の発展の時代でもあるんですよね。一九世紀の半ばのオスマンによるパリの都市改造とか、ウィーンのリングシュトラーセ[61]とか。公衆衛生の発達が、人をたくさん集めることを容易にしてくれた。

インテリのための室内楽？

岡田　こんな大ホールでやられる交響曲とかがブルジョワの社交場の性格をもっていたとすると、いわゆる「親密圏」の音楽形態として、「室内楽」がありました。いまではブラームスのピアノ三重奏とかベートーヴェンの弦楽四重奏とか、大コンサートホールでもふつうにやるようになっちゃいましたけど、あの種の室内楽は、かつてはウィーンのお金持ちの弁護士とか医師とか、そういう人の客間で、彼らが家族や友人と余暇に楽しむ音楽だった。片山さんは室内楽はお好きでした？

片山　私の場合は現代音楽が中心だったので、そもそもオーケストラとか室内楽とかの区別にはこだわっていなかったですね。弦楽四重奏でも三重奏でも無伴奏でも、また打楽器合奏でも、どんな編成でも喜んで聴いていていました。

ただ、お恥ずかしい話ですが、やっぱり大人数で演奏されている音楽のほうが得であるような気はしました。同じ二千円や三千円のレコードを買うのだったら、演奏者が四人や一人よりは、大オーケストラや大合唱の方が得な気がしたりして……。また「うるさい」音楽のほうが「さみしい」音楽よりは得だなと。

61　ウィーン中心部の環状道路。

それからシュトックハウゼンの一九七〇年代の作品になると、たとえば《シリウス》[62]とか、音の情報量が乏しいように感じられて、ヤニス・クセナキス[63]の《ペルセポリス》[64]なんかの方が、それはテープ音楽で生身の演奏者はいないのだけれども、暴力的に音が詰まっている。そうすると得したなあと思うのですね。LPだと溝を見れば音が大きいか小さいか、たくさんの音が鳴るか鳴らないか、分かったでしょう。いちいち試聴というわけにもゆかないから、溝がたくさんうねっている方がお買い得だなとかね。ほんとうにくだらない話ですみません。

岡田　いやいや、重要な話です。

片山　しかし、やがて大人になるにつれ、大人数ばかり好むのは恥ずかしいような気にもなってきて、そうなると、弦楽四重奏やヴァイオリン・ソナタなどの少人数の室内楽も聴かないといけないのかな……なんて変化してきましたね。

こういう道をたどるひと、けっこう多いんじゃないですか。最初は大人数の、大きな音が好きだったのに、大人になると〝違いのわかる男〟になるのか、あるいは似非ブルジョワの教養人になるのかわかりませんが、弦楽四重奏曲第何番がいいとか、ピアノ・ソナタ第何番がどうしたとか言うようになる。

岡田　私もまったく一緒です。一九世紀後半のクラシック音楽って、どんどん規模が膨張していきますよね。人々を「動員」して、「消費」させる。マーラーなんて、「動員消費音楽」の典型でもある。彼が活動した世紀転換期は、後期資本主義段階でもあったことと符合している。

ところが、インテリを自負する人種というのは、「自分は精神的な選良でありたい」と思うものなんでしょう。動員されて消費させられるのはイヤだ、と。そのとき、動員や消費といった物質主義に背を向けるジャンルが必要だった、それが室内楽だったんじゃないでしょうか。

片山　弦楽四重奏というのは特にそういうものでしょうね。

音楽批評の誕生

岡田　ロマン派の時代というのは、音楽批評なるものが誕生した時代でもありました。たとえばシューマン、ベルリオーズ、ワーグナーなどは、曲をつくるだけじゃなくて、音楽批評もやっています。彼らは私や片山さんの遠いご先祖さまということになるかもしれない。そして当時は「音楽批評」という職業の社会的地位が極めて高かった。今とは違ってね（笑）。

片山　まあ、実際に詐欺師みたいな仕事ですからね（笑）。

岡田　ところが一九世紀にはとても権威があった。エドゥアルト・ハンスリック[65]なんていう超大物もいました。ハンスリックはブラームスを擁護し、ワーグナーを徹底批判した。ウィーン音楽界の帝王みたいな存在でした。

62　一九七五～一九七七年発表。電子音楽に声楽、バス・クラリネット、トランペットで演奏される。
63　ルーマニア生まれのギリシア系作曲家、建築家（一九二二～二〇〇一）。コンピュータを駆使した現代音楽で有名。
64　一九七一年発表のテープ音楽。
65　プラハ出身、ウィーンで活動した音楽評論家（一八二五～一九〇四）。著書に『音楽美論』（岩波文庫）など。

片山　古典派の頃は、貴族とか王さまとか一定の審美眼を持った人が集うサロンで音楽が演奏されて、そのサロン周辺だけで、「あの曲はなかなかだ」とか言っていれば良かった。しかも、もともとそのサロン周辺で「いい」とされている音楽家を雇っているわけだから、もともと「いいもの」だと選別されているものを聴いて、あらためて「いい」と言っているような、限られた世界で同じものがグルグル回っているようなバカバカしい話です。つまり、音楽をはじめとする高級芸術の世界には、第三者への説明が必要ない状況が、ずっとあったと思うのです。

岡田　まだ一九世紀以後の「市民的公共圏」がなかったんだな。内輪で「いいですね〜」とやっていて、それで構わなかった。自分の金で雇って、自分が聴いているんだから、自分がいいと思えばそれでいい。

片山　ところが、ブルジョワ階層が形成されて、市民社会となり、社交や情報の共有がはじまった。高級芸術を市民が持つことによって、俺たち市民も高級だと言い出す世界が広がりはじめた。そして、どれが良いものか悪いものかがわからないと、美術品でも、文学でも、音楽でも、安易に接しにくいような雰囲気が生まれました。

そうなると、やっぱりなにか指針がほしい。自分が所有する、あるいは金を出して買うものが、それだけの価値があるのかないのかを、第三者が判断してくれれば安心できる。そこへうまく入り込んだのが、ハンスリックのような批評家でしたでしょう。

岡田　市民が情報を「共有」できるようになったことが大きい。それから市民は王さまみたいに音楽家をまるがかえできないから、少しずつ「出資」する。税金だって使われる。だから、「これはいいものです、お金を出す値打ちがあります」という、今風にいえばアカウンタビリティーが必要になる。

片山　実は、現代は「情報共有」が行き過ぎた時代のような気がしています。いまや批評雑誌はどんどんなくなっていますけど、そのかわりにネットに評価があふれているでしょう。それが点数化されて世論調査みたいになっている。

岡田　みんなが音楽批評家。

片山　それでみんなの判断力が向上していくのならすばらしいし、ネット社会の初期にはそういう幻想が良く語られていたものだけれども、そうはなっていない。気まぐれな情緒があって、それがテレビの視聴率か株価の数字みたいなものになって、数字の推移で日々が終わっていく。良くも悪くもいろいろな分野で批評家が価値を凝集させて、正統と異端、主流と反主流みたいなものを作るドラマが消滅してしまった……。

岡田　民主化とは数値化だもんな。「社会に理解されなかった大傑作」なんて、もう生まれ得ない。

片山　ともあれ、ロマン派の時代に、そのような第三者の批評に頼る空気が誕生したわけですね。たとえば岡田さんのような批評家がパリのサロンで、ショパンが弾くピアノ曲を聴き、「今日のショパンの曲は、これこれこういう点でとてもすばらしいものでしたね」とか褒めると、そばにいた一〇人、二〇人のブルジョワたちが、「そうなんだ、あれはこれこれこういう点がすばらしかったんだ」と思って、翌日、そこにいなかった友人に「昨夜のショパンの曲は、これこれこういうところがとてもすばらしかった。あなたもお聴きになったらいかがですか」とか、「楽譜が出版されたら、ぜひ、おたくのお嬢さんに弾かせたらいい」とか言って、徐々に曲の評価ができあがっていくわけです。まさにドイツの社会哲学者、ユルゲン・ハーバーマス[66]が唱えた「公共圏の創出」がこうやって行われていく。

岡田　アドルノが「凡人にはわからないすごいものを過たず見抜く目利き」という、かつてのよきエリート趣味を強く残していたのに対して、弟子のハーバーマスは「コミュニケーション」の人だからなあ。「みんながわかるものにしましょう」の人。アドルノからスケールダウンしてポリコレになってる。

片山　ハーバーマスのコレクトネスなコミュニケーションなんて絶対無理だと思いますね。今の世界の現実、ドイツの現実が何よりの証明だ。あんなに頭の良い人なのに歴史の襞に足をすくわれないようにしたいと思い詰めた結果なのか。クラシック音楽にアドルノの数分の一でも理解があればああいう思考形態にはなり得ない。

岡田　ハーバーマスはまったく音楽のことがわかっていないな。それが彼の思想の浅さに深いところで露骨につながっている。それはともかくとして……?

片山　例えばハイドンが次々と新しい交響曲を作ったエステルハージ家でも、屋敷内のすべてのひとが、その曲の良し悪しを理解していたとは思えません。おそらく、趣味のいいエステルハージ侯なり、その周囲の何人かが、「これだけ給金をやっているのに、今日のハイドンの曲はろくでもなかったな」とか、あるいは「ひさびさ、今日はいい曲を聴いたなあ」なんて口にして、それを基準に、召使いなども「そうか、今日の曲はよかったんだ」とか理解していたと思うんですよ。

岡田 そんなおおらかな時代にあこがれる。

片山 そういう批評が、やがて活字媒体で大人数に読ませるくらい需要が出てくると、作曲家兼批評家たちだけではニーズに応えきれなくなっていく。彼らは、新しい曲をどんどんつくらなくちゃいけないし、演奏活動もしなくちゃいけない。そこで、ハンスリック先生のような専業の批評家が現れて、力を持つようになった。このような専門家の登場も、ロマン派の時代の特徴です。

岡田 ハンスリックは、本来、法学者で弁護士だったんですよね。

片山 弁護士はもともと代言人と呼ばれていました。あの時代には詐欺師と紙一重で、半ば軽蔑されていた職業です。けれども市民社会が勃興すると、訴訟が増えてくる。しかし一般人には教養がなかったから、自分で法廷に行って、「俺の商売を邪魔したこいつは、こういう理由でけしからん」と、裁判官に申し立てる能力がない。そこで代言人にたのんで口喧嘩の代行をしてもらった。これがやがて正式な弁護士となり、地位が上がっていった。ハンスリックはこのような弁護士から、音楽批評家になったわけです。

岡田 ハンスリックの次の時代のウィーンの音楽批評を牽引したのは、ユリウス・コルンゴル

66 ドイツの社会哲学者（一九二九〜）。代表作は一九六二年刊『公共性の構造転換』など。

トです。作曲家エーリヒ・ヴォルフガング・コルンゴルト[68]の父親。ユリウスも当初は弁護士だったはずです。やっぱり名士の職業だったんでしょうね。

片山　そういえば「精神分析医」なんて職業も、この時代のウィーンで登場した専門業の一つですよね。

それまでは、何か自分では解決できない悩みがあったら、地元の教会の懺悔室に行って神父さまや牧師さまに懺悔して悩みを聞いてもらっていた。ところが、都市化が進むと、大都市には各地から人々が寄り集まってくるから、地元の教会との縁も切れて、どの神父さまか牧師さんに懺悔していいかわからなくなってくる。しかも、その頃には教会の権威も落ちてきて、いつまでも神さまを信じているようでは、個人も社会も立ち行かないという雰囲気になってくる。そこへ精神分析医が出てきて、マーラーのようにフロイトのところに通って精神分析してもらうような作曲家もあらわれた。

岡田　「私の心」のコンサルタント業ですね。「私」を分析批評してくれる。社会の中でのポジション取りが音楽批評と似ている。「ワタシってなあに？　センセイ、教えてください」――これが精神分析の顧客だとすると、「センセイ、僕はどうして昨日のコンサートに感動したんでしょう？　教えてください」が音楽批評の顧客（笑）。

片山　なぜウィーンみたいな町に精神分析医が登場したのかと言えば、明らかにバルカン半島や中欧、東欧からたくさんの移民が吸い寄せられてきた影響でしょう。言葉もろくに通じなくて、ノイローゼの人だらけになっていた証拠です。マーラーもボヘミア出身のユダヤ人でした。

だから精神分析医や弁護士のように、自分でどうしていいかわからないことをうまく説明してくれる専門家がどんどん力を持ってきた。これが、ロマン派の時代であり、まさに近代のはじまりでした。

岡田 ロマン派音楽もある意味で、自分が誰かわからない人の不安に応えてあげる音楽だった。精神分析的音楽だった――なるほど。

片山 でも、専門家だからといって信用できるとは限らない。それは現在も同じで、たとえば音楽ジャーナリストの中にも、私がコンサート会場の休憩時間でたまたま立ち話をしていい加減な感想を言うと、そのまま同じことを書いているひとがいますからね、そういう自分で判断がつかない専門家は、ロマン派の時代にも、すでにいたようです。

岡田 私も若いころ、似たような話をしょっちゅうオーケストラの団員の方から聞いたことがある。いわく、コンサート後にバーとかで飲んでいると、しょっちゅう批評家が寄ってくる、そして「きょうの指揮者はどうだった?」って尋ねてくる。口から出まかせを言ってやると、そのまま新聞に出る、と（笑）。

片山 やっぱり（笑）。おそらくハンスリックの時代から変わっていないのでしょうが、実際に対象を判断する力があるとかないとかとは別の能力によって、批評家なる人々がどんどん登場す

67 ウィーンで活動した音楽評論家（一八六〇〜一九四五）。ハンスリックの後継者としてマーラーを擁護した。
68 オーストリア出身の作曲家（一八九七〜一九五七）。ハリウッドで映画音楽家として活躍した。

るわけですよね。私たちはその末裔ということで（笑）。

2．ロマン派と「近代」

ロマン派と「愛」

岡田　ロマン派の本質的なところがほぼ出そろったと思います。ポスト・ベートーヴェン世代の悩み、内面への逃避、狂気の演出、フランス革命以来の軍楽隊、「遠くへ行きたい」という欲望と鉄道と観光、植民地支配とエキゾチシズム、ホールの登場、音楽批評の誕生……こうやって考えると、ロマン派ってまったくキメラというか、ごった煮ですね。そもそも「近代」というものがごった煮だったわけだけど。

片山　そうですね。そういった一筋縄ではいかない要素が、十把一絡げで「ロマン」という曖昧概念で括られた……。

岡田　ところで、ロマン派を語る際に避けては通れないテーマがあると思うんです。

片山　何でしょうか。

岡田　たとえばワーグナーの《ニーベルングの指環》[69]におけるブリュンヒルデとジークフリート[70]のような「命がけの愛」もといい「バカップル」。

片山　愛か！

岡田　僕らは「愛」を語るような柄じゃないけど（笑）、でも「愛」とロマン派は切っても切り離せない。当人たちにとっては運命の愛、そして傍にとっては暴走愛。なぜロマン派は、こんなに愛を神聖化したのでしょうか。それこそブリュンヒルデのように、すべてを抛って愛を選ぶ物語は、いまでも絶大な効力を持っていますよね。皇室ですらね（笑）。

片山　愛はタブーゆえに燃え上がる。タブーがなければ盛り上がらない。ベートーヴェンの場合、ふられどおしだったようですが、謎の「不滅の恋人」への手紙なんていうエピソードもある。[71]しかし他方で、ベートーヴェンは「人類愛」を《第九》で歌った。愛は女性へのものだけではまだなかった。ところが、このあとのシューベルトあたりになると、人類愛なんて吹っ飛んでしまい、自分がふられた曲ばかりになりますよね。

岡田　音楽史における失恋テーマは、シューベルトから始まるといっていいでしょう。「失恋する不幸なボク」に自分で酔っちゃうナルシズムが、ロマン派音楽の重要なネタになり始める。ちなみに僕はシューベルトの失恋ものは苦手です。その代表格が三大歌曲集。弱々しさをウリにするナルシスティックな男、なんていうと怒られるかな（笑）。まあ典型的なロマン派芸術家の身振りのひとつではありますが。シューマンにも似たところがあるし。

69　一八七六年に全編通し初演された、四部作の超大作楽劇。
70　《指環》四部作における中心キャラクター。多大な困難を乗り越えて結ばれる。
71　ベートーヴェンがおくったラヴレター。宛名がないので、誰のために書いたのか、いまもわかっていない。

それからショパンやリストやワーグナーはモテ男だったから失恋こそしなかっただろうけれど、でも個人恋愛をいわば自分の音楽の演出小道具に使うようなところがあった。リアルな愛もこれでもかとばかりドラマティックにする。ショパンの恋人だったジョルジュ・サンド[72]は、男関係の派手な男装の麗人。リストやワーグナーは、やたらに他人の奥さんを寝取りたがる（笑）。演出効果抜群。

片山　現実では充たされぬ愛を音楽に投影するのではなく、実際に三文メロドラマが伴っている。

岡田　彼らにとって恋愛と実人生は、作品演出の不可欠なサブテキストなんだよね。家庭円満だったリストやワーグナーなんて想像もできない（笑）。ベルリオーズも狂気の愛を売り物にした。リヒャルト・シュトラウスのオペラ《サロメ》[73]になると、若い娘が預言者の生首を所望するという話で、完全に倒錯愛にまで行っちゃう。究極の愛は倒錯する、といわんばかりだ。まあシュトラウスは有名な恐妻家で、絵にかいたような円満家庭人でしたが。このあたりが彼のユニークさです。

片山　そこは上手に転轍していた人なのかもしれませんね。

岡田　そして、この「愛の歌」の伝統は、二一世紀の今日なお、ポピュラー音楽に脈々と生きています。「世界の中心で愛を叫ぶ」ことは、いまだに絶対善なんですよね。愛の神聖化もまた近代現象です。

ロマンチック・ラブは資本主義が生んだ

岡田　ところで唐突ですが、片山さんは「ロマンチック・ラブ」をどう思われてます（笑）？　いや、冗談じゃなくて、近代世界を考えるとき、なぜ近代はかくもロマンチックな愛に飢えているのか、を考えないわけにはいかないと思うんですよね。

片山　うーん、やっぱり愛というのは、男女あるかぎり、生殖あるかぎりは、必ず人間の中に遺伝子的に仕込まれているものですよね。少しでも早く、たくさんの子どもをつくり、同族を増やすためには、出会ったらすぐに情交に及びたいとの感情が生まれないとならない。そのためには、単純に感情が発動して、ただムズムズしているだけではダメで、押し倒してもいいから……みたいな乱暴な感情が、人間の、特に男性の中にインプットされているのは間違いない。

岡田　身もふたもない話ですが、まさにその通りです。

片山　今、日本の人口が減ってきたと言っても、それでも一億何千万人かいるし、世界でも何十億もいるんでしょうけど、その「数」は、結局、「愛」と呼ばれる情欲みたいなものが基礎になっている。

72　フランスの作家（一八〇四～一八七六）。ショパンと同棲生活をおくった。
73　一九〇五年初演。オスカー・ワイルドの戯曲を、ほぼそのまま音楽化した。

さらに言えば、人間の場合、ほかの動物とちがって、赤ちゃんが産まれても、すぐ自分で歩けるわけではない。かなり長いこと、世話をして育てなくちゃいけない。すると、最近はシングル・ペアレントも多いけれど、できれば両親の男女ペアが維持されているほうが子育てには都合がいい。

そうなると、男女の情欲的な愛とは別種の感情が必要になる。それが「子どもへの愛」。こうして人間は、常に「愛」を保つことで、男女カップルが生まれ、家族が保たれていく。

岡田　でも、人口再生産の手段としての愛自体は、いつの時代にもあっただろう。じゃあどうしてロマン派になって、愛があそこまで焦点化されたのか？　僕は資本主義が関係してたんじゃないかと思っているんだけど……。

片山　なるほど。つたない筋書きを考えますと、一八世紀ぐらいまでは、人々が愛し合い、結婚する対象は、農民なら農民と、都市の商工民なら商工民と、王族だったら同格の王族や貴族と相場が決まっており、そういう狭い環境の中で男女の出会いがコーディネートされていたのでしょう。モーツァルトの時代でも、《フィガロの結婚》[74]のように、伯爵が小間使いの娘にちょっかいを出す程度のことはあったかもしれないけれど、基本的には社会階層がはっきりしていた。

ところが、ロマン派の時代には、ヴェルディ《椿姫》[75]などに見られるように、身分違いの恋愛が本気で行われるようになります。

なぜなら、資本主義が回るためには、とにかく労働力が必要だからです。特定の産業に労働人口を即座に集中させなくてはいけない。だから、スコットランドの農民もロンドンの工業地帯にすぐ出てこられるようにした。そして、彼らにがんがん働いてもらう一方で、新たな労働力として子どももどんどん作ってもらわなければならない。

その際に必要になった概念が「愛」ということですね。好き同士になったら、経営者と労働者だろうが、ブルジョワジーと下層労働者だろうが、どんどん子どもを作らせる。そのために生み出されたのが「愛」というイデオロギー装置だった。

岡田　そうそう、階級とか土地とかと無関係に、できるだけ効率的に男女をカップルにし、労働者をたくさん生み出すことが、近代資本主義の絶対条件だった。でも露骨に言うわけにもいかないので、ロマンチック・ラブの神話が利用されることになる。

片山　そうだと思います。

岡田　人口増という資本主義制度の要請を、「愛は美しい」というオブラートで包む（笑）。文学でも一九世紀は愛ばっかり。

片山　「愛があれば、こんなにステキな人生が送れます。愛があれば、親が反対しようが何だろうが、一緒になっていいんですよ」というイデオロギーを吹聴する一方で、でも自由恋愛なんてじつは錯覚みたいなものでうまくいかない場合も多いから、じゃあ離婚する自由も用意しておこうという話になった。「愛がなくなったのに夫婦でいるのは不誠実だから、別れるべきです」と

74　一七八六年初演。モーツァルトの代表作。スペインの伯爵家における恋愛喜劇。
75　一八五三年初演。ヴェルディの代表作。パリを舞台にした青年貴族と高級娼婦の悲恋。

か何とか都合の良いことを言って。

シューマンとクララ、ショパンとジョルジュ・サンド、リストとマリー・ダグー伯爵夫人[76]、ワーグナーとコジマ、マーラーとアルマ・マーラー[77]、あるいはブラームスとクララや、チャイコフスキーとフォン・メック夫人[78]……これ全部、美しいプラトニックな「愛」の物語にされているじゃないですか。だけど冷静に考えれば、大半は略奪愛とか浮気に過ぎませんよ。「愛」という概念を使えば、ややこしいことや醜いものをうまく糊塗できるので、じつに都合がいい。

岡田　ベルリオーズもそうですね。シェイクスピア劇の舞台女優、ハリエット・スミスソン[79]に一目ぼれしてしまい、ストーカーのように追っかけまわして、それでも相手にされなかった。その病的恋愛妄想を《幻想交響曲》で描いた。やれやれ……。

「女・子ども」で成功したショパン

片山　あと言っておかなければならないのは、ロマン派は「女・子ども」の音楽でもあったということです。「女・子ども」という表現は今ではすっかり不適切な言葉になりましたが、ロマン派の音楽の一部は、良くも悪くも、女性と子どもを明確なターゲット層としていたのです。

というのも、ロマン派の音楽家たちの多くは、ブルジョワ階級の子女の家庭教師として雇われていたからです。家で暇を持て余しているブルジョワ家庭の奥さんや娘のために、旦那さんがちょっとお金を出して音楽家を雇い、ピアノなどの習い事をさせ、演奏を聴かせていたわけです。

当時の音楽家たちにとって、これが最大の収入源でした。あのベートーヴェンでさえ、良家の子女のピアノ・レッスンを生活の足しにしていました。一九世紀に入り、ブルジョワ層が拡大していくと、そういう「音楽教師人口」が、何百倍、何千倍にも膨らんでいったのです。

岡田　ロマン派音楽は裕福なブルジョワ婦人／夫人をターゲットにしていた。

片山　市民社会になって、お金持ちの家庭が増えてくると、子どもに労働をさせる必要がなくなり、かわりに教育に金をまわす余裕が出てきて、とりあえず中等教育、あるいは高等教育までは行かせられる。

すると、子どもは、労働せずに学校へ行っているわけだから、早くに家に帰ってくる。日曜日も休み。それで子どもにも暇が生じて、やたら家にいて、ゴロゴロしている時間が延びていく。男の子だったら、外で勝手にスポーツでもさせておけばいいけど、娘だとそうもいかない。家のなかで過ごすことが多くなり、その世話をする奥さまも家にこもりがちになる。

この有閑マダムや娘たちに何を与えるか。そこで、ショパンの登場です。金持ちのお嬢さんや奥さんにピアノを教えて、食うわけです。まあ「ショパン」と言ったのは、あくまで象徴的な例

76　リストの愛人、作家（一八〇五〜一八七六）。二人の間に生まれた娘コジマは、のちにワーグナー夫人となる。
77　マーラーの妻（一八七九〜一九六四）。かつては派手な恋愛経験から「魔性の女」とも呼ばれた。
78　ロシアの大地主の娘（一八三一〜一八九四）。長年、チャイコフスキーに資金援助を続けたが、文通のみで、一度も会うことはなかった。
79　アイルランド出身の舞台女優（一八〇〇〜一八五四）。ベルリオーズが《幻想交響曲》を作曲するきっかけとなり、後年、彼と結婚した。

ですが。

岡田　これは日本でも繰り返されていたことですね。

片山　だから彼女たちが喜ぶような、「近代の内面」の音楽が誕生する。暇な時間が長いから、恋愛を夢想し、「理想の王子さまが現れないかしら」とか、「あそこのお店の若い男が、なんかいい感じだわ」とか考えるわけです。

岡田　韓流スターの追っかけとかにまで引き継がれる由緒正しい伝統かもしれない（笑）。

片山　あと、キンダー（児童）文化というのも、ブルジョワ家庭から生まれた。子どもがずっと家にいるから、絵本を与えなくちゃ、児童文学を与えなくちゃ、楽器のお稽古をさせなくちゃ……となる。家にいればいるほど、子どもへの投資も増えて、そこへ音楽家が食い込むスキが生まれる。その結果、それ以前には考えられない音楽が生まれた。シューマンの《子供の情景》[80]《子供のためのアルバム》[81]《子供のための三つのピアノ・ソナタ》[82]といった子ども向けの曲です。

岡田　たしかに、一八世紀までは、そんな曲はなかったですね。一九世紀になると、途端にこの種の音楽が大増殖しますよね。

片山　ショパンも、当時の最先端を行く大都市のパリに出て、ジョルジュ・サンドと組んでピアノ・レッスンで稼いでいました。コンサート活動よりも、レッスンとサロン活動が中心だったでしょう。リストみたいに貴族の有閑熟女を相手とする派手な人もいたけど、ショパンはブルジョワ家庭の女・子どもにターゲットを絞っていた。そんな当時の「女・子ども」に代表されるブルジョワ的なメランコリーとか、涙とか、センチメンタリズムとかが、ショパンの音楽には詰まっている。
二〇世紀以降、とくに二度の大戦を経てからは、「女・子ども」などという〝前近代的〟な考え方は徐々に克服されていくわけですが、一方で現在のショパン・コンクール[83]などの在り方を見ていると、いまだに一九世紀的な価値観が根強く残っていることも否定できません。

岡田　全面同意です。ショパン・コンクールはいまなお、「憧れの眼差しで王子様を見つめる良家の女子の眼差し」がなかったら成立しないだろう。女性ピアニストはショパンさまを心の眼で見つめながら鍵盤を愛撫し、男性ピアニストは自らショパンさまであるかのように演出してピアノを奏でる。ちなみにショパンのレッスン料はむちゃくちゃ高かったらしいですね。リストより高かったとか。なにせロスチャイルド家の奥様とお嬢様が顧客だったんだから……。

片山　しかもパリにおけるショパンって、ポーランドから来た「外国人」で、マズルカやポロネーズ[84]は、エキゾチシズムの象徴でもあって、みんな憧れていた。「ポーランドって、ステキね！」「一回ぐらいは、ポーランドに行ってみたいわね」みたいな、そういう世界にリンクしているわけですよね。これも、いまの日本の女性が韓国のイケメン歌手を追っかける感覚に似ているかも

80　一八三九年出版のピアノ曲集。全一三曲で、特に第七曲〈トロイメライ〉が有名。
81　一八四八年出版のピアノ曲集。全四三曲で、一部は、七歳の娘マリーのために作曲された。
82　一八五三年出版。これも娘のために書かれた。三曲とも四楽章構成で、〈お人形の子守歌〉などもある。
83　一九二七年より続く国際ピアノコンクールで、五年ごとに開催。ショパン曲のみで審査される。日本人は、内田光子（一九七〇年）と反田恭平（二〇二一年）が共に二位で最高位。
84　共にポーランドの舞曲形式。

しれない。

「人間は三分間しか音楽を聴けない」

片山　さらに言えば、ショパンは「曲種」の開拓も見事でした。あの大量のピアノ小品の演奏時間は、だいたい三分とか、せいぜい五分。交響曲や協奏曲を延々と一時間も聴かされたら、疲れ果てて何が何だかわからなくなってしまうブルジョワ家庭の子女でも、三分なら大丈夫です。

岡田　言われてみれば、ショパンの小曲は、ほとんどが三分前後ですね。

片山　一九九九年にイタリアの現代音楽作曲家、ルチアーノ・ベリオ[85]が武満徹作曲賞の審査で来日しました。その際、「人間は三分間しか音楽を聴けない」と言っていたのを思い出します。

岡田　それ、面白そうな話ですね。

片山　ベリオが新宿のホテルに泊まっていたので、音楽雑誌のインタビューの仕事で会いに行ったのです。そのときに何人目かの奥さんとの間にできた子どもを数人、連れてきていました。小さい子もいたけど、二〇歳ぐらいの子もいて、その子たちが、「パパ、ちょっと遊びに行くから、お小遣いちょうだい」とか言って、さかんにベリオにまとわりついているんです。仕方なしにお金をあげると、出て行った。ベリオはすっかりくたびれちゃって、「はぁ……」とため息をつきながら、もううんざりだという表情をしていました。

そんな直後だったせいかもしれないけど、私としては、インタビューである以上、真面目なことを聞こうとして、「現代音楽が」とか「アバンギャルドが」とか言っていると、ベリオはますます疲れた感じになっちゃって。そのうち、なにを言い出すかと思ったら、「人間なんてものはね、音楽を聴けるのは三分間が限度なんだ」「もう三分以上の曲なんか作っても意味がないんだ」みたいなことを言うんですよ。

岡田　確かにベリオだったら言いそうだ。イタリアの喜劇映画でマルチェロ・マストロヤンニ[86]が演じるへたれ男みたいなキャラだったもんな。でもシュトックハウゼンとかブーレーズが聞いたら怒り狂いそう。彼らは「前衛の闘士」キャラだったから。

片山　一応、私はベリオのことを戦後アバンギャルドの大作曲家だと思って尊敬していたので、その発言を聴いて「えっ、ウソでしょ」とショックを受けました。

　そこで「あなたは三分間とおっしゃるが、それは昔のSPレコードの片面の収録時間で、それが二〇世紀になっても残っているだけなんじゃないんですか」と私が聞き返したら、「いや、SPレコードの片面とかと関係なく、三分ぐらい音楽を聴いたら、眠くなったり、横を向いたりするのが人間の生理なんだ」と言うわけです。「これを相手にしているのが、われわれ音楽家だ」と。

岡田　うーん、なるほど。

85　イタリアの作曲家（一九二五〜二〇〇三）。器楽曲《セクエンツァ》シリーズなどで知られる。

86　イタリアの俳優（一九二四〜一九九六）。『ひまわり』『甘い生活』などで知られる。

片山　当時、私はまだ三〇代前半ぐらいでしたから、「何を言っているんだ、この人は」と思いました。でも、今振り返ると、まったく正しいなと。ショパンなど、見事に三分じゃないですか。ショパンも若いころは、三〇分くらいのピアノ協奏曲を書いていたし、パリに行ってからもピアノ・ソナタのような長いものも作った。しかし、人気があるのは三分から五分とか短い曲ばかりで、七分でももう長いみたいな感じではないですか。今でもショパン・コンクールで、それらの小品を組み合わせて、「すご～い！」とか言っているわけでしょ。ショパンの基本はウルトラマンやカップヌードルと同じ、「三分間」なんですよ。

岡田　彼らはエッセイスト型なんですよね。長篇小説型ではない。

片山　でも、この「三分間」が「女・子ども」と結びついて花開いたのがロマン派だと思うのです。当時、「女・子ども」は抑圧されていて、だから女性の作曲家や演奏家がいても表に出にくい。現代から見ればひどい時代だったけれど、じつはその裏で第一級の「消費者」として設定されていたのは「女・子ども」だった。見方によれば、ロマン派の主役は「女・子ども」で、男性は彼らに「奉仕」していたにすぎないとも言えるのではないでしょうか。

岡田　ショパンはなんであんなに女性にウケるのか。その根っこにあるのは、またしても「愛の不在」でしょう。現実で得られない愛の夢を、ショパンはもののみごとに見せてくれる。白馬の王子さま幻想。文学だったらそれは「かなわぬ恋」の方向へ展開する。『ボヴァリー夫人』[87]や『アンナ・カレーニナ』[88]のように暴走愛へ発展することもある。それがさらに過激になると、原作オスカー・ワイルドによるリヒャルト・シュトラウスのオペラ《サロメ》になる。究極の真実愛は倒錯愛だ、みたいな世界。

片山　もちろん、一九世紀の大ブルジョワとは比べようもないけれども、一応、私も戦後の中産階級の出身ですから、劣化コピーのように再生産されてきたブルジョワの心性を、実体験として抱えているような感覚があります。だから、どこか自分の話をするようで、勝手に妄想できてしまう。

ロマン派と制限選挙の時代

岡田　ところでロマン派は、資本主義の時代の音楽であると同時に、民主主義が少しずつ始まる時代のそれでもあります。フランス革命後、まず制限選挙の時代があって、それがロマン派とかぶっている。それに対して二〇世紀の普通選挙の時代は、ポップスの時代になる。

片山　それはすごくあると思いますね。当時はどこの国でも、まだ公教育のレベルはとても低かった。それに世の中に不満をどうしてもたくさん持って当たり前の貧しき人々にいきなり選挙権を与えたら、革命を誘発するに違いない。だから、選挙権を与えるとなったら、あるレベルの人たち、納税額とかで区切るというのが制限選挙の時代でした。

87　フランスのフローベールが一八五七年に発表した小説。姦通を賛美しているとして摘発された。

88　ロシアのトルストイが一八七七年に刊行した小説。不倫に走る人妻を描く。

しかし、次第に民主主義をよしとする意識が進むと、制限選挙では済まなくなってくる。それにしては、相変わらず無知蒙昧な人びとがたくさんいたので、いっぺんにすべての人に選挙権を与えるのを、政府は恐れた。それで教育に力を入れて、様子を見ながらだんだんと与えていった。どの国でもそんな流れでしょう。

このような選挙権、教育が普及していく過程と、一般大衆が文化芸術、とりわけクラシック音楽を理解していく流れは、たぶん多くの国において、パラレルではないでしょうか。

岡田 クラシック音楽は大衆を啓蒙するツールの一つだったのかもしれない。全国民を教養市民化しようとするプロジェクトの一環。

片山 そもそも日本がクラシック音楽を取り入れたのも、西洋の先進文明を理解できるようにならないと、先進国の仲間に入れてもらえないからでしたね。それこそ、不平等条約も改正してもらえない。そこで、一八八〇年にお雇い外国人の音楽教師、ルーサー・ホワイティング・メーソン[89]をアメリカから招いて、音楽取調掛[90]なんて役所をつくって、学校教育の中に唱歌と器楽を入れようとし、器楽は無理だったからとりあえず唱歌だけにし、一生懸命、西洋音楽に適応できる国民作りに励んだ。

岡田 その流れで、かの鹿鳴館[91]まで作られた。あれができたのは一八八三年ですね。

片山 鹿鳴館は、日本人が自前でワルツとかカドリーユとかを演奏し踊れることを西洋人に見せつける場だったのですね。ちなみに、鹿鳴館で西洋音楽を演奏していたのは誰かといえば、主力は宮廷の雅楽の楽師です。雅楽の楽師は、音楽理論の概念を持っていましたから、ドレミファソラシドにも順応できた。楽器にも、たとえばフルートは龍笛と同じように吹けばいいのかと適応できた。そのような涙ぐましい努力もあって、鹿鳴館ではうまく行かなかったけれど、何とか条約改正を成し遂げました。

岡田 そして日本は普通選挙も導入します。

片山 大正時代、一九二五年に加藤高明内閣でようやく普通選挙法が成立しました。ただし、選挙権が与えられたのは二五歳以上の男子のみで、まだ女性には与えられませんでした。

ちなみに、日本で普通選挙法が成立したときに、朝日新聞が「普通選挙の時代にどう生きるか」みたいな、当時の普通選挙啓蒙本を出しているんです。これを読むと、今、男子全員に選挙権を与えてしまうと、買収が起きたり、あるいは耳当たりのいいデタラメを言う候補者ばかりに票が行って、大変な混乱が起きるであろう、政治教育も公民教育も行き届いていないのに大丈夫なのか、そもそも帝大を出ている人間だって、どれだけ政治がわかっているのか……そんな否定的なことばかりが書いてあるんですよ。

岡田 だからこそ、政府関係者には国民を教化しなければならないという意識が強かった。じつは普通選挙法が成立した一九二五年は、日本でラジオ放送が始まった年でもあります。ＮＨＫが放送を開始したとき、音楽番組だらけだったんですよね。やはり、国民を音楽で教化するという

89 アメリカの音楽教育者（一八一八〜一八九六）。日本における西洋音楽教育の基礎をつくった。
90 一八七九年に文部省が設立した音楽教育機関。のちに東京藝術大学音楽学部となった。
91 ジョサイア・コンドル設計の西洋館。主に外交官との社交場として利用された。

発想があったんでしょう。

片山　たしかに社団法人東京放送局の総裁に就任した後藤新平[92]も、「今まで劇場やコンサートホールなどに行って高いお金を払って聴いていたものが、ラジオが始まれば、いつも家に流れてくるようになる。これによって、われわれ日本人は決定的に〝文明化〟するんだ」という趣旨のことを言っています。

国民を啓蒙するのが目的なので、最初のうちは、邦楽でも、浪曲や講談はあまりやっていない。長唄や能楽が多かった。歌舞伎でも、りっぱな演目ばかり。くだけたものは避ける。あと、ほんの少しですが、築地小劇場的な、ある程度、教養のある人に向けてのラジオドラマや朗読などもやっています。いわゆる大衆向けの演芸番組は、なるべくやらないようにしている。

岡田　それは興味深いですね。日本がこんなふうに音楽を使って国民を教化しようと躍起になっていた頃、ヨーロッパでは一足先にクラシック音楽が特権的な地位から滑り落ち始める。一九二〇年代はアメリカから輸入されたジャズがヨーロッパでも大流行しました。もうブルジョワの時代ではなく、大衆の時代になるんですよね。一九二〇年代とは第一次世界大戦後、ということです。クラシック音楽ってやっぱり、第一次世界大戦までのレパートリーが基本なんですよね。ウィーンの高級ホテルは軒並み、ダンスバンドを従来のワルツ用からジャズ用に入れ替えたっていいますからね。

哀しき「民族派」の宿命

岡田　さて、ロマン派にはもうひとつ大事な要素があります。「民族」です。ロマン派における一大ジャンルである国民楽派というか民族派の話もしておきましょう。片山さんの十八番ですね。

片山　そんな十八番ということはないんですけど。まあ、一九世紀といえばナショナリズムの時代ですね。民族意識が高まり、国民国家が形成されてゆく。もちろんクラシック音楽もその流れの中で大きな影響を受けました。というか、むしろそのような潮流を生み出すうえで大きな役割を担ったのがロマン派の音楽でした。

先ほど岡田さんも指摘されましたが、あのショパンにもポーランドの民族派という一面があります。ショパンがポロネーズやマズルカなどの曲を書いたのも、国民意識の発揚という文脈で説明されることが多い。もっとも私自身は、ショパンは単にパリのサロンでウケるために、ああいう曲を書いたという方が大きい気がしていますが。

岡田　都会人ほどエキゾチシズムに憧れる。たしかにショパンは確信犯かもしれません。

片山　もちろん、ショパンも「自分はポーランド人である」という自意識は強く持っていたと思いますが、でも誰に向けて曲を書いていたかと言えば、それは自国民ではなく、明らかにパリの

92　日本の政治家、事業家（一八五七〜一九二九）。関東大震災後の東京復興に尽力した。

ブルジョワたちでしょう。
当初、そういったエキゾチックな音楽は、どちらかと言えば「虐げられてきた辺境の音楽」として大都会で消費されていました。ところが、ヨーロッパ各地で民族の独立意識がだんだん高まってくると、民族の自己同一性を高める音楽として注目されるようになってきた。

岡田　辺境イコール生命力。典型的なコロニアリズムですね。

片山　第二章でも触れたように、イギリスでは自国の民謡や愛唱歌を楽譜にして、室内楽の伴奏を付けて、サロンなどで歌えるようにしていました。それこそハイドンやベートーヴェンが、それらの編曲の仕事をしていたという話をしましたね。
これと同じような動きは、ドイツにもあったわけです。前期ロマン派の、特にドイツには、民謡などのドイツ国民楽派的な要素をもっと使いましょうという思想があった。ドイツも国家統一には道のりがまだまだ遠い時代ですから。グリム兄弟だって民族意識を高めるために民話を収集し、ドイツ語の辞書作りにも励むわけで。ウェーバーやシューマンも、自国の民謡調を取り入れた曲をたくさん書いている。
そのような流れが、ハプスブルク帝国の諸領域でも模倣され、チェコのボヘミア楽派の二大巨頭、ベドルジハ・スメタナ[93]とドヴォルザークにつながっていくわけです。

岡田　でも、スメタナはドイツ語で教育を受けたインテリで、実はチェコ語は満足にしゃべれなかったらしい。彼にとってのチェコはエキゾチシズムだったのかもしれない。このような事実を考えると、「国民楽派」という言葉には注意しなくてはならないと思います。さっきのショパンの話もそうですが、国民楽派とエキゾチシズムって、実は一緒なんじゃないでしょうか。内に向けては国民楽派だと胸を張り、外に対してはエキゾチシズムを売りにする。表裏一体です。

片山　国民楽派の作曲家は各国史の中で独立の英雄のように仕立てられますからね。

岡田　だから、「国民楽派」という言葉には、悲哀のようなものも感じてしまうんですよ。「自分たちは二等国ではないぞ」と言うために、地元の民謡などを取り入れた「国民楽派」的な音楽を一生懸命に作るわけですが、でも結局は、ヨーロッパ中央の音楽業界で認められて初めて一人前。ウィーンとかパリとかロンドンとかね。でも彼らは国民楽派をしょせんエキゾチシズムとして消費するだけ。決して「本流」にはなれない、本流にしてもらえない。ものすごいコロニアリズムです。アントーニョ・カルロス・ゴメス[94]というブラジルの作曲家の《グアラニー族の男》というオペラが思い出されます。ゴメスはヴェルディの同時代人で、このオペラはスカラ座で演奏されるほどヒットしたんですが、白人の娘とインディオの王子の悲恋。こういう話をネタにしてスカラ座で演奏してもらう、そのことが既に悲しい（笑）。音楽はヴェルディそっくり。プラシド・ドミンゴ[95]が歌った録音もある。

93　チェコの国民的作曲家（一八二四〜一八八四）。代表作に交響詩《わが祖国》など。後年は失聴し、精神を病んだ。
94　ブラジルのオペラ作曲家（一八三六〜一八九六）。
95　スペインのオペラ歌手（一九四一〜）パヴァロッティ、カレーラスと共に三大テノールとして知られる。

ロシア五人組のエキゾチシズム

片山　それで言えば、ロシアの国民楽派を牽引した五人組、すなわちミリィ・バラキレフ[96]、アレクサンドル・ボロディン[97]、モデスト・ムソルグスキー[98]、ツェーザリ・キュイ[99]、ニコライ・リムスキー＝コルサコフ[100]のことを思い出します。

　五人組のなかでは、リムスキー＝コルサコフが面倒見がよくて、他のメンバーの曲を添削して直してやっていました。なかには、補筆のレベルを超えて半創作みたいなものもかなりある。ところが彼は海軍の軍人で、遠洋航海で南米、北米、アジアなどを旅していたから、その音楽には世界各地のエキゾチックな要素が色濃く織り込まれている。だから、ロシア国民楽派と言いながら、「それは本当にロシア風なのか？」というツッコミを入れたくなる曲も多い。

　そもそもロシア国民楽派なのに、リムスキー＝コルサコフの代表作は、交響組曲《シェヘラザード》[101]ですよ。アラビアの話じゃないですか。交響曲第二番《アンタール》[102]もアラビアが題材。ロシア帝国の南下政策とも関係がある。《スペイン奇想曲》[103]も彼の代表作のひとつです。

岡田　当時のヨーロッパ、たとえばドイツとかフランスとかオーストリアの音楽人は、ロシアと「アラビアンナイト」の世界の区別もついてなかったんじゃないですかね。

片山　いや、ほんとにそうだと思います。もう一つ、ロシア五人組で面白いのは、バラキレフのほかは、みんな、作曲が正業ではなかったということ。ボロディンは「ボロディン反応」で有名な化学者、ムソルグスキーとキュイとリムスキー＝コルサコフは軍人でした。

岡田　それはなぜだったとお思いですか？

片山　当時のロシアは、ヨーロッパ中央より経済や社会の発展がまだまだ遅れていたので、音楽を仕事にしようと思っても容易ではない。というか、まともな職業としては官僚と軍人と聖職者ではないですか。あとは理系のエリート。音楽を勉強しながらほかで食っていくしかなかった。チャイコフスキーだって、最初は法務官僚ですよね。しばらくしてから、音楽家として独立するわけでしょう。それでもなかなか食えないから、スポンサーのフォン・メック夫人に養われながら作曲していた。やがてモスクワ音楽院で教えるようになって定収を得るようになるけれども。ピアニスト・作曲家のルビンシテイン兄弟[104]ぐらいだったのではないですか、音楽家専業できちんとやれていたのは。

96　ロシアの作曲家（一八三七～一九一〇）。五人組のリーダー。音楽史上、最難曲のピアノ曲《イスラメイ》が有名。
97　ロシアの作曲家、化学者（一八三三～一八八七）。代表作に《中央アジアの草原にて》《イーゴリ公》など。
98　ロシアの作曲家（一八三九～一八八一）。代表作に《禿山の一夜》《展覧会の絵》《ボリス・ゴドゥノフ》など。
99　ロシアの作曲家、軍人（一八三五～一九一八）。
100　ロシアの作曲家（一八四四～一九〇八）。音楽教師として優秀で、多くの作曲家を育てた。
101　一八八八年初演。四楽章構成で「アラビアンナイト」の世界を描く。
102　一八七六年初演。アラビアの詩人アンタールの夢が題材。
103　一八八七年初演の管弦楽曲。スペイン民謡が題材。
104　兄アントン（一八二九～一八九四）、弟ニコライ（一八三五～一八八一）のロシア系ユダヤ人の音楽家。

たとえば五人組のひとり、バラキレフは、いまでこそマニアックなファンもいるけど、当時はいつも生活に困っている人で、それほど人気もなかった。それでも、東洋的幻想曲《イスラメイ》のような「演奏不能なピアノ曲」を平然と書いていた。これなどは、ルビンシテイン弟だからこそ演奏できた。これをサロンでバリバリ弾いてもらって、小銭を稼いでいたわけです。ムソルグスキーに至っては、天才肌だけれどもアル中で、まともに完成した曲は少なく、大半はリムスキー＝コルサコフに仕上げてもらっていた。

岡田　日本とも重なりますね。日露戦争以降、大正ぐらいからでしょうか、本格的な作曲家というものが出てくると思うんですけれども、似たような状況でした。たとえば戸田邦雄[105]は外交官。諸井三郎[106]は専業作曲家ですが、秩父セメント創業者の御曹司で東京帝大の美術史学科卒。後年は文筆の仕事の方が多くなった。柴田南雄[107]も東京帝大の植物学科卒で、東京科学博物館に勤めていた。純粋に音楽教育を受けて専業音楽家となったひとは、山田耕筰ぐらいじゃないですか。

片山　そうですね。山田耕筰は、作曲だけで稼いでいこうとした。だから何度も破産して、逃げるわけだけど。ほかにも瀧廉太郎[108]、信時潔、橋本國彦[109]などがいたけど、学校の先生をやって凌いでいた。作曲プロパーで食べていけたクラシックの人は、ほとんどいなかった。

岡田　こうやって考えると、国民楽派というのは、日本でもロシアでも、実は自国伝統から自然にボトムアップで出てくるのではなく、音楽以外の職業を持ったエリート層が、ヨーロッパ先進国並みの近代市民をつくるために、人工的に作った音楽という側面もありそうです。

片山　自国の環境にないところから、無理に出てくる。それは本当にそうですね。ロシアも日本も国家としては自国の民族性を顧慮したクラシック音楽の作曲家をまだ必要としてはいなかった。国家と国民の進度にはタイム・ラグがあるということなのでしょうね。

帝国主義と民族派

岡田　一方で、そのロシアも日本も、近代市民が育ったかどうかはさておき、軍事的にはどんどん大きくなり、帝国主義的に領土を拡張させていきますね。

片山　そうですね。ロシア国民楽派の大物、チャイコフスキーの交響曲第二番は《小ロシア》です。この第二番《小ロシア》とはウクライナのことで、チャイコフスキーの祖父はウクライナのコサックだったんですね。この第二番ではウクライナの民謡がたくさん使われている。ただし、この「小ロシア」という名称は、半ば蔑称です。「大ロシア」がモスクワ中心のロシアで、それに対し、キエフ中心のウクライナは「小ロシア」というわけです。その背景には、ウクライナ人をロシア人として同化させようとの意識があった。より正確に言うと、小ロシアと大ロシアとい

105 日本の作曲家（一九一五～二〇〇三）。外務省に勤務しながら、カンタータ《袈裟と盛遠》などを作曲した。
106 日本の作曲家（一九〇三～一九七七）。五つの交響曲や、ベートーヴェン研究で知られる。
107 日本の作曲家、音楽評論家（一九一六～一九九六）。合唱交響曲《ゆく河の流れは絶えずして》で知られる。
108 日本の作曲家（一八七九～一九〇三）。代表作に《荒城の月》《花》など。
109 日本の作曲家、音楽教育者（一九〇四～一九四九）。代表作に二つの交響曲がある。多くの作曲家を育てた。

う表現は小へラスと大へラスを踏まえての一四世紀の造語と伝えられ、ヘラスというのは古代ギリシアの自称で、小へラスは面積ではより狭いギリシア本国を、大へラスはより広いイタリア等のギリシア植民地を指しました。だから本当は小の方が位としては上なのですが、逆転して使われるようになった。これは、日本のロジックで言えば、アイヌや沖縄の人たちに対する中央政府の姿勢と通じるものがある。日本帝国主義における、朝鮮や中国、台湾の問題にも通じる。あの時代のロシアの作曲家は、ロシアの現況や版図も意識して音楽をつくっていたと思いますね。

あるいはボロディンの《中央アジアの草原にて》。ロシアのメロディーとカザフ風のメロディーが出会って交錯する構成です。カザフのキャラバン隊が、ロシア軍に守られて安全に商品を運んでいるという情景を音にしている。カザフは一八二〇年代にはロシア帝国に組み込まれていますから、ボロディンもこういう音楽を書くわけですね。

岡田　ロシアは、帝国諸民族がひとつの「国」として統一体であることを、音楽で表現したがる。

片山　それどころか、ボロディンの代表作、歌劇《イーゴリ公》[110]となると、キエフ大公国とポロヴェッツ人（むかしはダッタン人と称されていた）の戦いを描いている。ポロヴェッツ人に押し込まれるディフェンシヴな物語ですが、ロシアは防御のために攻撃する理屈が好きですから、ロシア帝国の版図拡張期に攻め込まれるオペラを作っているわけです。攻められる前に攻めよ、ということですね。

岡田　版図拡大と言えば、ロシアは一八世紀末に、プロイセン、オーストリアと共にポーランドを分割してしまいました。

片山　だからというか、チャイコフスキーの交響曲第三番は《ポーランド》になる。

岡田　一九世紀にはロシアはフィンランドも支配下に置きました。そのフィンランドの国民楽派の代表的作曲家がシベリウスです。シベリウスの交響詩《フィンランディア》初版は、一八九九年に、ヘルシンキの「スウェーデン劇場」で初演されています。ここは、フィンランドで最初の大型ナショナル・シアターで、《フィンランディア》初演時、建て替え新築されたばかりで、杮落としでこそなかったけれど、それに近いコンサートでした。そしてこの曲の改訂版がのちにパリ万博で初演されたことで、一挙に広まった。フィンランドにヘルシンキ・フィルハーモニーなる立派なオーケストラがあることも、一夜で知れ渡った。これは象徴的な出来事です。まだ国家として認められていない、帝政ロシアにいじめられていた民族が、パリで、万博で、「フィンランド、ここにあり」と宣言したわけですから。

片山　そのシベリウスも、いまでこそ、いかにもフィンランドらしい作曲家といわれているけれど、交響曲第二番までは「もっとフィンランドの民謡やコラールを使い、楽曲の形式についても北欧的な独自性を探究すべきだ、あまりにドイツに傾いている」と批判されていたわけです。たしかに《フィンランディア》をはじめ出だしの頃のシベリウスはドイツ音楽をモデルにし過ぎていた。ドイツで勉強した人ですしね。

そういう批判を受けると、シベリウスは反省して、北欧らしい独自色とは何かと、真面目に実

110　一八九〇年初演。第二幕の〈ポロヴェツ人（ダッタン人）の踊り〉が有名。

験しだす。そうするとドイツ的にピークを目指すのではなくもっと平坦にやれないか、派手な高潮を避けて質素に淡々とやれないか、高楼など作らない北欧風の建築のように音楽をやれないか、北欧の森のように植物的に鬱蒼とゆっくり成長してゆくような音楽ができないか。それで交響曲の第三番あたりから、なにやら作風が難しくなってくる。挙句の果てに、あの単一楽章の交響曲第七番[111]とか、交響詩《タピオラ》[112]のような、ドイツやフランスやロシアの音楽に慣れた耳には容易に見通せない、異世界に行き着く。普通に聴いたらとても難しい。でもあれらこそがフィンランド的ということになるわけで。

　でも、おそらく一般のクラシック・ファンが今もよく親しんでいるのは、交響曲は第一番と第二番、あとは《フィンランディア》とヴァイオリン協奏曲でしょう。これらはみんな初期の〝ドイツ的音楽〟なんですね。本領を発揮したものはいつも聴かれる国際的レパートリーというのとはちょっと違う。

岡田　国民楽派が抱えている根本矛盾を示すエピソードですね。私は難解なシベリウスの交響曲第四番など、ものすごい傑作だと思いますが、しかし難解です（笑）。ちなみに私は最近、シベリウスこそ二〇世紀最大のシンフォニストで、マーラーより上かもしれないと思っているんですよ。以前に「イギリス人はシベリウスが大好きで、だからドイツではシベリウスはバカにされている」という話をしましたが、イギリス人が好きだからという理由で彼をバカにしちゃいけない（笑）。例えば第五番など、全楽合奏のドミソで「ジャン！」できちんと終わって、しかし聴き手を恥ずかしい気持ちにさせない、二〇世紀唯一の交響曲だとすら思います。それに第四番と違って聴きどころが少しはあるし。でもまあ全体としてこれも難解ですが。

　ところで、シベリウスにドイツの影響があるという話で思い出されるのは、国民楽派の人たちが留学する先の多くがドイツ、特にライプツィヒ音楽院だったことです。シベリウスはベルリンとウィーンで学びましたが、北欧ではエドヴァルド・グリーグ[113]がライプツィヒです。

片山　日本からは瀧廉太郎。ほとんど授業に出ないまま、結核を発症して帰国しますけれど。たしかに瀧廉太郎もライプツィヒです。齋藤秀雄[114]や山本直忠[115]もライプツィヒでしょう。

岡田　いうまでもなくライプツィヒはバッハの聖地。そしてメンデルスゾーンやシューマンが、この聖地の教育機関としてライプツィヒ音楽院を作った。パリ音楽院につぐ実質的に世界で二番目の音楽学校といっていいと思いますが、これはルター派による「世界音楽バッハ化プロジェクト」の牙城として意図されていたのかもしれない、いや、そうだっただろう（笑）。

　ちなみに日本も朝鮮を植民地にしましたが、韓国の作曲家に安益泰《アン・イクテ》[116]という人がいましたね。現在の韓国国歌の作曲者です。

111　一九二四年初演。シベリウス最後の交響曲。演奏時間は約二〇分。
112　一九二六年初演。シベリウス最後の交響詩。題はフィンランドの森の神から。
113　ノルウェーの作曲家（一八四三〜一九〇七）。代表作に《ピアノ協奏曲》、劇音楽《ペール・ギュント》など。
114　日本のチェロ奏者、指揮者、音楽教育者（一九〇二〜一九七四）。名著『指揮法教程』のほか、桐朋学園の音楽学科の開設・充実に尽力。小澤征爾ほか、多くの音楽家を育てた。
115　日本の作曲家、指揮者（一九〇四〜一九六五）。ライプツィヒ国立音楽院で齋藤秀雄と共に学ぶ。長男は山本直純。
116　朝鮮半島出身の作曲家（一九〇六〜一九六五）。代表作《韓国幻想曲》の一部が、現在の韓国国歌となっている。

片山　ウィーンへ留学して、アジア人で唯一、リヒャルト・シュトラウスに学んだ人ですね。

岡田　そうです。あの人が書いたリヒャルト・シュトラウス伝がむかし音楽之友社から出ていて、僕はすごく好きだったんですが、彼は東京高等音楽学院（現在の国立音楽大学）で勉強していますよね。

片山　満洲国建国一〇周年を記念して祝賀曲を作曲した過去が明らかになったために、近年は韓国社会で親日派として糾弾されています。

もっとも、本人は一九三〇年には日本からアメリカに渡り、その後ウィーンに留学して、そのままヨーロッパで活動しています。戦後はスペイン国籍を取得してそのままスペインで亡くなっている。

岡田　それだけに、作曲家を民族で切り分けて、単に国家自立のシンボルみたいな話にしてしまっては、本質が見えなくなってしまうような気がします。それに二〇世紀以後の国境でもって、「この人はこの国の人」と考えちゃいけない。今のハンガリーも北イタリアもチェコもポーランド南部もウクライナ西部も、全部一九世紀にはハプスブルク帝国だったんだから、ドヴォルザークもスメタナもリストもヴェルディも、いや、バルトークすらもオーストリアの作曲家だったとすら言える。この広大な支配地域が背後に控えていたからこその「音楽の都ウィーン」だったわけで。

片山　だから、国民楽派なる名称は、ある程度正しいのでしょうけど、支配される側の支配する側への承認欲求のような要素と自立したい要素が分け隔てしにくくつながるところがあって、とても難しい。本人は自立したいつもりでも、結局、素材は民族のオリジナルでも語り口というか音楽語法が支配する側とかなり同じなので、支配する側は支配される側のエキゾチシズムを楽しんで、植民地観光写真音楽になってしまう。

岡田　承認欲求が国民楽派の本質なのかもしれない。つくづくクラシック音楽とは帝国主義的だ（笑）。

フランスの民族派？

片山　ところで、これは音楽史ではあまり一般的に言わないけど、あのフランスにすら、「フランス民族派」みたいなものがあると思うんですね。

岡田　ああ、エルネスト・ショーソン[117]、セザール・フランク[118]、ヴァンサン・ダンディ[119]などでしょう？　普仏戦争[120]でまさかの完敗を喫し、それまで自分たちが世界一の強国だと疑わなかったフランスが、アイデンティティ・クライシスに陥った。そこで敗戦で意気消沈したフランスを鼓舞し

117　フランスの作曲家（一八五五〜一八九九）。代表作に、ヴァイオリンと管弦楽のための《詩曲》など。
118　ベルギー出身の作曲家（一八二二〜一八九〇）。循環形式による重厚な《交響曲 ニ短調》を作った。
119　フランスの作曲家（一八五一〜一九三一）。代表作に《フランスの山人の歌による交響曲》など。
120　フランスとプロイセンの間で起きた戦争（一八七〇〜一八七一）。プロイセンが勝利し、フランス第二帝政は終焉。

ようと、カミーユ・サン＝サーンス[121]が国民音楽協会を設立しました。それまで声楽や器楽曲が多かったのを、ドイツ的な大管弦楽曲ばかりみなに発表させ、サン＝サーンス自身も例の超大作、交響曲第三番《オルガン付き》[122]を発表しています。これまでみたいにサロン・ピアノ曲やグランド・オペラでちゃらちゃらしていてはダメだ、ドイツに学ばないといけないという意識があったわけでしょう。

片山　ダンディの《フランスの山人の歌による交響曲》[123]なども典型例でしょう。ダンディは、フランスの民謡を使うことを弟子たちにさかんに奨励したわけですし。フランクに傾倒したフランキストの系統になる、ルーセル、マニャール、カントルーブ、ロパルツ、ルクー……みんな、その影響を受けていますよ。

岡田　そしてドビュッシーになって再び反動が来る。「ドイツ的ワーグナー的なものから脱し、純粋にフランス的なものへ帰れ」と保守反動化する。ある意味でドビュッシーは、「フランスならではの洒脱な印象派」なんて一般イメージとまったく違う。あれはフランス愛国右翼のおっさんです。実際第一次世界大戦中はそういう発言をしまくりましたし。

片山　そうですね。ドビュッシーは、ワーグナーの影響を強く受けながらも、何とかそれと距離を取って、歌劇《ペレアスとメリザンド》[124]みたいな音楽を産みだした。ある時期から、フランスの音楽家として、自分がかなりいけてると思っていたみたいですよね。

でも、これは岡田さんのほうがご専門ですが、リヒャルト・シュトラウスが《ペレアスとメリザンド》を聴いたとき、「これは《パルシファル》じゃないか」って言ったんでしたっけ？

岡田　「これはしゃべっているだけで、音楽ではありません」と言ったんですね。

片山　そのドビュッシーが、「普仏戦争のときは、ドイツにはワーグナーがいた。第一次世界大戦の今は、リヒャルト・シュトラウスしかいない」と言ったんでしょう。だから今度の戦争は、自分のいるフランスが勝つんだと。各国のナショナリズムと各国の音楽が一体的に認識されている好例ですね。

3. ワーグナーのどこがすごいのか

ワーグナーの「三時間文化」

岡田　さて、ワーグナーです（苦笑）。「音楽の父」バッハ、「クラシック株式会社の創業者」ベートーヴェンとくれば、「ロマン派のブラックホール」としてのワーグナーを避けるわけにはいかない。片山さんはまさかワーグナー信者じゃないと思うし、僕も違いますが、バッハ、そして

121　フランス近代を代表する作曲家（一八三五〜一九二一）。代表作に組曲《動物の謝肉祭》など。
122　一八八六年初演。本曲の成功で、彼は「フランスのベートーヴェン」と讃えられた。
123　一八八七年初演。ピアノ入り管弦楽曲だが、ピアノ独奏部分が多い。
124　一九〇二年初演。メーテルリンクの戯曲をほぼそのまま音楽化。ドビュッシーの代表作の一つ。

ベートーヴェンに対抗できるロマン派作曲家は、彼以外にいないでしょう。

片山　そのとおりだと思います。

岡田　ワーグナーにはロマン派のありとあらゆる要素が総合されている。ブラックホールのようにすべてを呑み込む。そしてそこから以後の諸潮流のすべてが再び分岐していく。しかも彼の作品は、音楽を超えた思想的な影響をもった。たとえば《ニーベルングの指環》は、精神史的に見たとき、カール・マルクス[125]の『資本論』[126]と並ぶ一九世紀の金字塔だ。そして彼の影響は、文学はもちろん、映画やアニメにまで及んでいる。ネット検索で「ブリュンヒルデ」とか「トリスタン」など、ワーグナーの舞台作品の人物名を打ち込むと、真っ先にアニメのキャラが出てくるんですから。

片山　確かにワーグナーの存在はあまりにも大きい。どこから話題にしたらよいか、困りますね。

岡田　まずはあの「長さ」から話しましょうか。ワーグナーといえば、とにかく長い。ショパンがたった三分間で女性の心を摑むとしたら、ほぼ同世代のワーグナーは真逆を行きます。《パルシファル》が四時間超、《ニュルンベルクのマイスタージンガー》[127]が五時間弱、そして《ニーベルングの指環》四部作にいたっては四夜計一五時間にわたって演奏されます。しかも休憩時間抜きでこれ。比較的小ぶりの《タンホイザー》でさえ、三時間超だから。ほとんど宗教儀式の世界です。洗脳イニシエーションですね。

片山　江戸の歌舞伎の通し狂言と比べればけっして長くないとも言えますが、オペラは個人によって通して隅々まで作曲されているのですからね。隙なくその長さというのはね。

岡田　ちなみにコアなクラシック通には、「長いものこそ本格的だ」と思う心性がありますよね。これもワーグナー神格化の原動力だったのかな。

片山　ありますね。小品は位が低いと思いたがる。そういう選好がある。

岡田　「ショパンはしょせん小品の人だ」みたいな発想ね。しかしそもそも、「三分間」と「三時間」を同じロマン派という概念で一括りにしても良いのでしょうか？

片山　これは難しい質問ですね。でも私は、これらロマン派の音楽を「揺れ動く」という観点から考えれば、両者はやはり「同根」だと言ってもよいのではないかと思います。

長らくヨーロッパを支配していたキリスト教文化が崩れていくプロセスの中で、階級の崩壊や流動化が起きる。そうなると、ある種の不安とか刹那主義のような感情がどんどん表に出て、人間の感情が揺れ動くようになる。すでにモーツァルトの音楽などに、そういう不安定な人間の感情があらわれていると思います。ベートーヴェンは、その揺れ動きの中で新しい形をつくろうとして、かなり乱暴なことをやって「ベートーヴェン株式会社」を設立し、大成功して「松下幸之助」になった。

ところが、さっきから話しているように、市民社会、労働者社会になると、「愛」によるカム

125　プロイセン出身の経済学者（一八一八～一八八三）。エンゲルスと共に科学的社会主義を確立した。
126　一八六七年以降、断続的に刊行。マルクス没後はエンゲルスが遺稿を整理して刊行を続けた。
127　一八六八年初演。ワーグナーが作曲した、ほぼ唯一の喜劇的な明るい楽劇。中世の、職人親方たちの歌合戦が題材。

フラージュが必要になってきた。すると、男女の感情が一致したと思ったらすぐ喧嘩して別れるとか、賛成したと思ったら反対したりみたいなことの連続で、「愛」はずっと揺れ動いている。オペラのストーリーも、だいたいその類じゃないですか。

岡田　「三分」と「三時間」、アフォリスムと超長篇小説は、同じロマン派の裏表ですね。そして根っこには近代人の不安がある、ってことかな。

片山　でも、「揺れ動く」ことは、人間としての重要な感情なんだけれど、やっぱりずっと揺れ動いていると、くたびれるんですよ。その果ては、死に至るしかない。

そこで今度は、感情をなだめるというか、ごまかす何かが必要になる。あとでまた「揺れ動く」ことになるにしても、とりあえず、一時的な安静を得て、安らぎの中から、また始めてほしい。この揺れ動きと安静の往還を音楽で表現したのがワーグナーの「三時間文化」ではないでしょうか。で、もう一時的な安らぎだけでいいじゃないのというのが、ショパンの「三分間文化」。

岡田　全面同意です。

ワーグナーとエクスタシー

片山　交響曲には、必ずテンポの遅い楽章がある。ピアノ・ソナタも交響曲も、全楽章がアレグロの曲なんて、まあほとんどないわけであって、必ず鎮静して、そこである種の落ち着いた感情を味わうようにできている。しかし、それでもまだ満足できないから、再び揺れ動きを求めて、徐々に高まる。

で、その高まりというのが、まさに性的なものと限りなく似ているわけで……揺れ動きの果てにエクスタシーに達して、ちょっと疲れたので三分間ほど寝っ転がって夢想して、また始めて、終わったみたいな……えらく下世話な話になっちゃいましたが、四楽章の交響曲なんて、だいたいそんなものではないでしょうか。

岡田 たしかに(笑)。揺れ動いて、一息入れる。その繰り返しですよね。あれは性的なもの以外の何物でもないでしょう。実際ワーグナーの音楽は当時、子供には絶対に聞かせてはいけないものだと思われていた。親がワーグナーを禁止するせいでどんどん興味が湧いて、図書館でワーグナーの楽譜を借りてきて、で、親に知られないように夢中になってそれを読んだ(ピアノで弾いてみた)なんて逸話が、あの時代に育った音楽家の自伝にしょっちゅう出てきます。リヒャルト・シュトラウスもブルーノ・ワルター[128]もウラディミール・ホロヴィッツ[129]もアルトゥール・ルービンシュタイン[130]も。要するに親に隠れてエロ本を読む少年です。ワーグナーの楽譜をエロ本代わりにするなんて、ものすごい文化レベルだとも思うけど(笑)。

片山 ただ、ワーグナーの楽劇のすごいところは、もちろん途中で休憩はあるんだけれども、それでも一定の「持続」を保ちながら、ひたすら愛のエクスタシーに向かい続ける。楽劇《トリス

128 ドイツ出身の指揮者(一八七六～一九六二)。マーラーの死後、彼の交響曲第九番や《大地の歌》を初演した。
129 ウクライナ出身で、アメリカで活躍したピアニスト(一九〇三～一九八九)。圧倒的なテクニックを誇った。
130 ポーランド出身で、アメリカで活躍したピアニスト(一八八七～一九八二)。特にショパンの名演で知られる。

タンとイゾルデ》[131]が典型ですね。

高次の段階へ至る長い「持続」を神聖化するのは、まさに教会で長時間、祈る行為の代替物です。ただし、素直に祈っているだけではいられない。起承転結があり、人生ゲームみたいに、いろいろなドラマを孕んでいる。

岡田　宗教なき時代にいかに宗教的恍惚を体験させるか。それがワーグナーだな。

片山　そして、この長い時間の中で、最終的には神に成り代わって全人性、トータルな一個の人間としての完成が目指されている。それがロマン派時代のブルジョワにとっての究極の目標というか価値だった。最初から最後まで山師のような、それこそ花登筐[132]のドラマみたいな感じで進むドラマも面白いけど、ブルジョワ的な価値に照らせばそれは下品な生き方で、やはり、神に成り代わるようにして人間性の完成を目指していく姿が求められた。

岡田　山師まがいになるのは、宗教なき時代の宗教者の宿命ですね。

片山　このような「長い」「持続」を神聖化する時代にあって、三分の小品というのは、やっぱり一時の慰みものに過ぎない。三〇分以上の交響曲、四五分のシューベルトのピアノ・ソナタ、そして最低三時間のオペラ。これらに接しないと「神聖化」に接したような気になれないのではないですかね。

たとえばイタリア・オペラのロッシーニやヴェルディにも長い作品はありますが、これらはワーグナーとは違って「持続」を神聖化しなかった。歌舞伎のように、名場面や名アリアだけ聴いたって、別に構わない。だから気が楽だった。途中で抜けても良いから、とにかく一晩、家族や仲間と連れ立って、歌劇場で社交して、終演後はレストランで朝まで飲み食いしましょうみたいな、そういう、一泊二日団体旅行みたいな感じだった。

岡田　オペラはもともと「芸術鑑賞」というより社交場です。食事しながら観劇して、お友達とだべって、見どころだけオペラグラスを片手に舞台を見る。昔の歌舞伎みたいに。

片山　これに対し、「神聖化」を目指すワーグナーは、まわりにレストランなどない辺鄙な田舎にバイロイト祝祭劇場[133]を建てた。修道院に閉じ込めるような感じで観客を狭い客席に詰め込み、身動きできない状態にして、自分の楽劇を延々と聴かせた。

バイロイトの客席には、通路が少ない。一回奥に入ったら、途中で出ていく可能性を封じている。《ニーベルングの指環》に来た以上、四夜、聴かないことには、このバイロイトからは帰さないぞ、みたいな、そういう世界をつくって、ある種の「運命共同体」……いや、「信仰共同体」の現代版をつくった。これを経験してこそ、全人的完成、トータリティに達するんだとでもいうような。オペラ座のような社交のためのロビーなんてものもないから、とにかく終わりまでちゃんと音楽を聴くしかない。

131　一八六五年初演。古代トリスタン伝説が題材で、切れ目のないような旋律と和音が延々と続く独特な音楽。
132　日本の人気脚本家（一九二八〜一九八三）。代表作に『細うで繁盛記』など。金儲けを通した人間成長物語が多い。
133　一八七六年完成の木造歌劇場。ワーグナーが、自作《ニーベルングの指環》を上演するために、ルートヴィヒ二世の後援で建築した。いまでも毎年、音楽祭が開催されている。

これに対して、ショパンみたいな三分間の小品は、言ってみれば、教会で貰うメダイユ（メダル）みたいなものでしょう。マリア様とイエス・キリスト、あるいは幼子イエスの絵が描いてあって、アイドル写真みたいに拝む。こういうアイドル感覚が「三分間」だとすると、そうではなく、聖書を全部読みきったような全人的な完成、その疑似体験版として、「三時間」の大交響曲や、大ピアノ・ソナタの集中的鑑賞がある。

岡田　長い難しいものを最後まで読み通すのは、「立派なこと」なんですよ。ワーグナーはそういう教養主義イデオロギーにそのものずばりはまる。あれだけ長くてややこしいのに、あれだけ人気があるというのは、ワーグナーが教養主義者、つまりは俗物に「受ける」コツを知り抜いていたからだと思う。

ワーグナーとマイアベーアの違い

片山　こういう、全体性の完成に対する幻想は、ロマン派の特徴のひとつと言えるでしょう。ベートーヴェンの《第九》がそのモデルを提供し、ベルリオーズもワーグナーもなぞろうとした。ただ、ベルリオーズの場合は、《テ・デウム》[134]とか《レクイエム》とか、どれも群衆・民衆が集まって、みんな一緒になって鑑賞するみたいな感じがあるのに対して、ワーグナーの場合は、もちろん大劇場でみんな一緒に聴くのだけれど、舞台と観客が一対一のような感覚になるじゃないですか。

岡田　これも祈りの感覚だ。この世に存在するのは神と私だけ、みたいな。

片山　ああいう幻想を、ワーグナーは完成させた。これがロマン派の極致ですよね。暗い劇場の中で、何百人、何千人が一緒に聴くことに意味があるわけでもない。たぶんパトロンだったバイエルン王ルートヴィヒ二世[135]も、たった一人の観客としてワーグナーを聴いたつもりになって、ワグネリアンになっているわけでしょ。これが、偉大なる個人幻想の完成ですよ。

岡田　この世でたった一人、自分だけのためにワーグナーを上演させたら、自分が宇宙の支配者みたいな気分になるよね……。ちなみにルートヴィヒ二世といえば、彼が建てたバイエルン南部にあるノイシュヴァンシュタイン城[136]は、ワーグナー／白鳥幻想で有名ですが、実際に行ってみるとあまりの趣味の悪さに仰天します。あれはまるで国道沿いのお城の形をした安手のラブホテルだ。オタク趣味といってもいいし、アニオタ的といってもいいかもしれない。妙に現代のサブカルと波長が合っている。いずれにせよルートヴィヒ二世が元祖オタクだったことは間違いないでしょう。そしてこのことは、ワーグナーの音楽の中でロマンチック極まりない中世幻想が、呆れるほかない安っぽさと結びついていることとパラレルだと、僕には思える。

片山　ところでパリで超大作グランド・オペラを次々と発表し、大スターとなったジャコモ・マ

134　一八四八年初演の宗教音楽。数百名の合唱と大管弦楽団を要する。ハープは一〇台以上必要。
135　芸術支援や城の建設に巨額の国費を注ぎ込み、「狂王」と呼ばれた（一八四五〜一八八六）。
136　二〇年以上かけて建設されたがルートヴィヒの死により未完となった白亜の城館。

イアベーア[137]も、「長さ」で言えばワーグナーに引けを取りません。しかし、これもロッシーニやヴェルディと同じで、必ずしも全幕全場を聴く必要はない。途中の一幕だけ聴いてもマイアベーア。最後の一場だけ聴いてもマイアベーア。バレエの挟まるところだけ観てもマイアベーアだ。むろん、作曲家よりも歌手や踊り子目当ての人が多い。歌舞伎で、鶴屋南北や河竹黙阿弥目当てよりも、市川團十郎や尾上菊五郎目当てで来るのが自然な観客の態度というのと同じだ。マイアベーアの愛され方はそういうものでしょう。本命は必ずしもマイアベーアではない。オペラやバレエの作曲家とは元来がそういうもので。

岡田　マイアベーアをワーグナーは散々悪く言った。自分の最大のパクリネタだったうしろめたさゆえでしょう。

片山　しかし、《トリスタンとイゾルデ》の「愛の死」だけを聴いて、「いやあ、今日の《トリスタン》はよかった」とか言ったら、「おまえ、バカか」って怒られるでしょう。ドビュッシーの《ペレアスとメリザンド》などもそうですよね。とにかく全部、聴いてないとダメ。ああいう音楽に最後まで耐えられ理解しきる人間こそが上物という価値観なくして、あの規模と作り方は成り立たない。オペラのアリアの聴かせどころだけで喜んでいるひとはダメであるかのような。

岡田　典型的なエセ教養主義ね。

片山　こうして、ロマン派時代の教養人の序列が、「三時間文化」と「三分間文化」に分かれて、でき上がっていった。

岡田　大作と小品の中間にある作品も大事だという考え方もあってもいいはずだけど、物事を二項対立で捉えて、両極端にどんどん分解、分裂していく。一方で総合に行き、他方で断片へ行く。ヘルダーリンとヘーゲル、あるいはショパンとワーグナー。

片山　そのような二項対立の秩序の幻想は、ロマン派の文化・芸術のあらゆる分野で顕著になったけど、小説は誰もが読むことのできる媒体ではなかったから、やっぱり耳からストレートに入ってくる音楽がいちばん強力だった。もちろん美術だってストレートだけれども、美術には、時間性がない。止まった絵で表現するしかない。映画も出てきましたが、当初は音がなかった。ロマン派の時代は、音楽がほかの分野の芸術よりも力を持つという構図が確立した時代でした。現代においては、映画やテレビが普及して、さらにはゲームやネットなどに、音楽が従属しているかのようですが、一九世紀から二〇世紀の頭にかけて、音楽が天下を支配していたような時期があったんです。

SPからLPへ

片山　しかし、岡田さんがご著書『「クラシック音楽」はいつ終わったのか？』[138]のなかで述べているように、二〇世紀初頭の第一次世界大戦の時期にターニング・ポイントがやってくる。あの

137　パリで活躍したドイツ人作曲家（一七九一～一八六四）。代表作に《ユグノー教徒》《エジプトの十字軍》など。
138　二〇一〇年、人文書院刊。

頃から、映画や放送文化が一気に台頭して覇権を握り、クラシック音楽のそれまでのフォーマットがいい形で機能しなくなっていく。

またマイアベーアの話になりますが、彼のアリアなどは、SP時代になっても、驚くほど録音されていました。

岡田 SPレコードが実用化されるのは第一次世界大戦直前くらいで、一番よく売れたのは、イタリアの伝説のテノール、エンリコ・カルーソー[139]のオペラ・アリアとかイタリア民謡。アメリカではジョン・フィリップ・スーザ[140]の行進曲とかも大ヒットした。意外とオペラのアリアってポップス感覚で聴かれてたんですよね。もちろんマイアベーアのアリアとかも大量に録音されている。トーマス・マン[141]の長篇小説『ブッデンブローク家の人々[142]』に、音楽に天才的な才能を見せる少年を見て、あまり教養のなさそうな叔母が、「『この子は天才だわ！　モーツァルトみたいな、マイアベーアみたいな、そして……』と叫んだ、しかし彼女は続きが言えなかった」という一節が出てきます。要するにあの時代、マイアベーアは「誰でも知っている名前」だった。

片山 二〇世紀の頭まで、マイアベーアは、パリを代表するスーパースター作曲家でした。ところが、SPからLPへ移行するにつれ、いつの間にかマイアベーアはいなくなってしまった。オペラ歌手の声を抜粋アリアでたくさん聴くのも主流ではなくなってしまった。

おそらく二〇世紀の冒頭から前半くらいまでは、先ほど岡田さんがおっしゃったような、二項対立の「負け組」となった軽薄短小の残滓が、まだかなり残っていたのではないでしょうか。オペラのアリア、ヴァイオリン小品、ピアノ小品などが、SPレコードの片面三分、両面六分の世界と結びついて、今のシンフォニーやオペラ全曲などよりも、はるかに多くの人に聴かれていました。

岡田　第一次世界大戦後の一九二〇年代から、さらに爆発的にSPの売り上げがのびる。でも徐々に主力はアメリカのポピュラー音楽になっていった。軽薄短小ならアメリカ・ポップス、というわけです。他方、四〇分もかかる長大交響曲なんて、SPで何十枚も要るから、面倒だしあまり売れなかっただろう。交響曲をレコード一枚で聴けるようになるのは、LPになってからです。一九五〇年代から普及するLPは、交響曲をお手軽に聴けるようにした。その代わりに、軽薄短小セミ・クラシック・レパートリーは、完全に絶滅したともいえる。

片山　軽薄短小のものが、二〇世紀の後半になると完全に負けて消えていった。もちろん実質的には二〇世紀の前半で負けていたのだけれども、残滓形態として残っていたものすらも消えていった。やはり、そのおおもとの原因を辿っていけば、先にも触れた通り、一九世紀後半の普仏戦争でしょう。ドイツが勝ってドイツ帝国ができたことによって、それまで均衡していたかのように見えていたバランスが一遍に崩れた。そして、前倒し的に、それまで流行っていたフランス的な音楽までもが無価値みたいになった。

139　イタリアのテノール歌手（一八七三〜一九二一）。レコード録音初期の大スター。
140　アメリカの作曲家、軍楽隊長（一八五四〜一九三二）。《星条旗よ永遠なれ》など多くの行進曲を作曲した。
141　ドイツのノーベル文学賞受賞作家（一八七五〜一九五五）。代表作に『魔の山』『ヴェニスに死す』など。
142　一九〇一年発表。マン自身の一族をモデルに四代を描く大河小説。

岡田　フランス音楽界を「ドイツみたいな強そうな、長大な音楽をつくるんだ。それでなければ一等国ではない」みたいな男性中心的というか、帝国主義的なイデオロギーが覆い始めた。ベルギー出身だけど、フランクの交響詩《呪われた狩人》[143]や《交響曲 ニ短調》[144]なども、みんな普仏戦争以降に生まれた「重厚曲」です。

片山　ドイツの圧倒的な勝利によって、ゲルマン的な「三時間文化」が目立つようになった。このころ、まだワーグナーは生きていて、勝利の美酒に酔っていたわけです。

ちなみに、明治日本がクラシック音楽を受容する際も、このような時代の影響を受けて、重厚長大が重んじられるようになった。ところが、ワーグナーの《トリスタンとイゾルデ》がいくら有名だといったって、当時は日本人の中にワーグナーがどういう音楽なのか実際に知っている人はほとんどいなかった。何しろ日本初演が一九六三年のベルリン・ドイツ・オペラによる日生劇場柿落とし公演ですから。実際にヨーロッパの劇場で見た人なんてほんの少ししかいないし、ましてやSPレコードで全曲録音はたいへんだ。では明治・大正の日本のワグネリアンは何を知っていたのか。台本ですよね。まずは文学として受容した。

岡田　逆に言えば、LPの登場とともに、交響曲はおろか、ワーグナー全曲まで「お手軽に」録音することができるようになり始めるんだよね。「長大」が録音業界のトレンドになり始める。一九五〇年代終わりあたりからかな。イギリスのデッカの名物プロデューサーだったジョン・カルショー[145]企画による、ショルティ指揮の《ニーベルングの指環》全曲録音はそのクライマックスだった。一九五八年から録音が始まって、完成が一九六五年。一九枚組！　音質もいわゆるハイ・フィデリティ（ハイファイ）っていうんでしょうか、抜群によかった。当時は「クラシック・ファン」とは別のカテゴリーとして、「オーディオ・ファン」というのもかなりいて、そういう人たちにとっては必携のレコードだったかもしれない。

片山　それで思い出しましたが、西洋クラシック以前、日本の一般庶民の音楽文化といえば、お座敷の小唄・端唄あたりでしょう。これらも、だいたいSPレコードの片面、長い曲でも両面でちょうどいい、まさに三分間文化の一種でしたね。もちろん、「勝利」したドイツ系の西洋クラシックに駆逐されてしまうわけですが。

岡田　そうですね。

片山　まさにあれこそ小品の世界。これに対し、長唄とか義太夫は、とにかく長い。やっぱりそれは小屋（劇場）で聴くにふさわしかった。ただしグランド・オペラと同じで、最初から最後まで全部を、がんばって聴いていなくてもよかった。途中で「ちょっと外に食べに行こうか」みたいな感じで出かけ、帰ってきたら、まだやっているみたいな。あれが歌舞伎や文楽見物の原点でしょうね。マイアベーア的、グランド・オペラ的な世界です。

143　一八八三年初演。サン＝サーンス主宰の国民音楽協会で発表された。
144　一八八九年初演。循環形式で書かれ、「フランス人によるドイツ風の名曲」と称される。
145　イギリスの音楽プロデューサー（一九二四〜一九八〇）。ショルティやカラヤンら巨匠による名録音を多く残した。

ワーグナーのアンチグローバリズム

岡田　ところで、異様な長さを追求するワーグナーの心性は、要するに「全体性の探求」ってことですね。世界をまるごと描こうとする。これは分野を問わず、ロマン派の大きな特徴です。ドイツではヘーゲルやマルクス。一八六七年の『資本論』の第一巻刊行と一八七六年の《ニーベルングの指環》全曲の通し初演は、ほぼ同じ時代です。

文学に目を転じると、一九世紀フランスではバルザック以来の長篇小説の伝統がある。社会のあらゆる事柄をまるごと描きつくそうとする。これが「人間喜劇」と総称されるバルザックの連作小説群です。時代はだいぶあとになるけど、『失われた時を求めて』のプルースト、ドイツでは『魔の山』のトーマス・マンも長篇小説の極致。特にマンはワーグナー的陶酔を小説でやろうとしていたのかもしれない。

それはともかくとして、ワーグナーのこの重厚長大というのは、ひょっとすると近代市民社会独特のマッチョイズムと関係ないだろうかと思うことがあります。要するに、片山さんのいう「女・子ども用」の「軽薄短小」に対するアンチですね。

「マッチョなドイツ文化」に対する、「なよなよした軽薄短小フランス／イタリア文化」みたいな二項対立。パリで大成功したマイアベーアはフランス人ではなくベルリン出身のユダヤ人で、しかも裕福な銀行家の息子だった。ワーグナー的ゲルマン純血主義からすれば、金のためだったらなんでもするユダヤ系銀行家、みたいなイメージと簡単に結びついたでしょう。しかもマイアベーアのオペラは、三～四時間あるけど、全部聴く必要はない。聴きどころだけ聴けばいい。これだってワーグナー的な発想だと、「自分の音楽を資本として切り売りして利潤をあげている野郎」と見えたかもしれない。

片山　それこそワーグナーには国民楽派の始まりみたいな要素も、たぶんある。普仏戦争の前は、ヨーロッパの中心と言えばパリとロンドンで、ドイツなんて田舎だった。パリで成功するということは、全ヨーロッパでの成功を意味したわけです。だから、ワーグナーも最初はそれを目指して、パリのオペラ界の大ボス、マイアベーアに取り入ろうとして、「マイアベーア先生はすごい！」とか絶賛していた。ところが、うまくいかないとなると、パリ楽壇をユダヤ人と同一視して、差別的な言動をとるようになる。

彼の唯一の喜劇的というか、明るい作品、《ニュルンベルクのマイスタージンガー》にも、そのような傾向が読み取れます。あの作品には、職人としてモノづくりに徹し、地道に地方都市で一所懸命やっている人を礼賛しているような雰囲気がある。それに対し、書記みたいな事務職をどこかバカにしている。そこにユダヤ人を重ねているような面もある。

マイアベーアが牛耳っていた国際都市パリに対する反発みたいなものが、常にワーグナーの根底にはある。それは、当時のパリが象徴していたインターナショナリズムやグローバリズムに対する敵愾心とも言い換えられるかもしれません。最終的には、ルートヴィヒ二世をうまく騙して……とまではいわないけれど、お金をうまく引き出しながら、バイロイト祝祭劇場みたいな、ドメスティックなホールまで作ってしまった。バイロイトは地理的にも劇場構造的にも完全な「閉鎖空間」だったわけで、ワーグナーは見方によっては地域や民族に根差した国民楽派の一種ともいえましょう。

岡田　あらゆる宗教は「聖地」を作りたがる。

片山　ワーグナーが、マイアベーア的な、ただ延々と続いているだけのグランド・オペラとは違う、別の世界観を表出しようとしたのは間違いない。ヒトラーなどは、それがドイツ的なものだと思い込んで利用するわけですが、でも、ちゃんと彼の作品を通して観て聴くと、どうもそんな単純なものではないということがわかります。最後の《パルシファル》になると、もう、ドイツ的とか、そういうんじゃない、ほとんどインド思想直前です。キリスト教における救済思想を描いていると見せかけて、まるで東洋哲学ですよ。ワーグナーは、近代のグローバルなものとは一線を画し、東洋哲学に近い考え方で様々な問題を解決しようとした。敵を潰しにかかるというよりは、その先を描こうとした。このあたりが、『資本論』とも共通すると思いますが、これは、それまでのヨーロッパ的普遍からの脱却、反発としての国民楽派ではないでしょうか。

岡田　自分の作品を上演する聖地を、わざわざ交通の便の悪いところに作りたがるところまで含めて、ワーグナーはアンチグローバリストです。その標的はロンドンとパリ。インターナショナリズムとグローバリズムと資本主義。でもワーグナーくらい、自分の売り込みに熱心だった作曲家もそういなかっただろうけど（笑）。

片山　われわれが先ほど語った国民楽派の作曲家と決定的に違うのは、ワーグナーは中央に対して、すり寄らなかったことです。彼はむしろ、グローバリズムの中心であるパリの音楽界にすり寄るどころか、もう睥睨しちゃったような感じですよね。

岡田　そしてワーグナーは結局パリを征服しちゃったからなあ。ボードレール[146]とかフランス象徴派の詩人が強烈な影響を受けて、それがフランス世紀末文学の端緒となる。あのころのフランス文学はもうワーグナー抜きで考えられない。

片山　ワーグナーと普仏戦争によって、ドイツはフランスから覇権を奪い取った。ロシアのスクリャービンの最後のほうの作品などは、実はワーグナーを超える感じがかすかにあったかもしれませんが、覇権を奪うまでには至らなかった。スクリャービンの神秘的なヴィジョンはすごかったけれど、「作品」としてはワーグナーにかなり負けている。まとまっていない。ワーグナーの《ニーベルングの指環》は、四夜かけて正味一五時間かかるオペラなのに、まったく破綻していない。そこは類例がない。

ワーグナーのすごさ

岡田　ワーグナーのすごいところは、「全世界を見せてくれる」という点でしょうね。いわゆるセカイ系っていうのとは少し違うのかもしれないけど、現代のアニメや映画にものすごい影響を

146　フランスの詩人（一八二一～一八六七）。代表作に『悪の華』『パリの憂鬱』など。

与えた。ストーリーやキャラの立て方、クライマックスへの持っていき方、音楽の使い方などすべてにおいて、ワーグナー・モデルに依っているサブカルは、無数にある。

片山　ファンタジー文学の元祖のような要素がありますよね。『指輪物語』[147]や「ハリー・ポッター」シリーズ[148]みたいに、特にイギリス人が好む長い長い物語のように、世界観を定め、どこにどんな国があるか、どんなキャラがいるか、その全部を丁寧に組み立てて、長い物語を紡いでいく。特に《指環》四部作は、近現代の大ファンタジーの原点にして回帰点、もうクラシック（古典）でありカノン（正典）でしょう。

《指環》で、人物や感情ごとにライトモティーフと称するテーマ音楽があって、それらが渾然一体となって物語が進む。なにしろその数が多いので、ライトモティーフを覚えるばかりか、登場人物の相関図みたいなものがないと、よくわからない、そんなオペラをつくったのは、彼が初めてでしょう。歌があって歌詞があって、管弦楽があって、マイム的、舞踊的な要素もあって、〈ワルキューレの騎行〉[149]などという、スペース・オペラ的音楽まである。あの「スペース・オペラ」って、本来、SF小説で、壮大な宇宙空間で戦ったりする世界をあらわす言葉だけど、まるで、ワーグナーのオペラから来たんじゃないかと思いたくなるほどです。

岡田　スペース・オペラと言えば、映画『スター・ウォーズ』のジョン・ウィリアムズ[150]の音楽も重要だし、漫画家の松本零士[151]による『銀河鉄道９９９』もワーグナーそのものです。

片山　松本零士はワグネリアンでしたね。《指環》をSF漫画にしている。

岡田　〈ワルキューレの騎行〉を一躍有名にした、フランシス・フォード・コッポラ[152]の映画『地獄の黙示録』。そして同じコッポラによる『ゴッドファーザー』三部作。世界を支配しようとする一族の呪われた歴史を描く叙事性は、完全にワーグナー的世界です。

片山　そうですねえ。

岡田　ワーグナー世界の基本背景に「この世界は汚れている」というのがありますよね。だからやがて破滅せざるをえない、という設定になる。

片山　確かに天国的には物語は生まれない。

岡田　で、「愛」だけが破滅を救うという。シンプル極まりないメッセージです。恥ずかしくなるほど単純だ。しかしそれでもって、あの巨大な世界を創ってしまうんだから、やっぱりすごい……。

片山　ほら、我々のような卑小な人間は、子どものころ、漫画やアニメでヒーローやヒロインに憧れ、自己投影しながら見ていたでしょう、手に汗を握りながら。実はワーグナーって、ものの見事にそういう感覚を楽劇にしている。

岡田　だから、みんなはまっちゃうんですね。

147　イギリスのJ・R・R・トールキンによる全三部構成のファンタジー小説の名作。一九五四年より刊行開始。
148　イギリスのJ・K・ローリングによる全七部作のファンタジー小説。一九九七年より刊行開始。
149　楽劇《ワルキューレ》第三幕冒頭の有名部分。映画『地獄の黙示録』に使用され、さらに有名になった。
150　アメリカの作曲家（一九三二〜）。スピルバーグ監督作品を中心に多くの映画音楽を作曲している。
151　日本の漫画家（一九三八〜二〇二三）。『男おいどん』『宇宙戦艦ヤマト』など多くのヒット作を遺した。
152　アメリカの映画監督（一九三九〜）。父カーマインは作曲家で『ゴッドファーザー PARTⅡ』の作曲を担当。

片山　ヒーローはヘルデン・テノール[153]。なんかバカバカしくなってきました。

《指環》と『資本論』

岡田　ワーグナーで他に話しておきたいことはありますか。

片山　先ほどから時折、『資本論』の名前が何度か出ていますが、マルクスの革命の図式にはワーグナー作品との共通項がある。いくらブルジョワにいい人がいても、基本的には金にまみれて、汚れているという世界観です。彼らに浄化能力なんてない。だからこそ、プロレタリアートがある種の階級意識に目覚める。この階級意識は特権的階級意識で、一種の人類愛につながりうる。ブルジョワは自己愛にとどまるが、プロレタリアートはそうでない。そういうものに目覚めた人間が、最終的にユートピアをつくるのだとの思想を説いた。ワーグナーのパリ批判、マイアベーア批判、手に汗しないユダヤ資本家批判は、資本主義批判に集約できるし、特に《指環》の壮大なストーリーはそう絵解きできる。

両者の共通項に気づいて、そのまま舞台化したのが、バイロイト音楽祭の歴史に残る、一九七六年のパトリス・シェロー[154]の演出ですよね。彼は、《指環》を産業革命当時の人間社会に置き換え、最後に、ブルジョワの神々を、プロレタリアートの労働者たちが滅ぼすことにした。

岡田　そう言えば、マルクスの『資本論』の刊行も、《指環》なみに時間がかかっているんですよね。

片山　一八五〇年ころから下書きを書き始めたが未完に終わり、最終巻の刊行はマルクスの死後の一八九四年です。

岡田　この点でも《指環》と似ている。ワーグナーが最初に構想を始めたのが一八四八年、全曲初演が一八七六年です。先にも触れた通り、これは『資本論』の第一巻が出たのとほぼ同じタイミングです。ワーグナーが《指環》を書いていた時期、マルクスが『資本論』を書いていた。その間、一八七一年には、普仏戦争でドイツが勝って、ドイツ帝国が誕生しています。恐るべし、ドイツ帝国。まあマルクスはユダヤ人でしたが。

片山　そうですね。そういえば、こんな余談があります。先ほども出たように、マルクスの『資本論』は未完です。生前に出版されたのは、第一巻のみで、残りの第二巻、第三巻は、膨大な草稿のみが残された。最終的に、これをエンゲルスがまとめて編纂し、刊行するわけです。ところが、そこへ至るまでに、この草稿は、遺族や関係者のもとを巡り巡って、ヨーロッパ各地を彷徨するのです。その過程自体がものすごいドラマでして、マルクス主義者のカウツキーは、こんなことを言っています――「もしワーグナーが生きていたら、この遺稿をめぐるドラマをもとに、《ニーベルングの指環》とおなじようなもうひとつの作品を生んだだろう」と。

岡田　なるほど。『資本論』遺稿も、《指環》の《ラインの黄金》と同じように、あちこちさ迷っ

153　ワーグナー作品の主役を歌う力強い声の男声テノールを指す。ジークフリート役が典型。
154　フランスの演出家、映画監督（一九四四〜二〇一三）。映画『王妃マルゴ』なども有名。

たというわけですね。

ワーグナーとYouTube

岡田　ところで実は私、コロナ禍で巣ごもりしているうちに、少々ワグネリアンになっちゃいまして。

片山　んっ！　そうなんですか。

岡田　今までは、敬して遠ざけていたんですよ。ところが最近は、寝ても覚めても《トリスタンとイゾルデ》のあらゆる録音を片っ端から聴いているんです。それもYouTubeで。イタリアの伝説の名指揮者ヴィクトール・デ・サバタの[155]《トリスタンとイゾルデ》ライブの海賊録音とか。

片山　ああ、なるほど。

岡田　YouTubeはワーグナー鑑賞に向いたツールですよ（笑）。毎日一五分だけ、歌詞とスコアをそばに置いて、気になる箇所があったら歌詞や楽器法やらを確認する。マルセル・プルースト[156]の『失われた時を求めて』を、毎晩、寝る前に三〇分読む感覚です。こういう「長篇小説の読み方」に、ワーグナーはものすごく向いている。劇場では絶対に不可能なワーグナー鑑賞の方法です。

片山　それって、グレン・グールドに通じませんか。彼は、ある時期から、コンサートホールでの生演奏を拒否して、完全にスタジオ録音の世界に閉じこもった。彼にいわせれば、ホールで一回こっきりのつもりで演奏したり聴いたりしたって、何がどれほど伝わるのかということですよね。ただでさえ、みんな居眠りしているのに。だったら、家のなかで、一人で、台本やスコアとにらめっこしながら、繰り返し繰り返し聴いて、比較しながら、深めていくほうが、はるかに……。

岡田 深く理解できる。

片山 辺境のバイロイトまで行って、「もうくたびれた。眠い」とか言いつつ、「でも、ここまで来たんだから、がんばって聴くぞ」とか――そういうのは生産的じゃないですよね。

でもワグネリアンは、生産性よりも、むしろ気合で聴く方が好きかもしれません。むかしから、ワーグナーが好きだという人は、中学・高校でも、大学でも必ずいましたが、そんなタイプが多かったような気がします。

岡田 そういうワグネリアンについて、どう思われていましたか。

片山 う〜ん、それは立派な人だなと思ったりしましたけど、ワーグナーの世界に溺れきっていて、了見の狭い閉鎖的な、自己完結した世界にいる、新興宗教の信者みたいなイメージでしたね。バッハ好きにも、どこか似たようなものを感じていました。

岡田 わが意を得たり。ちなみにワーグナーは、第一章でも言いましたが、バッハが活躍したラ

155 イタリアの指揮者（一八九二〜一九六七）。ミラノ・スカラ座の音楽監督。《トリスタンとイゾルデ》が十八番。

156 フランスの作家（一八七一〜一九二二）。代表作である『失われた時を求めて』は全七編構成の大作で、「最も長い小説」としてギネス世界記録で認定されている。

イプツィヒで生まれている。ここはゴリゴリのプロテスタント・ルター派の牙城。一八世紀のライプツィヒはバッハを、一九世紀はワーグナーを生んだ。そして二人とも巨大な救済の物語をつくった。バッハは《マタイ受難曲》を、ワーグナーは《指環》や《トリスタンとイゾルデ》を。そしてどちらもげんなりするほど長大。しかし最後までつきあうと、もう他の音楽は聴けなくなるほどの、ものすごい宗教的エクスタシーをもたらす。つまり信者にしてしまう。

ワーグナーのことを「一九世紀のバッハ」とか、さらにいえば、スター・ウォーズ・シリーズのアンチヒーローであるダース・ベイダーに倣って、「ダークサイドに堕ちたバッハ」と呼んでもいい（笑）。彼には無間快楽地獄に堕ちた僧のようなところがある。毎日自分で自分を鞭打って懺悔するんだけど、でも快楽の誘惑に負ける。《タンホイザー》とか《パルシファル》なんてあからさまにそういう話ですしね。音楽構造的にいえば、恐ろしく退屈で禁欲的なところと、観客を快楽甘美にひきずりこまずにはおかない圧倒的な箇所が交互する。

片山　なるほど。

岡田　私はモーツァルトおよびリヒャルト・シュトラウスと相性がよくて、バッハとワーグナーはダメなんですよね……。周知のようにモーツァルトはザルツブルク、リヒャルト・シュトラウスはミュンヘンの人。どっちも南部ドイツ・オーストリア圏におけるカトリックの牙城です。私はカトリック系進学校の出身ですから、これも関係しているのかもしれないなあ。対するにバッハにもワーグナーにも、なんだか延々と続く牧師の説法のようなものを感じてしまう。

片山　今度のコロナ禍においても、プロテスタント的な方は、この危機の時代をなんとか乗り切りましょう、皆さん、がんばりましょうみたいなことをすぐおっしゃるのですね。物凄く当たり前のように、挨拶の言葉のように言う。ハビトゥスなんですね。

岡田 そのあと、「愛が世界を救います」って話になったりして（笑）。

片山 そうなんです。まさにバッハかワーグナーなんです。

岡田 祈って信者になることを押し付けてくる感覚かな……（笑）。

ポスト・ワーグナーの戦略

岡田 やっぱりワーグナーの話は時間がかかるなあ（笑）。さすがにそろそろ打ち切りにして、ワーグナー以降の話に移りましょうか。ポスト・ワーグナーの時代のロマン派、後期ロマン派についてです。

片山 基本的には、ベルリオーズと同様、拡大再生産の方向に向かったと考えてよいのではないでしょうか。

岡田 ポスト・ワーグナー時代の大きな特徴は、オーケストレーションの大規模化です。リヒャルト・シュトラウスとマーラーが典型ですね。男声合唱までが登場するブゾーニの奇怪なピアノ協奏曲、そして総譜で五三段にも達するというシェーンベルクの《グレの歌》[157]なんていう怪物的

157 一九一三年初演。十二音技法開拓以前の超大作。独唱五人、混声八部合唱など、巨大な編成を要する。

作品もある。

こういう誇大妄想的な方向へ進む傾向にありながら、その一方で、「どれだけ物理的に増強しても、ワーグナーのような音楽はもう書けない」みたいな感覚は、みんな持っていたと思うんです。では、どこで折り合いをつけるか。リヒャルト・シュトラウスは、「私はワーグナーという巨大な山に登ることをやめて、回り道しているだけだ」なんて、いかにも彼らしいクールなことを言っています。そもそも彼の作品は、《サロメ》でも、《エレクトラ》[158]でも、演奏時間は短い（笑）。

片山　どちらも管弦楽編成は巨大ですが、一幕もので、せいぜい一時間半くらいですよね。

岡田　「小さな資本で最大の利潤を」みたいな発想があったのかもしれない（笑）。いろいろな意味で彼は資本主義的な作曲家で、お金儲けが大好きで、自分の音楽を『商品』と考えていた。高額のギャラでアメリカに呼ばれ、百貨店でコンサートをやって、顰蹙をかったこともあった。ただし、彼の中にはアイロニカルな謙虚さがあったと思う。軽薄を装うことで、「私なんぞにワーグナーのようなことはできませんから……」という謙譲を密かに告白するような。

片山　先ほど触れたドビュッシーも、ワーグナーを本気で超克しようという気概というか、妄想というか、まあ、ほとんど自己陶酔のような、妙に自信家ぶって見せるような面があった。ところが、その自信家ぶって見せているのも、女性関係の中で、ただポーズを取っているだけ、小詐欺師的なところがあるような気がします。

結局、すべてを表現する「神話」的な創作活動の中で、なんとか形になったのは、小説であればバルザック、音楽であればワーグナー。もうそのあとは無理だとわかったので、以後は撤退戦か、玉砕戦にするしかない。そうなると、ビジネスに徹し、世界を背負うことをやめてしまうしかない。

岡田　まさにリヒャルト・シュトラウスは、「世界を背負う」ことをやめた。

片山　だから、時々《ばらの騎士》みたいな長いオペラをつくったけれど、世界観はせせこましいじゃないですか。貴族の浮気話と、青春の終焉を描いているわけで、別に「愛」が世界を救済するとか、そんな話じゃない。

岡田　シュトラウスは「オペラがヒットするには女性客の気持ちをつかまないといけない」と分かっていたし、そう口にもしていた。ロマン派音楽の最大の顧客はブルジョワ女子だという、すでに出た話題を裏書きするような話です。《ばらの騎士》は宝塚歌劇的世界です。実際宝塚でリメイクされている。

片山　ですよね。それをあれだけの大管弦楽でやるのはすごいとは思うけど。結局、どこかを捨てて、割り切ったわけですよね。

岡田　割り切らない限りワーグナーの影におしつぶされちゃう。マーラーは割り切りがどうしてもできなかった人だったけどね。どこまでも世界苦を背負おうとした。

片山　だから、ロマン派後期は、ワーグナー、バルザック、マルクスといった、すべてを見通せ

158　一九〇九年初演。ソポクレスのギリシア悲劇が原案。

た人間が神に成り代われると信じられていた、そんな時代が、ついに終わる時期だった。断絶があるという感じがしますね。まさに《神々の黄昏》[159]です。

岡田　ただ、シュトラウスやマーラーはもちろん、ドビュッシーやラヴェルすら、クライマックスでは相撲でいう「怒濤の寄り」をするんだよね。ドビュッシーのピアノ曲《喜びの島》[160]とか、ラヴェルなら《ボレロ》[161]とか。あの感覚はすごくワーグナー的だ。クライマックスに向かって、観客を押し倒すというか、浴びせ倒すというか。聴き手をエクスタシーの極みに連れて行く。ロシアでいえば、神秘主義者のスクリャービンもこの方向、つまり法悦境の音楽を目指しました。

「壊れて」いくロマン派

片山　ポスト・ワーグナーの作曲家であるマーラーの場合は、曲によっては、ものすごく盛り上がる。交響曲第八番《千人の交響曲》[162]でも、ある種の法悦境というか、まさにニーチェを楽天的に解釈するような、彼岸に行ってぶっ飛んじゃって、「これぞエクスタシーです」みたいな曲です。しかし、やっぱり全体としては、もうそういうのは茶番だなあ、とみんな感じ始めていた。あれは瞬間的な躁状態で、普段から《千人》みたいなことを考えている人は、そういるものではない。いくら時間と人数を費やしても、もうそういう時代ではなくなってきた。

そんな時代に、リヒャルト・シュトラウスは、せいぜい一時間半のオペラとか、三〇分の交響詩とかパッケージとして実によくできていたのに対し、マーラーは、やたらと巨大で長くなり、力尽き、くたびれ果てて、結局、肝心なところにはたどり着けずに、倒れて死にました……みたいな世界。なにしろワーグナーでやり尽くされたあとだけに、もう全部は表現できなくて、逆に、その試みが毎回、悲劇的に挫折するような形態でしか表現できないことに気づき始めた。曲をつくればつくるほど、自信を失って、くたびれていく。もう、いくら頑張って全体性や世界観を表現しようとしても、ワーグナーのようにパーフェクトにはできない。

ところが、ロマン派後期は、そこが魅力だということになってきたわけです。明らかに壊れているものを愛するようになってきた。

岡田 壊れていくときがいちばん美しい、みたいな感覚。

片山 きれいに取り繕って終わるリヒャルト・シュトラウス的な、「商品として完璧にしました。この大規模でも破綻していません。どうですか」じゃなくて、正直にさらけ出して、「いろいろやってみたんですが、やっぱりこういうふうに終わるしかないんです。すいません」みたいなほうが、面白くなってきた。たとえばマーラーの交響曲第七番の終楽章が典型で、やたら猛烈なまま終わっちゃったりするけど、あれは茶番じゃないですか。

岡田 あれも壊れているよねえ。壊れたものをそれでも芸術表現にしちゃうのがすごいですが。

159 《ニーベルングの指環》四部作の第四部。神々一族の終焉が描かれる。
160 一九〇四年作曲。ヴァトーの絵画『シテール島への巡礼』から着想された。
161 一九二八年初演のバレエ音楽で、ラヴェルの代表作。同じリズムで二つの旋律が反復される。
162 一九一〇年初演。初演時の演奏者が千人を超えたので、この名称で呼ばれる。

パロディだとか失敗作だとかいうひともいるけど。

片山　でしょう。マーラーには、これで充実していたんだろうか、嬉しかったんだろうか、と言いたくなる曲がたくさんある。第五番の終楽章とか、第七番の大騒ぎとか、ああいうのは「交響曲のフィナーレはこうあるべきだ」という、まさに紋切り型に則って書いたとしか思えない。「とにかく最後は締めましょう」と。その結果、音楽と本人とが合致せず、乖離してしまっているような気がする。マーラーの能天気な部分、ハッピーエンド風を装った部分は、「あんた、嘘ついてるだろう」と言いたくなる。指揮者の井上道義[163]さんが「ショスタコーヴィチにはすべて二重のメッセージがある」という主旨のことをよくおっしゃるけれど、そういうふうに聴こえさせる何かが、マーラーにもありますよね。しかしそれが、ワーグナー以降のロマン派の姿なんです。

岡田　こういう二重底性はバッハやベートーヴェンにはまったくなかったものです。マーラーは「交響曲を書くということは、一つの世界をつくることだ」と繰り返し言っている。ベートーヴェンやワーグナーに負けじと、がんばって「世界」をつくろうとしていた。だけどマーラーが生きた近代世界はもはや、見通すことなど誰にもできないくらい膨張していた。だからいつまでたっても、「つくりきった」という満足感がない。

片山　そうですね。

岡田　あの交響曲第三番[164]。あの長大な一時間半の交響曲を書いて、まだ言い足らなくて、続編として次の第四番[165]を書くんですから。「終われない症候群」です。

片山　まさにそれは永遠のワーク・イン・プログレス（制作途中）みたいな話で、いくら書いても書いても世界を書ききれない長編小説みたいな感じだったかもしれません。バルザックやドストエフスキーもそうでしたから。ワーグナーの場合は、きちんと作品ごとに世界観を表現しているんだけど、マーラーはダメだった。結局、作品ごとに世界観を表現しきれず、一九世紀に完成した交響曲という器から、世界がはみ出してしまっている。はみ出しながらも、まだ交響曲の器を使おうとあがいてみた。だけどうまくいかないに決まっているので、もう確信犯、そのうまくいかない状況をまるごと見せるのが、マーラーのお家芸になってしまった。

その後、シェーンベルクになると、今度は壊れたものに、理屈づけることをはじめた。それが名高い「十二音技法」なわけで、壊れているなりに、理屈を与えてかろうじてつないでいるような気がしますね。アドルノ的理解だとそうなる。

マーラーとサブカル？

岡田　いまマーラーが、世界をつくろうとするんだけど破綻する、それを芸にしてしまうところがあるとおっしゃったでしょ。

片山　はい。

163　日本の指揮者（一九四六〜）。二〇〇七年にショスタコーヴィチ交響曲全曲演奏プロジェクトを成功させた。
164　一九〇二年全曲初演。演奏時間は約一〇〇分。かつては「世界最長の交響曲」としてギネスに記録されていた。
165　完全版は一九一一年完成。演奏時間は約五〇分。

岡田　それこそが、マーラーがかくも俗受けする理由の一つだと思うときがある。太宰治と同じ。三島由紀夫が日記形式で書いた評論随筆『小説家の休暇』[166]の中で、太宰治の悪口を言いまくっているんですが、そこで「自らの傷をことさらに人に見せびらかすようなところが太宰にはあった」という意味のことを述べているんです。太宰のように弱さをことさらに見せびらかす男は、私は大嫌いだと。

　実は私はマーラーも少し相性が悪くて、完全には共感できない。その理由は、この苦悩露出の傾向にあるんだと思います。リヒャルト・シュトラウスみたいな照れ屋の方がいい。

片山　太宰とマーラーの取り合わせは目から鱗が落ちますね。そういえば、何十年か前までは、リヒャルト・シュトラウスが、マーラーよりもずっとえらい作曲家だと、みんな思っていた。少なくとも二〇世紀前半までの評論や言説にマーラーのほうがリヒャルトよりえらいなんて言った人、一人もいませんからね。

　ところが最近、そうではなくなった。これは、マーラーの予見した、壊れた世界にしか生きられない人間の存在が、サブカル的に当たり前になったことと関係があるような気がします。

岡田　ちなみにサブカル的なものの興隆とマーラー・ブームとポスト・モダンって、どれも一九七〇年ぐらいから同時に起きているでしょう。ウィーンが街を挙げて特集的にマーラーを取り上げた。バーンスタインの一回目のマーラー交響曲全集の録音も、一九七〇年代に入ったころに完成でしたよね。あのあたりがキッカケになっている。日本ではたぶんサントリーホールのオープンがきっかけ。

片山　そうですね。そもそもサントリーホールのオープニング・シリーズの一つが、若杉弘指揮の《千人》でしたからね。

このサブカルとマーラーの関係は、今後、もっと本格的な論説が登場すると思います。マーラーの音楽には、どこかパロディ的な要素が多い。むかしながらの軍隊行進曲みたいな曲想が出て来るかと思えば、田舎のフォークダンスも出てくる。葬送行進曲はやたらと大げさ。ここでホルンは立ち上がって吹けとか、挙句の果ては、巨大なハンマーで床をたたけとか、どこかおかしい。本来、もう少し秩序立って考えるべきなのに、完全に壊れた部分が、マーラーにはたくさんあって、これがたぶんサブカル的というか、予測不可能なゲーム的世界というか……つまり、自分の世界観を表現するんじゃなくて、ある種の類型化された世界で、カリカチュアばかり登場させている。サブカルとは、結局、すべてカリカチュアの世界ですからね。

岡田　にもかかわらず、マーラーの音楽にはどこか、「それでも俺はここにいる！」と叫んでいるような瞬間がある。

片山　ありますねえ。

岡田　そこがまたメロドラマ的に受ける。たぶんサブカルの多くも、仮想現実やカリカチュアでありながら、時に世界に向かってナマの声で叫ぶ箇所があるんでしょう？「それでも俺は俺だ！」みたいな。そこがポイントなんでしょうね。これが次の世代、つまりロマン派より後にな

166　一九五五年刊行、日記形式の評論・随筆集。現在は新潮文庫に収録。

ると、もうそんな「俺」なんてどこにもいない、という底なしの虚無感が現れてくる。ストラヴィンスキーの舞台作品《兵士の物語》[167]とかね。パロディ語法とかの点では相当マーラーと似ているんだけど、ことこの点では、もう決定的にロマン派じゃない。

片山 なるほど。

岡田 これは一九一八年の作品です。第一次世界大戦最末期のスペイン風邪が大流行している時期の作品で、少人数による、朗読と演劇とバレエが一緒になった作品ですね。

片山 おっしゃるとおりで、《兵士の物語》は、俗な部分が随所に出てくる。民謡、わらべ歌、童謡みたいな曲や、行進曲、俗悪な農民舞曲。そんなあまりに類型化された、個人的ディテールの消滅した空間のなかに、聴いている自分が埋め込まれていることに気づく。

遅ればせながらブルックナーについて

岡田 ところで最後に……後期ロマン派でひとりだけ、まったく論じていない作曲家がいるんです。

片山 ブルックナーでしょう?

岡田 そのとおり。じつは私、これも苦手……。

片山 私もそんなに得意ではないですが。子供のときは生で聴くとよく寝ていました。

岡田 私はドイツ留学時代に、チェリビダッケのブルックナーを浴びるように聴きました。あれは本当に幸運であり、ものすごい経験ではあったけど、それでもブルックナーはどうも相性が悪い。

でもブルックナーをここまでスルーしていたのは、別に嫌いだからとかいう話ではなくて、ちゃんとそれなりの理由があります。つまりブルックナーという作曲家は、音楽史の中で完全に他から孤絶した存在だったということです。彼はオーストリアにあるリンツのオルガン弾きでした。まあ田舎の人だったってことになりますかね。これも真面目な話で、一九世紀の後半に「田舎」に住んでいるということは、これは現代とはまったくわけが違う。音楽史のメインストリームが展開される大都会から孤絶していたということです。

もちろん彼も、世に知られるようになってからは、「外の世界」を知ったでしょう。しかし、彼が育った環境は、鄙びた南アルプスの農村の世界なんです。オーストリア・バロックの本当にきれいでかわいらしい教会が点在する風景。そこにはカトリック教会を心から信仰している農民文化があったでしょう。そういうところでオルガンを弾き、神と対話する生活を送っていた人。それがブルックナーなんじゃないか。早くからウィーンやパリへ出てきた人とは、根本的に世界観が違う。だから通常の音楽史の文脈に入れ込みにくい。ボヘミア辺境出身のマーラーですら、ウィーン音楽院で学んだわけだから、早い時期に都会文化の一員になっている。しかしブルックナーは違う。少年時代からずっと田舎暮らしです。

167　一九一八年初演。朗読＋演劇＋バレエ＋小アンサンブルによるロシア民話。

片山　異端中の異端ですね。

岡田　典型的な都会人だったリヒャルト・シュトラウスは、ブルックナーの交響曲をウィーン・フィルで指揮したあと、楽屋で「どうしてブルックナーはあんなに長いんですか？」と尋ねられて、「ああ、あれがわが国の田舎者の音楽なんですよ」と答えたという逸話があります。

片山　しかし、そんな田舎者の音楽に、後年、ナチスが肩入れした。大戦中、ナチスは、ブルックナーだけを演奏する「リンツ第三帝国ブルックナー管弦楽団」[168]までつくった。クレメンス・クラウス[169]やハンス・クナッパーツブッシュ[170]、若き日のヘルベルト・フォン・カラヤン[171]も指揮していますよ。晩年に日本でも活躍したゲルハルト・ボッセ[172]は、そこのコンサート・マスターでした。ワーグナーからはじまって、ブルックナーを聖別化していったのは、ナチスの最後の文化政策でした。

岡田　そうかあ、ブルックナーの故郷リンツはヒトラーが思春期をすごした街でもあるからなあ。やばいやばい。どうも、そこから全体主義へと話がつながり、二〇世紀と交響曲といった問題に広がっていきそうな気がします。

片山　では、近現代に移りましょうか。

168　一九四三～一九四五年に存在したオーケストラ。首席指揮者はヨッフムで、ドイツ全土から名奏者が集められた。
169　オーストリアの指揮者（一八九三～一九五四）。ウィーン国立歌劇場の音楽監督などをつとめた。
170　ドイツの指揮者（一八八八～一九六五）。戦後は、長くバイロイト音楽祭で主任格の指揮者だった。
171　オーストリア出身の大指揮者（一九〇八～一九八九）。主要ポストを独占し、「帝王カラヤン」などと呼ばれた。
172　ドイツの指揮者、ヴァイオリニスト（一九二二～二〇一二）。後年は東京藝術大学客員教授をつとめた。

第四章　クラシック音楽の終焉？

1．第二次世界大戦までのクラシック音楽

「西洋音楽史」の見直し

岡田　この章では、ロマン派の後、おおむね二〇世紀以降の音楽について語りたいと思います。もともとはナチスの文化政策とか、音楽と全体主義みたいな話から入ろうと考えていたのですが、その間に、ロシアによるウクライナ侵攻という、とんでもないことが起こってしまいました。「ごまかさないクラシック音楽」の目的のひとつは、従来型の音楽史とは異なる文脈を提示することですから、まずはロシアの話から入りませんか。

片山　たしかに、このような国際情勢になってしまったからには、それを勘案して二〇世紀の音

楽史を見直さざるをえませんね。

岡田　世界大戦が終わり、冷戦もとっくに乗り越えたと思っていたら、かつてのナチスによるポーランド侵攻を彷彿させる光景が繰り広げられています。まるでソナタ形式の再現部を聴いているような……。

片山　再現部！　ソナタ形式の再現部は提示部よりもエスカレートしないと聴く側も納得できないですものね。

岡田　この間、われわれが「歴史の進歩」と思っていたことは、ただのソナタ形式の提示部と展開部にすぎなくて、いずれ再現部がやってくるのに、それを私たちは忘れ呆けていたのかもしれません。提示部が第一次および第二次世界大戦、展開部が壁崩壊以後も含む戦後体制、そして二〇二二年以後が再現部、なんて悪夢がよぎります。

いずれにしても、こういう状況になってくると、いったい二〇世紀って何だったんだろうと、あらためて考えなくてはいけないでしょう。とりわけ、ロシアだけでなく中国も含め、ユーラシア大陸の中心部から強烈な反西欧ののろしがあがっていることを無視して、音楽史は語れないと思う。「西洋音楽」というものが、いわゆる西側自由主義陣営の文化的象徴だったことは明らかであって、今こそ非西欧、いわゆる「ユーラシア主義」的な視点から、二〇世紀音楽史をどう見るかが重要になってくる。

「ユーラシア」の視点から考える

岡田　いわゆる「クラシック音楽」が一八世紀あたりに端を発するとすれば、それは啓蒙主義の誕生と完全に軌を一にしていました。クラシック音楽には近代市民社会の夢と理想が託されていた。しかし二一世紀に入り、ついにそのバックボーン自体が瓦解に瀕している。

片山　まさにそのような「岡田史観」的な流れが、現実のものになりつつある。前近代的なものは、結局、近代の中で消し去られていくだろうという西洋の楽観的なビジョンが、いま壊れかけています。

先ほど岡田さんがおっしゃったように、西洋の人々は、これまで世界各地で見られた反近代的な運動を、イスラム主義のような異宗教の問題に還元したり、あるいは人種や肌の色、地域の違いのせいだと自分たちを納得させてごまかしていられた。

ところが、今回のロシアによるウクライナ侵攻は、東方正教会というキリスト教圏であり、地政学的にも西洋の辺境、ヨーロッパとアジアの中間で起きています。これまでのイラクやイラン、アフガニスタンなどの〝非西洋の戦乱〟とは〝先進国〟へのインパクトが違います。

岡田　一方で、ではロシアが完全に西洋かと言われれば、そうでもない。

片山　はい。第三章でも論じた通り、いくらロシア人が自らをヨーロッパ人だと思っても、西欧から見れば、やっぱりどこまで行っても、遅れてキリスト教化した、アジアに近い世界だと思われる。それに反発するロシア人は、自分たちはヨーロッパでもアジアでもない、「ユーラシア」であると主張し始めた。

岡田　それが「ユーラシア主義」と呼ばれ、ロシアのプーチン大統領もその立場を取っていると言われていますね。

片山　一方、攻め込まれたウクライナのほうは、西欧諸国の同情も集めて、「西洋」扱いされていますが、実はこちらも一筋縄ではいかない複雑な歴史を持っています。ユダヤ人への弾圧を繰り返してきた過去もある。

あの有名な『屋根の上のヴァイオリン弾き』[1]はアメリカのミュージカルで映画にもなり、日本では森繁久彌の十八番でしたが、原作はウクライナ出身のユダヤ人、ショーレム・アレイヘム[2]のイディッシュ語による短編小説『牛乳屋テヴィエ』です。ウクライナのユダヤ人村が差別されて、ついには故郷から追い出されていく物語ですね。ユダヤ人が生きていくのは屋根の上で楽器を弾くくらい大変だというのがタイトルの含意でしょう。

ウクライナにユダヤ人が多く住みついたのは、ウクライナを一四世紀から支配していたポーランドとリトアニアの連合国家が宗教的寛容を打ち出して、ユダヤ人がポーランドにもリトアニアにもウクライナにもやってきたせいだと言われておりますけれど、以来、軋轢が生ずるわけですね。ウクライナ人等々の先住者は外来者のユダヤ人を快く思わず、暴力の昂じる時期も繰り返されて、そのたびに西に逃げる。『屋根の上のヴァイオリン弾き』もそういう話ですね。

岡田　第一次世界大戦のときも東欧から大量の難民がウィーンに押し寄せ、それがのちのオーストリアのすさまじい反ユダヤ感情につながったことは、よく知られています。

片山 そういう意味ではウクライナとロシアはどろどろなところがたくさんありますね。ウクライナが西欧に近く、ロシアが遠いというのは、確かにそういうところはあるのですが、とても単純に割りきれるものではない。またプーチンが異常だとか、病気を患って判断力が低下しているとか、さまざまな憶測も語られてきていますが、必ずしも個人に還元できる話でもないと思います。

ユダヤ系アメリカ移民の「芸」

岡田 ウクライナのゼレンスキー大統領が、元コメディアンのユダヤ人だという点も、あまりにも歴史の構図にはまりすぎている。そもそもウクライナは偉大な演奏家の一大産地でした。[3] ピアニストのウラディミール・ホロヴィッツ、エミール・ギレリス、スヴャトスラフ・リヒテル、ヴァイオリニストはダヴィッド・オイストラフ、ナタン・ミルシテイン、チェロではエマーヌエル・フォイアーマン、グレゴール・ピアティゴルスキー。バーンスタインもウクライナ系移民の二世のはずです。もともとあのあたりは音楽家も含む芸人の一大産地で、その多くがユダヤ人だ

1 一九六四年、ブロードウェイ初演のミュージカル。一九七一年にノーマン・ジュイソン監督で映画化。
2 ウクライナ出身の作家（一八五九〜一九一六）。イディッシュ語（東方ユダヤ言語）文学に徹した。
3 以下に登場する名前は、すべて、二〇世紀に世界的な名声を得た演奏家たち。

った。官職につけるロシア人とも、土地を耕すウクライナ人とも違って、根無し草にならざるをえない。だから「芸」で身をたてるしかない。そういう伝統があった。まさに『屋根の上のヴァイオリン弾き』[4]の世界です。あるいはマルク・シャガールの世界。シャガールは現在のベラルーシ出身でしたね。

片山 そうです。パリのオペラ座の天井の絵もシャガールでしょう。あのへんの東の感覚はヨーロッパに沁みとおっている。で、シャガールが繰り返し描くのはヴァイオリン弾きの芸人ですよね。

岡田 例えばホロヴィッツの演奏の根っこには、あきらかに大道芸人的なものがある。一撃で人の心を摑む動物的本能のようなもの。彼はアメリカに亡命したわけですが、ロシアやウクライナを含む東欧からアメリカに渡るというのも、ユダヤ系音楽家の脈々たる伝統です。そのなかにはハリウッドやブロードウェイで活躍する人もいっぱいいた。

片山 そういう東方ユダヤ人のゼレンスキーが政界に打って出たきっかけは、主演したテレビドラマが大ヒットしたことでしょう。『国民の僕《しもべ》』[5]だ。映画にもなっています。ウクライナのテレビドラマは面白いんですよ。キエフことキーウを舞台にした嗅覚探偵のシリーズ[6]なんて、日本で阿部寛の主演でリメイクされたくらいで。『国民の僕』は、ゼレンスキー扮する高校教師が政治批判してソーシャル・メディアで人気者になって、いきなり大統領選挙に当選して、ウクライナを変革してゆく物語です。そのドラマで人気沸騰したゼレンスキーが本当に大統領選挙に当選して、今の世界に接続している。虚構と現実の区別がなくなっている。

岡田　ゼレンスキーはまるでハリウッド映画の俳優のように見事に、ヒーローとしての大統領を演じているともいえますが、そもそもアメリカの文化産業があのあたりからの移民によって作り出されたといって過言じゃない。《ホワイト・クリスマス》のアーヴィング・バーリン[7]は今でいえばベラルーシ系。作曲家リチャード・ロジャースと作詞家ロレンツ・ハート[8]もロシア系ユダヤ移民の息子。ジョージ・ガーシュウィン[9]もオデッサ出身の移民の二世といわれます。彼の本名はジェイコブ・ゲルショヴィッツ。アメリカのポピュラーカルチャーは東欧移民がつくった……。

ネフスキーとプーチン

岡田　話を戻して、ロシアの「ユーラシア主義」というのは、どういうものなんでしょう？

片山　正教を基軸とした正しい世界が東方に護持されてきていて、その世界を堕落したEU圏や英米から防衛し続けねばならないというのが今日的な「ユーラシア主義」の基本だと思うのですが。東方教会のエリアに西方教会の勢力を入れないぞということですね。たとえばアレクサンド

4　現ベラルーシ出身でフランスで活躍した画家（一八八七～一九八五）。「愛の画家」と呼ばれた。
5　二〇一五年に放映された政治風刺ドラマ。ゼレンスキーが立ち上げた政党の名前にもなっている。
6　『The Sniffer』（二〇一三年）。二〇一六年にNHKで『スニッファー　嗅覚捜査官』としてリメイクされた。
7　現ベラルーシ出身のアメリカの作曲家（一八八八～一九八九）。他に《ショウほど素敵な商売はない》も有名。
8　二〇世紀にミュージカルやポップスで大活躍した名コンビ。代表作に《マイ・ファニー・ヴァレンタイン》など。
9　アメリカの作曲家（一八九八～一九三七）。ジャズとクラシックを融合させた《パリのアメリカ人》などが有名。

ル・ネフスキーみたいな……。

岡田　セルゲイ・エイゼンシュテイン監督の映画『アレクサンドル・ネフスキー』（一九三八年）で描かれた英雄ですね。あの映画にはセルゲイ・プロコフィエフ[10]が音楽を付けている。

片山　プロコフィエフはウクライナ出身です。映画は、スターリン時代の、しかも第二次世界大戦前夜に製作されていて、結局、独ソ戦の予告ですね。西からの外圧を退けたという点でスターリンの持ち上げたい歴史的英雄だった。だからエイゼンシュテインに『アレクサンドル・ネフスキー』の映画を作らせ、続いて『イワン雷帝』も作らせた。

岡田　『イワン雷帝』もプロコフィエフが音楽を付けています。プロコフィエフは、いずれの曲ものちにカンタータにしていますね。

片山　映画の中のアレクサンドル・ネフスキー像は、ロシアの古い年代記をベースにしていますが、ドイツやスウェーデンの文献には、氷上の戦いでネフスキーに負けたという記述はないようです。限りなく伝説に近いのかもしれません。

　ネフスキーは、キリスト教化し、東方教会に従っていたキエフ大公国に、騎馬民族であるチンギス・ハンの孫、バトゥが騎馬軍団で攻め入ってきた時代の人です。一三世紀ですね。キエフ大公国は東方に展開していた遊牧民族のポロヴェッ人と緊張関係にあった。まさにボロディンが、歌劇《イーゴリ公》で描いた民族です。

岡田　あのオペラのなかの有名な曲〈ダッタン人の踊り〉は、実はポロヴェッ人のことを誤解してそう呼んでいたそうですね。

片山　そうです。そのポロヴェッツ人を押しのける形でモンゴル人が襲来してくる。キエフ大公国は首都のキエフを破壊され、滅亡させられる。ネフスキーはそのとき大公国に従うノヴゴロド公国の主としてモンゴル人と戦ったけれども、結局、キエフと運命を共にせず、寝返って、モンゴル人に屈服する道を選んだ。貢物さえ怠らずに従属していれば、正教からの改宗までは迫られなかった。生き残るための現実主義ですね。

そこでネフスキーが何をやったかというと、同じキリスト教のはずなのに、正教を敵視して改宗を迫ってくるドイツやスウェーデンの騎士団に対し、モンゴルを後ろ盾にして全面対決した。正教の伝統を継ぎ、アジアをバックにしたモスクワこそが、本当のキリスト教なんだと主張した。そういうモスクワ原理史観のネフスキーが、東（モンゴル）と妥協して、改宗を迫る西の圧力と戦って、ドイツとスウェーデンの騎士団を破った。

岡田　なるほど、いかにもプーチンが喜びそうな筋立てだ。中国を味方につけて、ウクライナとそれを支援する西側諸国を打ち破る（苦笑）。

片山　プーチンの振る舞い方はアレクサンドル・ネフスキーと何だか似ているでしょう？

10　ウクライナ出身の天才作曲家（一八九一～一九五三）。七つの交響曲、一〇のピアノ・ソナタ（第一〇番は未完）、バレエ《シンデレラ》や、音楽物語《ピーターと狼》などで知られる。

「西欧的価値」へのルサンチマン？

岡田　こう考えると、「クラシック音楽」は「西欧の音楽」、つまり西側キリスト教圏の音楽なのだと改めてわかります。もちろんそこにはプロテスタントも含まれる。要するに旧西ローマ帝国圏の音楽。旧東ローマ帝国圏、つまりロシア正教圏はその「外」にある。逆に言えば、ロシアや東欧の音楽には「アンチ西」の怨念が伝統として流れているのかもしれない。

近代市民社会の音楽としてのクラシックは、やっぱりウィーン古典派から始まる。市民社会と啓蒙主義の始まりとほぼ同時。それより前のバッハの時代は、まだまだ王権とか宗教の方が前面に出ているのに対して、作曲家の個人意識がハイドンやモーツァルトにははっきりある。これがベートーヴェンに至って盤石になり、やがて「僕の悲しみと喜び」といった内面感情が至高のものになる。ロマン派へ行く。ロマン派は「個人至上主義」という西欧的価値観の音楽です。

片山　自立した人間のための音楽ということですね。

岡田　言い方を変えれば、クラシックって一九世紀の制限選挙の時代の音楽ともいえますね。日本でも大正から昭和前期あたりには、「家に大量のSPレコードがある」っていうだけで、ものすごいお金持ちの証だった。中島健蔵[11]とか。彼の家ではよく友人を集めてレコード鑑賞会とかやっていて、小林秀雄もそこでいろいろ聴かせてもらったらしい。まさに制限選挙の時代に投票権をもち、西欧化というか文明開化された人々が聴く音楽がクラシックだった。

片山　「制限選挙」の状況は、個人だけでなく、国家単位でも同じでした。一九世紀の国民楽派の話に遡りますけれども、当時は十分な自立が保障されていなかった国がたくさんありますよね。たとえば、事実上、ハプスブルク帝国に支配されていたとか、あるいはロシア帝国に支配されていたとか。グリーグを生んだノルウェーはスウェーデンに実質的に支配されていたわけだし。フィンランドはロシアの属国で、だからこそシベリウスが出た。

ああいう人たちは、個人の内面を語るというよりも、民族の苦悩を代弁して、抑圧に耐えたり、それを克服する精神を音楽で表現した。まさに国民楽派と呼ばれる所以です。彼らは、ナショナルな精神を喚起するために、民謡や民族舞曲などを単純な構成で、誰でも口ずさめるようなメロディーと形式にまとめて音楽にしていた。

岡田　帝国として支配する側にいたはずのロシア五人組ですら、西欧的なクラシック音楽に対抗するため、同じようなことをしていた。「自称普遍の西欧的価値」へのルサンチマンは、近代音楽の歴史にも確かに影を落としているかもしれない。

第一次世界大戦と「クラシックの時代」の終焉

片山　ところが、二〇世紀に入ると、チャイコフスキーの弟子やリムスキー＝コルサコフの弟子

11　日本の仏文学者（一九〇三～一九七九）。作曲家・諸井三郎たちとの交友でも知られる。

など新しい世代が[12]、そういうナショナルな音楽構成を、どこか安っぽく恥ずかしいものと感じはじめた。もっと西欧的にきちんとした形に仕上げて、あまりにロシアっぽく演歌みたいな曲から一皮むけることを目指した。セルゲイ・タネーエフ、セルゲイ・リャプノフ、アントン・アレンスキー、アレクサンドル・グラズノフ、アナトール・リャードフ、ニコライ・チェレプニン等々ですね。対位法や和声法のセンス及び技術では師匠たちの上を行く。ロシア音楽の文明開化の保証者たちと呼べる。しかし、言い方を変えれば、ロシアらしさを薄めて西欧に寄っているわけで、その分、師匠たちよりも西欧へのアピールの度合いは下がってしまっている。リムスキー＝コルサコフが後継者に見立てたグラズノフは、ドイツ流のアカデミズムをペテルブルク音楽院にしっかりと移入し、その伝統はロシア革命後にも引き継がれて、ペテルブルク音楽院変じてレニングラード音楽院からはショスタコーヴィチが育つ。その才能を見いだしたのもグラズノフでしょう。ショスタコーヴィチの絶対音楽志向はレニングラードのグラズノフ流の教育のせいだと思います。

岡田　レニングラード、つまりペテルブルクは西欧世界への門だからね。ストラヴィンスキーもあそこの生まれで、彼の西欧的価値への憧れはここから来ているんでしょう。

片山　ストラヴィンスキーの場合は、グラズノフよりもお手本は師匠のリムスキー＝コルサコフなのでしょう。リムスキー＝コルサコフはベルリオーズやリストと繋がっていて、オペラやバレエや交響詩的なものに向いている。フランスで人気のとれる極彩色志向もある。と言いますか、ドビュッシーとラヴェルはリムスキー＝コルサコフらの影響を受けている。普仏戦争のあと、ドイツを牽制するために仏露同盟が深化する。それに歩調を合わせるかのようにロシア音楽がフランス音楽に入り込む。ベルリオーズなくしてロシア五人組はなく、ロシア五人組なくしてフランス近代なし。ドビュッシーのハーモニーはムソルグスキーの影響とも指摘されてきましたよね。ドビュッシーもラヴェルもリムスキー＝コルサコフも交響曲作家ではなかった。ストラヴィンスキーが交響曲作家にならなかった理由もそのあたりに求められるでしょう。

とにかく、世紀転換期は、ロシア人にもロシア色を押さえた西欧的な音楽が板についてきた時期でしょう。ドイツ音楽の理屈が、ポスト五人組、ポスト・チャイコフスキー世代によって、だいぶん内面化してきていた。日露戦争の頃ですね。もしもロマノフ王朝がもう二〇年ぐらい続いて、第一次世界大戦がなければ、ロシア音楽もまた西欧流のクラシック音楽への同化度をもっと高めていたかもしれません。

岡田　しかし第一次世界大戦が勃発して、ロシアではプロレタリア革命が起こる。西欧化とは別の道を歩き始める。

片山　かねてから岡田さんは、二〇世紀の頭、第一次世界大戦のあたりでクラシックが終焉したという説を唱えておられましたね。

岡田　ワーグナーからドビュッシーあたりで、クラシック音楽の語法はある種の限界点に達してしまったんでしょうね。それでも、まだその先があると信じて、半音階やら四分音やら複調やら無調やら十二音、不協和音エトセトラ……あらゆるものを援用して、西洋音楽の土俵をなんとか

12　以下に登場する名前は、すべて、帝政ロシア後期以降に活躍した作曲家たち。

維持拡大しようとがんばるんだけど。

片山　そんな努力が十二音技法のシェーンベルク以降もずっと続いて、やがてトータル・セリー音楽[13]になり、電子音楽、ミュジック・コンクレート[14]になり……。とまあ、こんな風に並べると、なんとなく話はつながりますが、実際は、そう簡単に流れたわけではない。個々の作曲家を見ると、みんな、「行き詰まり」を経験している。特に、リヒャルト・シュトラウス、マーラー、シェーンベルク、ベルク、ウェーベルンといったあたりは、次をどうすればいいか、あがきにあがいている。

岡田　それからクラシック伝統の維持のための「あがき」のひとつとして、「新しい血を入れる」という発想がある。

片山　フランスだと、ダリウス・ミヨー[15]はジャズやラテン音楽を持ってきた。ラヴェルは《ボレロ》で、同じ旋律をひたすら繰り返す、いわば元祖ミニマル・ミュージックを作って人気を博した。

岡田　一九世紀ロマン派は制限選挙の時代のブルジョワ・エリートの音楽だった。しかし彼らは第一次世界大戦前後から没落し始める。プルーストの『失われた時を求めて』とかマンの『ブッデンブローク家の人々』の世界ですよ。いくらあがいても抗い難く没落していくブルジョワ階級の黄昏。そして大戦中にロシアでは革命が起き、大戦後は戦勝国アメリカの大衆文化がものすごい勢いで世界を席巻し始める。映画とポピュラー音楽はその典型。政治的にも普通選挙が広まって、「大衆の時代」が始まる。

こんな状況の中で、たぶんシェーンベルクは典型だろうけど、「芸術は大衆に簡単にわかるようなものであってはならない」という鬱屈したエリート主義が生まれてくる。それが二〇世紀の「現代音楽」の始まりだったといっていいでしょう。コンサートへ行ってもほとんど人がいない。それは「芸術」の証なんです。そしてそこにいる自分が文化エリートである証でもある。ねじれた選良意識です。

《春の祭典》とともに第一次世界大戦は始まっていた？

岡田　第一次世界大戦の直接のきっかけとなったのは一九一四年のサラエボ事件[16]ですが、音楽史の中ではそれより早く、じつは一九〇五年ぐらいからもう、地盤にメリメリと亀裂が入り始めていたと見ることができます。

この年にはリヒャルト・シュトラウスの《サロメ》が初演されて、大スキャンダルを巻き起こした。若い女性が舞台の上で、預言者の切り落とされた生首にキスをする。従来のオペラ舞台で

13　音の高さ、長さ、強さ等を、ある規則に基づいて平等主義的に配列させる音楽。シュトックハウゼンらによって開拓された。
14　自然界や街中の音を録音・加工して構成する現代音楽の一種。
15　フランスの作曲家（一八九二～一九七四）。代表作にバレエ音楽《世界の創造》や吹奏楽曲《フランス組曲》など。
16　オーストリア・ハンガリー帝国の皇位継承者夫妻が、ボスニア系セルビア人の青年に暗殺された事件。

は想像もできなかったことです。そしてマーラーの交響曲第六番が初演されたのが翌年で、これもたいがい「壊れた」作品です。なにせ終楽章の高揚の真っただ中で、まるで心臓発作が起きたみたいに、巨大なハンマーが打ち鳴らされるんですから。

次に一九一〇年前後には、シェーンベルクがいわゆる「無調」に移行していきます。無調とははっきりした調性（キー）がないこと、ドミソもシレソもなくて、終始不気味にふわふわ漂っている音楽、といったイメージでしょうか。

そして一九一三年にやってくるのが、ストラヴィンスキーのバレエ《春の祭典》のパリでの初演。うら若い娘が生贄としてささげられるという、ロシアの架空の原始儀式を描いた作品。暴力的な内容や猛烈な不協和音もさりながら、ひきつったみたいな不規則な拍子は、従来の「音楽」の範疇を完全に逸脱していた。これまた初演は大スキャンダルになります。

「音楽」というのは本来、「世界の調和」、つまりハーモニーを表現することに向いた芸術ジャンルだったとすれば、ことここにいたって、調和の原理が完全否定される。ドミソは出てこない。安定した一定の拍動もなくなる。

片山　リヒャルト・シュトラウスと、それからドビュッシーが大きいでしょうし、スクリャービンのインパクトも侮れないけれど、やはりシェーンベルクとストラヴィンスキーにとどめを刺すというところでしょうか。

岡田　シェーンベルクはウィーン生まれですが、ハンガリー系ユダヤ移民の二世でした。ストラヴィンスキーはロシア人。

片山　両人ともに東から西へ流れてゆくんですね。シェーンベルクもストラヴィンスキーも、ついにはアメリカの西海岸に辿りついた……。

岡田　シェーンベルクはハリウッドに住むことになる。ストラヴィンスキーも第二次世界大戦中に、ハリウッドへ流れていきます。ですが、もう一度ここは第一次世界大戦に戻りましょう。ストラヴィンスキーの《春の祭典》パリ初演は、ロシア人による「パリ侵攻」だったとすらいえるかもしれない。ストラヴィンスキーは、天才興行師ディアギレフが主宰するロシア・バレエ団の座付き作曲家でした。このバレエ団は、毎年パリ巡業をしていて、そのロシア・エキゾチシズムはパリっ子に大受けだった。ストラヴィンスキーの《火の鳥》や《ペトルーシュカ》[17]がそうだった。フランス人はいつもエキゾチシズムが大好きです。

しかし《春の祭典》の暴力性はもはや、エキゾチックなロシア風物として美的に消費する許容範囲を超えていた。従来のクラシック伝統に対する「侵攻」だったといってもいいだろう。そして初演の翌年、本当に戦争が勃発する。第一次世界大戦のきっかけは、西欧諸国から当時ロシアの手先と思われていたセルビアの愛国青年による、ハプスブルクの皇位継承者暗殺でした。

片山　確かに侵攻ですね。きわめて大胆な侵犯が歴史を一気に進める。しかも《春の祭典》は生贄がトランス状態になって踊って、それが変拍子と結合している。一種の狂気、ないし忘我の表現として変拍子が正当化されている。シェーンベルクの無調の重要な作品だと《春の祭典》に先

17　ともにストラヴィンスキーのバレエ音楽で、《春の祭典》とあわせて、彼の三大バレエ音楽と呼ばれている。

んじる《月に憑かれたピエロ》[18]があり、これはストラヴィンスキーも《春の祭典》の作曲中に聴いたそうですが、「月に憑かれた」とは「夢遊病状態の」ということですから、これも正気を喪っている状態、ないし忘我ですよね。無調が正気を喪っている状態の表現として正当化されている。《月に憑かれたピエロ》は《春の祭典》の一年前。人間の自律性の解体ですね。夢遊病なんだから。

岡田　クラシック音楽がクラシック音楽らしかった時代は、この時期にシェーンベルクとストラヴィンスキーがいわば強制終了させた。そして戦争が起きた。

片山　あの二人は、非常に近いところにいて、ある種の根源的な破壊を行なった。正気を失わせたということでしょう。彼らのやったことを次なる現代音楽史への展開ではなく、破壊と見た場合、もうその先はない。

民族派のチャンスとバルトーク

岡田　とはいっても、西洋クラシックのいろいろな遺産は、これ以後も世界中にその破片が飛び散って、増殖やら変異やらコピーなど、ありとあらゆる形でもって、二〇世紀音楽を規定していくことになる。このことを忘れちゃいけない。むしろクラシック音楽伝統の外にいた人々にとっては、本流の弱体化は、チャンスだったかもしれない。

従来の強固なクラシック・イディオム、例えばドミソだのシレソだの、あるいは四分の四拍子だの四分の二拍子だの、はたまたソナタ形式だのロンド形式だのといったものが、ほとんど無効になっていく。対照的に、それまでクラシック基準では「二等国のちんけな民族音楽」扱いだったものの中からこそ、新しい可能性が生まれてくるという発想が出てくる。いわゆる民族派モダニズムですね。代表格がハンガリーのバルトーク・ベーラ[19]でしょう。

バルトークはきわめて真摯な作曲家ですよね。母国の農民民謡を収集研究して、そこから独自の音楽イディオムを生み出して、それをベートーヴェン以来のソナタ形式とかそういう型と融合させようとした。《弦楽器、打楽器とチェレスタのための音楽》とか《二台のピアノと打楽器のためのソナタ》[20]などは、二〇世紀音楽の金字塔です。

文化植民地よろしく従来の民族派は、西洋クラシック伝統にかしずきコピーするか、せいぜいエキゾチシズムをフジヤマ芸者的に消費してもらうかだった。しかしバルトークは自国の音楽語法をつきつめることを通して、西欧音楽に対抗できる普遍に到達した、植民地状態から独立を果たした――同時代の西洋「外」の作曲家には、バルトークはこんなヒーローに見えたでしょう。例えば日本の作曲家、柴田南雄も戦後、バルトークを徹底的に研究しています。

しかし敢えて斜に構えて言うなら、「自らの伝統を深く掘り下げることで、普遍に到達する」という発想自体が、ずいぶんと「古典的」で「西洋的」だなあとも思います。だって、この場合

18 一九一二年初演の歌曲集。全二一曲で構成。舞踏や演劇作品として上演されることもある。
19 ハンガリーの作曲家（一八八一～一九四五）。リスト音楽院で学び、後に教授も務めたピアニストでもあった。
20 ともに一九三〇年代に発表された、バルトークによる代表作。

の「普遍」というのは、結局のところソナタ形式とかフーガのことだとすると、それは普遍どころか相変わらず西洋そのものじゃないか、やっぱりバルトークも西洋中心主義の呪縛から逃れられなかったんじゃないか——ここまで言うと言い過ぎかな。いずれにせよ、この矛盾が民族派作曲家の宿痾です。

片山　バルトークは若いときに、ロシアに置き換えればグラズノフの続きみたいにドイツ音楽をまじめに勉強し過ぎて、そこにドビュッシーが割り込んで、さらに第一次世界大戦の頃からストラヴィンスキーの後追いを始めて、そこが本命になるのだけれども、その前に身に付いた教養が邪魔をしている気もするのですが。《かかし王子》[21]が《ペトルーシュカ》で、《中国の不思議な役人》[22]が《春の祭典》でしょう。ストラヴィンスキーは《春の祭典》や《結婚》[23]などでロシアの民謡・俗謡をよろしく使っているのに、バルトークは民族音楽学者のように根を詰める。そこが凄いとインテリはみんな言うし、私もバルトークの綿密さには弦楽四重奏曲の譜面など観ていると、シャッポを脱いでしまうのですが、しかし真面目すぎる。だからソナタ形式やフーガになる。ストラヴィンスキーもドビュッシーもこだわらないところにこだわってしまう。その意味では古い。そこがクラシック音楽を奉る教養主義には許容される。バッハ、ベートーヴェンからバルトークへ、繋がりますよね。ストラヴィンスキーは「バッハに還れ」というわりには、バッハの受難曲のような取り憑かれた真摯さはないでしょう。でもバルトークにはある。理知的人間たろうとする。そこは田舎者のコンプレックスかもしれない。

岡田　バルトークがあれこれ最先端の西洋モダニズムを真似していた時期、一般に表現主義的といわれる第一次世界大戦前後の作品が、僕は一番好きだな。オペラ《青ひげ公の城》[24]はリヒャルト・シュトラウスの《サロメ》の後追いだし、そしてストラヴィンスキーの後追いが今おっしゃった《かかし王子》と《中国の不思議な役人》なわけだけど、この時期が実は一番強烈なインパクトがある。それもほとんど倒錯ヘンタイ趣味と言いたくなるような性表現の点で。様式的にはシュトラウスやらストラヴィンスキーやらを後追いしているんだけど、あの倒錯趣味だけは誰にも追随を許さない。ここをごまかしてはいけない（笑）。とはいえ、《中国の不思議な役人》は無言劇（パントマイム）ですけれども、とても私はあのヘンタイ趣味なあらすじをここで要約なんてできません、良俗に反します（笑）。

いずれにしても、一般にバルトークは「真面目な作曲家」と思われすぎですね。彼が民謡研究やらソナタやらフーガやらに本格的に没頭し始めるのは一九二〇年代後半以後だけれど、あのころから彼はバッハやベートーヴェンの後継者を目指し始める気がする。教養主義受けする「真摯な作曲家」になってしまう。

ところでバルトークも第二次世界大戦中にアメリカへ亡命することになりますね。彼はハリウッドじゃなくてニューヨークでしたが。失意のうちに亡くなっている。

21 一九一七年初演、バルトークによる唯一のバレエ音楽。
22 一九二六年初演、バルトークによる無言劇の音楽。その過激な内容から何度も上演禁止になった。
23 一九二三年初演のバレエ・カンタータ。ロシア民謡が素材となっている。
24 一九一八年初演、バルトーク唯一のオペラ。ハンガリー語で書かれている。

片山　そんなバルトークはベートーヴェン的自意識を継承して、理詰めでぐいぐい来る粒ぞろいの弦楽四重奏曲を六つも書けたのに、交響曲は書かなかったというか、書けなかったということか、大作としては《管弦楽のための協奏曲》[25]をアメリカで書いて、終わってしまいました。

交響曲の終わり

岡田　そこで気になるのが、交響曲文化って、どうなっちゃったの？という問題です。二〇世紀に入ってからも、とりわけ全体主義国家では、次々と交響曲が大量生産されるんですよ。要するにソ連でね。以前に片山さんは、小学生のころ交響曲が日本にもあったと知って驚き、交響曲を書いた邦人作曲家の名前を片っ端からノートに書きつけていたとか言ってませんでしたっけ？

片山　交響曲に関係なく、全部の作曲家の名前を、手帳に出身学校別、師匠別に分類して書きつけていましたよ。中学生のころですが。まあ、そんなことはどうでもよくて（笑）、交響曲ですね。

岡田　僕は二〇世紀のソ連とかアメリカとか日本の交響曲って、全然興味ないんだよなあ……。なんだか僕の愛する一九世紀までの交響曲と似ても似つかないものの気がする（笑）。

片山　真面目な話、全く同感です。二〇世紀はもう土俵が変わってしまって、たとえば四楽章の器を使っていても次元が違う。自律した市民の音楽ではないから。それが成立しなくなってマスに呑み込まれるのが二〇世紀で、時代に見合った交響曲は私が壊れているか、私がなくなってマスに吸収されているかになってしまう。
もちろん、それ以前、たとえばマーラーの交響曲など、第一次世界大戦前から壊れているわけで。でも、第七番や第九番は壊れていても、第二番、第三番、第四番、第八番あたりは壊れていないでしょう。そして二〇世紀の新しい世代の交響曲も、まずは第一次世界大戦前の壊れていないところで、花が開いている。短い時間でしたけれど。たとえばイタリアのアルフレード・カゼッラは[26]、パリでフォーレに学んでドビュッシーやラヴェルに傾倒していたけれど、マーラーがパリに来て第二番《復活》を自作自演したときにドビュッシーと一緒に聴きに行って、ドビュッシーは呆れてしまったけれど、カゼッラは開眼してしまった。マーラーのもとに出入りするようになって、仕事も頼まれた。カゼッラの交響曲第二番はマーラー張りの巨大な編成を持ち、自我の陶酔的爆発としてのポジティヴなマーラー像に棹さしている。

岡田　そういえばマーラーの交響曲第七番のピアノ譜はカゼッラの編曲だった。カゼッラの交響曲第二番はなかなかカッコいい曲で、マーラーそっくりだけど、そういう事情があったんですね。

片山　カゼッラの第二番は一九〇九年でしたか、第一次世界大戦前に完成しているけれども、このあとカゼッラはパリで今度は《春の祭典》に接してしまう。このときもドビュッシーは共感しなかったけれど、カゼッラはマーラーからストラヴィンスキーに転向する。第一次世界大戦中に

25　一九四四年初演。全五楽章構成。バルトークが晩年に書いた最高傑作。
26　イタリアの作曲家（一八八三〜一九四七）。ヴィヴァルディ復興や音楽教育に打ち込み、イタリア音楽界を牽引。

書いた戦没者追悼曲の大管弦楽曲《英雄のエレジー》は完全に《春の祭典》路線で、それからはストラヴィンスキーの作風の変化に密着してゆく。第二次世界大戦中に書かれた交響曲第三番はストラヴィンスキーの新古典主義ですよ。新古典主義というのは私の音楽ではない。個人的な面相というのがない。ハイドンのエステルハージ時代の交響曲のようなものだ。近代的自我の葛藤とは関係ない。様式化された社交のようなものですよね。

このカゼッラは一八八三年生まれですけれども、ロシアだと一八八一年生まれのニコライ・ミャスコフスキー[27]がいる。ミャスコフスキーだと交響曲の第三番まではロシア革命前でしょう。ロシアの民族色を脱色した後期ロマン派から神秘主義、象徴主義を通って、革命になって、第六番は「ソ連のマーラー」のような形容をされることがあるけれども、革命による近代的自我の崩壊みたいなものが描かれて、第七番はラヴェルの《ラ・ヴァルス》の換骨奪胎で、みんなで踊って陶酔しているだけみたいなもので、乱暴な言い方をすると第八番以降は形骸化すると思うのですね。結局、第二次世界大戦後まで、ミャスコフスキーは第二七番まで書くけれども、もうそこには私の表現というものはない。公的なプレゼンテーションになっている。

岡田　ミャスコフスキーはプロコフィエフのご学友ですね。彼の交響曲全集、一応聴いたことがありますが、あの硬直感は苦行でした。しかも二七曲もある！　時間節約のために、車を運転するときカーステで聴きました。二度とやりたくない（笑）。一部マニアには人気あるみたいだけど。

片山　ミャスコフスキーはチャイコフスキーみたいな曲を一九三〇年代や四〇年代に作って、それなりによい曲だし、正直、惹かれるものも多いけれども、問題は何故そういう曲を作るか。チャイコフスキーのチャイコフスキーらしい曲にはチャイコフスキーの私があるのは当たり前ですが、ミャスコフスキーが前世紀のチャイコフスキーを象って作った曲にはミャスコフスキーの私が現れているとはやはり言いにくい。私のオリジナルな表現をわざと避けてチャイコフスキーやグラズノフの様式を仮面として使っている。そう理解しないと分からない。なぜ、仮面が出てくるのかとなれば、政治体制ゆえでしょう。生きる方便としてしか音楽が書けない。哀しいじゃないですか。そういう交響曲は、私のなくなり方を味わうために聴くに値するということですね。

カゼッラはストラヴィンスキーに飲み込まれて、トランス状態に陥って自我のなくなる《春の祭典》に吸い寄せられて、ガブリエル・フォーレ[28]やマーラーに導かれて本人の「地」になっていたはずのロマンチックな表現を忘れる。機械人間みたいになってゆく。音楽がみんなからくり仕掛けのようになってしまう。ミャスコフスキーだとレーニン、スターリンだけれども、カゼッラの場合は、ストラヴィンスキーに二〇世紀的なものへと導かれただけでなく、ムッソリーニとの関係が問題になりますね。

岡田　ポポフ[29]なんかも、その類じゃないですか？

片山　ガヴリール・ポポフ！　好きでたまらない作曲家の一人ですけれども。この人もマーラー

27　ロシアの作曲家（一八八一〜一九五〇）。二七曲もの交響曲を書く一方で、音楽教師としても優秀だった。
28　フランスの作曲家（一八四五〜一九二四）。パリ音楽院の院長も務めた。
29　ソ連の作曲家（一九〇四〜一九七二）。ソ連当局の圧力と闘いながら作曲した。近年、再評価が進んでいる。

との絡みで語れる。マーラーは帝政ロシアの時代にペテルブルクで自作自演をしたりして、ロシアでも知られた作曲家ですが、ソ連になって改めて一九二〇年代から紹介されている。ポポフはショスタコーヴィチと共にマーラーの交響曲に惹かれた。ポポフの交響曲第一番は一九三〇年代の作品ですけれども、三楽章からできていて、第一楽章はマーラーの第六番の第一楽章のような、軍楽調もある闘争音楽ですね。革命の混沌を描いているのでしょう。革命に参加している私が熱狂したり傷ついたりしている。自我はある。ミャスコフスキーの第六番の第一楽章もそうなのです。その意味でマーラーまでのロマン派が一九三〇年代になっても生々しく脈動している。様式と時代精神の間にまだ乖離はないと思う。ところが第二楽章の慰安を経て、第三楽章のフィナーレになると、プロコフィエフ的な機械のリズムを伴ったスクリャービンの《法悦の詩》[30]になってしまう。集合的意識の中に私が溶け、ユートピア的イメージの中に現実の葛藤も溶けて、ソヴィエト的全体主義が完成する！　そのあとポポフは第二番から第六番まで交響曲を書くのですが、もう第一番のような著しい進境は望めない。大好きなポポフに失礼な言い方をしたくないのですが、ミャスコフスキーの途中からと同じに魂を抜かれた具合の交響曲が並んでしまう。内面と形式の一致がなくなってしまう。ズレてしまう。

岡田　二〇世紀における交響曲は、否応なしになんらかの「ズレ」の表現にならざるを得ないということですね。それは要するに「第九的夢」の二〇世紀における空洞化の表現だったんだろうなあ。しかしそれにしてもポポフと革命と全体主義について語る片山さんの口調は熱い（笑）！

ショスタコーヴィチと全体主義

岡田　ところで、二〇世紀の交響曲といえば、すでに何度も名前が出てきたショスタコーヴィチの存在は欠かせません。となると片山さんですね。

片山　いやいや、そんなことはないですよ。

岡田　われわれの世代にとってショスタコーヴィチは、「ソビエト共産党の御用作曲家」の刷り込みが強烈だった。オラトリオ《森の歌》[31]とかも、労働組合系の合唱団でよく歌われていた印象がある。

片山　私も、アマチュア・コーラスが日本語訳で《森の歌》をうたうのは聴きに行きましたね。新宿でそういう演奏会がありました。

岡田　西側の音楽にはない、なんだか全体主義的な抑圧の空気が、かつての片山少年にはピンと来るものがあったのかな。戦中を描いた日本映画に夢中になるのと同じ感覚?

片山　うーん、どうですかねえ。まあ、確かに私だと、幼稚園のころからヴァイオリンを習いましたが、惹かれる音楽は怪獣映画と戦争映画の映画音楽でして。

30　一九〇八年初演の交響曲第四番の通称題。「法悦」の原題は「エクスタシー」。
31　一九四九年初演のオラトリオ。ソ連の植林事業とスターリンをひたすら讃える合唱曲。

岡田　幼稚園のころから！

片山　やはり幼稚園児のときですね。同じ趣味が小学校低学年も持続して、もう還暦近くになっても進歩が見られないということがあるのですが。怪獣映画は本当に好きでしたけれども、戦争映画も観たがりましてね。といっても人間ドラマが長いものは幼児には付いていけないから。『空軍大戦略』や『ネレトバの戦い』、『日本海大海戦』や『トラ・トラ・トラ！』[32]など、戦闘シーンの長めの映画にのめりこみまして。映画館に行っても『あゝ海軍』や『パットン大戦車軍団』[33]だと飽きてしまう。非戦闘場面が多すぎるので。それと繰り返しになりますが怪獣映画。戦争映画や怪獣映画はマーチが沢山出てくるのが普通でしょう。動物と同じで、幼児のときの刷り込みがとても効いているのですね。

岡田　片山さんは『ゴジラ』映画に夢中になり、その音楽を書いた伊福部昭[34]に心酔するわけだけど、そのミリオタ的文脈でショスタコーヴィチでも、交響曲は第五番よりも第七番《レニングラード[35]》なのですよ、真っ先に反応したのは。第二次世界大戦物の映画音楽のように聴けるシンフォニーですから。マス・ゲームしているような音楽が好きなんですねえ。

片山　現実世界では片山さんはまったく集団主義的ではないのにね（笑）。

岡田　そうなんですよ。私は集団生活、合宿、宴会、軍隊的規律、だから合唱や合奏をするのも、みんな大嫌いでして。部屋に籠って、ひとりでショスタコーヴィチの第七番や第一一番の交響曲を聴いているのがいい。何だか分裂していますね。

分裂と言えば、ショスタコーヴィチ自身が分裂しているのだという話があるでしょう。作品に公的なものと私的なものの二系列があるとか。それはベートーヴェンの交響曲と弦楽四重奏曲でも、ミャスコフスキーの交響曲と弦楽四重奏曲でも、同じでしょうが、ショスタコーヴィチとなると、国家の勝利を祝しているようで、実は逆の意味があるのだとか、そういう二重言語を駆使していると……。

岡田　僕はあのショスタコーヴィチの音楽の二重言語、つまり二枚舌が苦手なんですよ、なにせあんまり裏表がない人間なもので、音楽のメッセージは真に受けるべきだと考えてしまう（笑）。そこへ行くとショスタコーヴィチは、一見スターリン体制翼賛みたいに見えるのに、実は密かなアイロニーが隠されているとか、そういう「裏表」についていけない。僕はとてもソ連では生きていけなかっただろう。

片山　ソロモン・ヴォルコフという人の『ショスタコーヴィチの証言』[36]が出て、そこで作曲家本人が著者に自分の音楽は二重言語で書かれているみたいな話をして、そこからショスタコーヴィチの音楽はそのように聴かれるべきものだとの新しい常識が広まったのでしょう。でも、あの本

32　すべてリアルな戦闘シーンが話題となった、大作戦争映画。
33　どちらも人間ドラマに重点が置かれた大作戦争映画。
34　日本の作曲家（一九一四〜二〇〇六）。『ゴジラ』をはじめとする大量の映画音楽、《交響譚詩》《シンフォニア・タプカーラ》などで知られる。
35　一九四二年初演。レニングラード包囲戦を素材にした交響曲。栄養ドリンクのCMに使用されて話題となった。
36　一九七九年刊行。ショスタコーヴィチからの聞き書きで、たいへんな話題となったが、偽書だとの指摘もある。

は偽書だとずいぶん言われた。それなのに、二重言語の話はけっこう信じられて今に至っている。そう思って聴くと、たしかにそう聴こえてくるのがショスタコーヴィチの音遣いには違いない、でも、二重言語を強調し過ぎるのもいかがなものか。

二重言語ということは本音と建前の二重構造を考えているのでしょう。表向きはこうだが実はそうではないというかたち。しかし、実があるという前提は自律した個人みたいではないですか。ショスタコーヴィチの場合、本当に実があるのだろうか。全部嘘なんじゃないか。そういうのは、言いようだけれども、二重言語ではないのではないか。音楽なんてこんなものだ、取りあえずそれらしく書いときゃいいんだ、あとは大好きなサッカー観戦に熱狂して憂さを晴らしてよろしくやっていればいいんだ……。そのくらい割り切っていると思った方が、どうも呑みこめるのではないか。ショスタコーヴィチはサッカー狂でしょう。彼にはアッカンベーと渋面の二重構造が猛烈な度合いであると思うけれども、かといって、それを近代芸術家に特有の内面の苦悩にばかり置き換えて考えるのは、ちょっと違うのではないかと……。つまり社会主義社会に生きているもっと普通のキャラクターなのではないですか。ひねくれたソ連音楽ファンの、まったくの与太話にすぎませんが。

ロシア音楽とミリタリー

岡田　いやいや、与太話どころではありません。極めて重要な話題です。要するに、片山さんの見るところ、ショスタコーヴィチの音楽は本質的に全体主義と親和性があるということじゃないですか？　彼の曲は実際、基本的に軍楽やマーチなどの「戦争音楽」であって、確かにミリオタ的です。そこに片山さんは吸い寄せられる？

片山　なんかあれですか、これは自己批判を求められる、糾弾大会みたいな対談ですか（笑）。

岡田　片山さんに自己批判を迫る――これは面白い（笑）！　でも対談する以上、やっぱり少しは対立があった方が読者には面白いだろうし、そもそもそちらの方が議論として生産性があるってことでご容赦ください。そしてここでいえば、論点は「勇壮な音楽はお好き？」ってことに集約されるんじゃないかな。片山さんは生理的に好き、私は生理的にたぶん嫌い（笑）。音楽が怖いのは、非政治的なものとみえて、いつしかそれが政治そのものになることです。勇壮な気分を掻き立てる音楽は、それこそ右も左も関係なく、人を奮い立たせて行動に駆り立てる。この生理的反応の次元で、片山さんと僕とでは方向が正反対な気がする。

そもそも、「ショスタコーヴィチは本当は全体主義に賛同はしていなかったが、それを表沙汰にできなかったから苦しんで、二重言語を使い自由への希求を音楽に込めた」という解釈が主流になったのは、冷戦終結後でしょう。冷戦時代のショスタコーヴィチ演奏というのは、本当に重くて恐ろしげで容赦なく、氷のように冷たいイメージだった。スターリン時代を生き抜いたレニングラード・フィルハーモニーの伝説の指揮者エフゲニ・ムラヴィンスキー[37]なんて典型です。あ

37　ソ連の代表的な指揮者（一九〇三～一九八八）。リハーサルが苛烈で長時間におよぶことでも有名だった。

のおっかない顔を見ただけでシベリア送りにされそうだ（笑）。ところが、冷戦終結以降は、さきほどの「二重言語説」が流通し、そして演奏では政治的なものを前面に出さず、純粋にサウンドを楽しむという方向が主流になっていったんじゃないですかね。

片山　確かにそうやってショスタコーヴィチの音楽の価値づけというか、格は守られてきたと言えるのかもしれない。

岡田　逆に言えばこの三〇年間、われわれはショスタコーヴィチを西側理想に引き付けて、あるいは極力非政治的に理解しようとしてきたとも言えるかもしれない。でもこれはあまりにも「甘ちゃん」なショスタコーヴィチ解釈だったかもしれない。ショスタコーヴィチは実は全体主義的画一化みたいなものに対して、生理的に身体が肯定するような作曲家だったんじゃないかと思えるんだ。その意味でまさにミリオタ的というか。

ロシア／ソ連の音楽というのは、「人間」を私たちとは全然違った感覚で描くなあという感慨がある。人間を人間的に、ヒューマンに描かない、ただの木偶として描く。そこが怖い。でもその怖さがロシア音楽の面白さでもある。ストラヴィンスキーのバレエ音楽《ペトルーシュカ》にも、それがはっきり出ています。人間みたいにカタカタ動いているだけの人形が主人公なんですからね。そして最後にバラバラにされちゃう。同じストラヴィンスキーの《兵士の物語》の主人公の兵隊も、人間感情なんてない木偶のように描かれている。こんな音楽の中にはからずも、ロシア的な「人間観」が描かれているのだとしたら……。

片山　まさにアドルノのストラヴィンスキー観ですね。西欧的人間観から見ると、ユーラシア主義かロシア的なるものか、そちらの人間は木偶としか思われないところがある。木偶に人間を見ようとしておかしくなる。ユーラシア主義から見ると木偶と見える者が本当の人間で、西欧が人間と思っている人間はかなりおごり高ぶって人間の分を踏み外していて、やたら大げさに悩んだり、おかしなことをはじめるので滑稽だと。そのロシアの方が西欧的人間観に基づいたソナタ形式や四楽章形式を使えば、それはどうしてもずれるし、ひずむし、分裂する。そういう要領で、ストラヴィンスキーのみならず、プロコフィエフもポポフもショスタコーヴィチも理解できると。

なるほど。そうかもしれない。

ロシアとアメリカ

岡田　さて、この章はロシアのウクライナ侵攻の話題から入ったこともあって、ここまでロシア・ソ連の話がほとんどを占めました。結果的に、従来の西洋中心の音楽史とはちょっと異なる風景をお見せできたかと思います。とはいえ、「ショスタコーヴィチなどのロシア／ソ連系の音楽も、結局のところバッハやベートーヴェンやマーラーといった、正統西洋音楽史の延長ないし一エピソードだ」と考えるむきもあるかもしれない。この本ではできるだけ音楽史風景を相対化して眺めたいので、もう一つの補助線を引いてみたいと思います。アメリカです。

二〇世紀世界を二分した超大国という意味でも、あるいは音楽的な嗜好の点でも、ロシアとアメリカは実はすごく似ている。アメリカの音楽文化を作り上げた人々の多くが、東欧ロシアからの亡命者ないし移民だったことは、すでに述べました。ジュリアード音楽院なども、少なくとも二〇世紀前半は、そのピアノ教師のほとんどがロシアからの移民で、ロシア・ピアニズムをアメリカに移植した。冷戦中に第一回チャイコフスキー・コンクール[38]で優勝して、アメリカの国民的ヒーローになったヴァン・クライバーン[39]は、ジュリアード音楽院でロジーナ・レヴィーン[40]に学んだ。彼女はロシア移民です。テキサス育ちのクライバーンの豪快なタッチには、ロデオだけでなくて、ロシア／ソ連系の伝統が息づいている。ジュリアード音楽院はモスクワ音楽院ニューヨーク支店だったのかもしれない（笑）。

とにかく両国の音楽メンタリティはどこか似ている。まあ言葉は悪いけれど、派手好き／デッカイもの好き／力任せ好きの「大国音楽」（笑）。

片山　そうですね。結局、ソ連もアメリカも、「多民族の多様な価値をいかにまとめて、坩堝の中で煮たてて、最大公約数を出して、エネルギーを最大化するか」という同じ課題を背負っているから、互いに似てくる面がある。合衆国と連邦ですから。

先ほどソ連の作曲家が二〇世紀になってもまだ交響曲を作っていたという話が出ましたが、そのソ連と並んで交響曲を作り続けたのがアメリカです。ということは、交響曲を必要としている人たちがいて、お金が出たということなんですよ。交響曲第何番と言うだけで、ソ連でもアメリカでも受けるわけです。実際には岡田さんの立脚する西欧的精神に立つとまがいものになるんですがね。このカルチャーが、アメリカとソ連はすごく似ている。

岡田　今の話は、非常に重要だと思います。とっぴとおもわれるかもしれないけれど、ソ連とアメリカの二〇世紀の交響曲は、なべて「全体主義的」なんですよね。片山さんの言葉を借りれば、最大公約数の誰でも楽しめる音楽を求める以上、当然、全体主義的になってしまう。マスというか塊というか、そういうものを大音響でとどろかせたがる。

アメリカで交響曲を量産したのはだいたい、アカデミックな世界で地位のあった二流作曲家たちです[41]。調べたら、ウォルター・ピストンが八曲、ロジャー・セッションズが九曲、ロイ・ハリスが一三曲、ウィリアム・シューマンが一〇曲も書いている。いろいろ聴いてみたけど、どれも「やたらに陽気にしたショスタコーヴィチ」というかんじ。オーケストラをガンガンに鳴らしたがる。全体主義的だ(笑)。

ソ連系の交響曲もそうだけど、ブラスによるマーチが骨格なんですよ。アメリカのマーチといえば、すぐ《星条旗よ永遠なれ》で有名なジョン・フィリップ・スーザが思い出されます。二〇世紀初頭、一番、SPレコードが売れた作曲家の一人がスーザですからね。「スーザ遺伝子」はその後のアメリカ産の交響曲にも、ずっと残る気がする。

38 一九五八年より、四年おきに開催されている音楽コンクール。日本人は、諏訪内晶子、神尾真由子(ヴァイオリン)、佐藤美枝子(女声)、上原彩子(ピアノ)が一位。
39 アメリカのピアニスト(一九三四〜二〇一三)。優勝後、ニューヨークで盛大な凱旋パレードが開催された。
40 ウクライナ出身の名音楽教師(一八八〇〜一九七六)。日本のピアニスト、中村紘子も指導を受けている。
41 平明な音楽を書いたアメリカの作曲家たち。ピストンは名著『管弦楽法』、シューマンは吹奏楽曲でも有名。

片山　日本でも盛んに演奏されるアメリカの交響曲にアーロン・コープランド[42]の第三番がありますが、あれなんか第二次世界大戦の愛国主義的熱狂から生まれた、全編がファンファーレを基調とする巨大なシンフォニーですからね。まさにショスタコーヴィチのヒロイズムのアメリカ版で。コープランドはユダヤ系ロシア移民の二世ですが、パリに留学してナディア・ブーランジェ[43]に学び、第一次世界大戦後の西欧風モダニズムを狙っていた。しかし世界大恐慌になって、ヨーロッパ風アヴァンギャルドを支持するスポンサーもアメリカにはいなくなった。そこで、《アパラチアの春》とか《エル・サロン・メヒコ》のような、ニューディール時代のアメリカ版社会主義リアリズムのような美意識に沿うかたちで、アメリカの民俗音楽や民謡とかを収集し、パン・アメリカニズムにたって中南米の音楽まで使うようになった。ソ連でアラム・ハチャトゥリアン[44]がコーカサスの民俗音楽を巧みに用いる作曲家として持ち上げられたのと、メキシコ万歳的な《エル・サロン・メヒコ》は全く同型的ですよ。

このコープランドの大衆路線の延長線上に、モートン・グールド[45]やレナード・バーンスタインのような作曲家が出てくる。

東欧ユダヤ系移民がつくったアメリカ音楽？

岡田　コープランドも東欧ユダヤ系移民の二世なんですね……。バーンスタインと同じなんだな。いくたびも起こった戦争や革命によって、ロシアや東欧から多くのひとたちがアメリカに逃れた。

この流れを無視して二〇世紀音楽史は語れない。おそらく科学者の世界でも同じことが起きていたでしょう。彼らなくしてマンハッタン計画もブロードウェイもハリウッド映画音楽もなかった。コープランドもバーンスタインもガーシュウィンも、音楽辞典では「アメリカの作曲家」とか「アメリカの指揮者」と書いてあったりするから、よく目を凝らさないとこの音楽史における移民の流れは見えにくいんだけど。

片山　そうですね。ハリウッドの映画音楽も新規の移民が本流を作る。ユダヤ系オーストリア人のコルンゴルトとか、ソ連から来たディミトリ・ティオムキン[46]とか。

岡田　『風と共に去りぬ』や『カサブランカ』の映画音楽を書いたマックス・スタイナー[47]も、ウィーン生まれのユダヤ系でした。有名な天才少年で、なんと名付け親はリヒャルト・シュトラウス、最初のピアノのレッスンはブラームスから受け、マーラーもすさまじい才能に驚愕した神童だった。しかし結局ハリウッドの作曲家になった。なにか宿命的なものを感じます。

ちなみにMGMとか、ユニバーサルとか、二十世紀フォックスって、軒並み東欧ユダヤ系移民がつくった会社です。そして『七年目の浮気』や『お熱いのがお好き』であまりに有名な、ハリ

42　アメリカの作曲家（一九〇〇～一九九〇）。代表作に《アパラチアの春》や《エル・サロン・メヒコ》など。
43　フランスの作曲家、音楽教育者（一八八七～一九七九）。膨大な数の音楽家を育てた二〇世紀最大の女性音楽教師。
44　ソ連で活躍したアルメニア人の作曲家（一九〇三～一九七八）。
45　アメリカの作編曲家（一九一三～一九九六）。日本では吹奏楽曲《ジェリコ》などで有名。
46　ウクライナ出身の映画音楽作曲家（一八九四～一九七九）。代表作にアカデミー作曲賞受賞『真昼の決闘』など。
47　オーストリア出身の映画音楽作曲家（一八八八～一九七一）。『キング・コング』『サンセット77』なども有名。

ウッドの映画監督／脚本家ビリー・ワイルダー[48]も、ガリチア地方出身のユダヤ系です。いまのポーランド南部／ウクライナ西部ですね。当時ハプスブルク領だった。彼は一九二〇年代にウィーンで、たまたま演奏ツアーに来ていたアメリカのジャズ・バンド、ポール・ホワイトマン[49]楽団のスポークスマンをやり始めた。そしてベルリンでジゴロみたいなことをやってから、最終的にアメリカにわたる。一九二〇年代ヨーロッパにおけるジャズ・ブーム、東欧出身のユダヤ人、アメリカ亡命、ハリウッド――二〇世紀音楽史のキーワードがすべて揃っているような人物です。

ついでに、今しがた名前を出したポール・ホワイトマンは一九二〇年代のいわゆる「シンフォニック・ジャズ」、つまり白人バンドによってジャズ交響曲の伝統を作ろうとする潮流の代表者で、有名なガーシュウィンの《ラプソディ・イン・ブルー》やファーディ・グローフェ[50]の《グランド・キャニオン》を初演しています。

それから先ほども言ったけれど、アメリカのクラシック音楽教育の殿堂、ジュリアード音楽院はロシア音楽アメリカ出張所みたいなところで、創設者のフランク・ダムロッシュ[51]はプロイセンから渡ってきたユダヤ人の指揮者。ロシア系の演奏家を教授陣に多く招いていた。

さらに言えば、ジャズ教育の聖地のように思われているバークレー音楽院も、実はユダヤ系人脈がものすごく強いと聞いたことがあります。

片山　なるほど。

岡田　バークレー設立は一九四五年ですが、いま調べたところ、設立者ローレンス・バーク[52]の先生だったヨーゼフ・シリンガー[53]という人物にちなんで、最初は「シリンガー・ハウス」と名乗っていたのだとか。そしてこのシリンガーは、今のウクライナのハルキウ生まれ。音楽理論家であり、テルミン[54]の発明で知られるレフ・テルミンとともにシンセサイザーを初めて制作した人物でもあり、さらにさらに、ガーシュウィンやグレン・ミラー[55]の先生でもあったのだそうです。

片山 シリンガーは作曲のシステマティックなメソードを教えた人でしょう。ガーシュウィンの《キューバ序曲》あたりはシリンガー・スタイルだと思うのですが。それはともかく、今のお話の通りで、アメリカは移民の国で、彼らの多くは、いわゆる高級文化を持っていなかった。移住後も開拓に次ぐ開拓で苦労して、芸術を楽しむ余裕もありませんでしたが、すこし余裕が生まれた一九世紀後半ぐらいになると、アメリカという国のセルフ・イメージをどう作るかに腐心しだす。そのひとつが「音楽」でした。アメリカでは、どういう音楽をやったらいいんだと。

その典型が、チェコからドヴォルザークを連れてきて、《新世界より》を書いてもらった、あいうケースです。黒人霊歌や、ネイティブの民謡などを、チェコの国民音楽家だったら、うま

---

48 オーストリア出身の映画監督（一九〇六～二〇〇二）。『サンセット大通り』『アパートの鍵貸します』なども有名。
49 アメリカのバンド・リーダー（一八九〇～一九六七）。「キング・オブ・ジャズ」と呼ばれた。
50 アメリカの作編曲家（一八九二～一九七二）。《ラプソディ・イン・ブルー》を現行の形に編曲して定着させた。
51 プロイセン出身の指揮者、音楽教育者（一八五九～一九三七）。弟のワルターも著名な指揮者。
52 アメリカのジャズピアニスト、作曲家、音楽教育者（一九〇八～一九九五）。
53 ウクライナ出身の作曲家、音楽教育者（一八九五～一九四三）。音楽教育法「シリンガー・システム」を生んだ。
54 ロシアの発明家レフ・テルミンが一九二〇年に考案した、世界初の電子楽器。
55 アメリカのバンド・リーダー、トロンボーン奏者（一九〇四～一九四四）。代表作に《イン・ザ・ムード》など。

く形にしてくれるだろう、と。まさに国民楽派的なところから、アメリカのクラシック音楽史は始まっていて、そこに、黒人音楽などが大きく加味される。その後も、さらに多くのユダヤ人亡命者が流入してきて、彼らはまさにロシア的、集団的な音楽が身についていた。ここから、アメリカにおける勤労大衆に直接的に訴えかける音楽が生まれました。

岡田　ダンス・ミュージックですね。

片山　そうです。これが、南北戦争のスティーブン・フォスター[56]のころから、レコードの普及、ラジオ全盛の第一次世界大戦直後へと流行を拡大していった。

　そこから、〈サマータイム〉で知られる歌劇《ポーギーとベス》や《パリのアメリカ人》のガーシュウィンや、組曲《グランド・キャニオン》や《ミシシッピ組曲》のグローフェ、バレエ音楽《アパラチアの春》や《エル・サロン・メヒコ》などのコープランドまで、つながる。

岡田　ダンス・ミュージックも、やっぱり一種の「全体主義音楽」だからなあ。同じリズムでみんなと同じように体を動かすなんて、僕は絶対いや（笑）。

片山　そうですよ。みんなでダンス・ホールで踊って楽しもう、楽しめない奴はダメだというんですから。要するに、田舎の民族音楽をちょっと現代風にしたような——そう、日本で言えば、《東京音頭》が典型ですが、中山晋平の新民謡みたいなものと、ドヴォルザーク的な国民楽派的なものと、そこに黒人音楽のテイストが合体し、ダンス・ミュージックが生まれ、そしてジャズも生まれた。

一九二〇年代とジャズ・エイジ

岡田　二〇世紀以降のクラシック音楽を語るうえで、ジャズとのかかわりは、欠かせませんね。一九二〇年代はF・スコット・フィッツジェラルド[57]の小説の題名にちなんで、よく「ジャズ・エイジ」といわれます。

片山　ジャズはダンス・ミュージックの一形態から、汎用性を高めて覇権を握った。黒人音楽などと混じって、ポール・ホワイトマンなどのセミ・クラシック的な白人ジャズとも混交したり化合したりして、それらをすべて統合したガーシュウィンのようなひとが登場した。ホワイトマン楽団からストリングスを抜くとビッグバンドになるんですよね、きっと。この順番が大事で。ジャズの起源にはやっぱり今日で言うところのセミ・クラシックがしみ込んでいる。

とにかくガーシュウィンですね。彼こそが、つまり「シンフォニック・ジャズ」こそが、アメリカのクラシック音楽となった。それはもちろん、個人とか、自由とか、愛とか、そういう啓蒙主義的な精神とは恐らくあまり関係がない。

岡田　いま名前の出たポール・ホワイトマンの白人ジャズバンドは、まさにそういうものを目指

56　アメリカの作曲家（一八二六〜一八六四）。親しみやすい歌曲で「アメリカ音楽の父」とも称される。
57　アメリカの作家（一八九六〜一九四〇）。代表作に『ジャズ・エイジ』『グレート・ギャツビー』など。

した。

片山　ドイツ本流のクラシック音楽こそが文明だというのは、第一次世界大戦前後の経験でもはや無効化されてしまったのだということに、多くの人が気づき始めた。そこでジャズの出番が来た。

岡田　ストラヴィンスキーもラヴェルもみんなジャズに魅了された。シェーンベルクもガーシュウィンをものすごく評価していて、彼らはテニス仲間でもありました（笑）。

片山　ちょっと話がとんでしまうかもしれませんが、新興国のアメリカは音楽の世界だけではなく国際政治の世界でも覇権を確立して、イギリスと共にアングロサクソン的な新しいグローバル・スタンダードを押し広げていく。

　すると、今度は日本の近衛文麿が「英米本位の平和主義を排す」で述べたように、自由主義や民主主義などの普遍的価値は、結局はアングロサクソンのご都合主義に過ぎないとして、その国際秩序やルールに挑戦しようとする。第一次世界大戦の敗戦国、ドイツも挑戦する。

　日本とドイツの挑戦は完敗に終わり、歴史に悪名を残してしまいますが、今ではロシアと中国がそれに挑戦している。

岡田　振り返ってみれば、アメリカが台頭するきっかけとなった第一次世界大戦を境に、西洋クラシック音楽を支えてきたヨーロッパ・ブルジョワ・エリート主義が終焉を迎えていたんでしょうね。そしてアメリカは実に巧みに、音楽文化の点でも世界へゲモニーをヨーロッパ・ブルジョワから奪った。

片山　ガーシュウィンは、本人にそのような意図や自覚はなかったかも知れませんが、結果的には、大衆と結託して、西洋的なエリート文化から音楽の覇権を奪い取った。
岡田　アメリカではヨーロッパ・ブルジョワとは少し別の個人主義が支配的だった、つまり大衆一人一人だって、好きなものを購買消費する自由があるという個人主義だ——ここまで言うとちょっと言いすぎかな。
ただしアメリカ的消費の自由は、実は産業によって心理学的に操作されている。その意味では全体主義以上の全体主義じゃないか——恐らくアドルノが文化産業を激しく批判する背後にあったのは、彼のアメリカ亡命中のこの認識だったと思う。

2．第二次世界大戦後のクラシック音楽

アヴァンギャルドの時代

岡田　いよいよこの対談も最終楽章、第二次世界大戦から現代までの話をしましょう。まずはどこから入りましょう？
片山　ショスタコーヴィチやコープランドなどの話はかなり第二次世界大戦後にも及んでいたわけですが、やはり戦後となると西欧の「アヴァンギャルド」のことですよね。特に一九五〇年代

に入ると、パウル・ヒンデミット[58]もブリテンもオリヴィエ・メシアン[59]もショスタコーヴィチも、必ずしも新しい音楽だとは思われなくなる。メシアンは時流の変化に少し上手くしがみついていますが。いっぺんに超音楽に切り替わるという、今、振り返ると、ファンタジーの時代に入るんですね。そこから霞を食って生きるような評論家や音楽学者もたくさん現れて、〝旧時代〟をこき下ろす。一種の粛清の嵐が吹き荒れるんですね。

岡田 東西冷戦の最中ですね。原水爆実験が一番頻繁に行われていた時代。超兵器で地球が終わるという悪夢と、超技術が超未来を切り開くという夢が同居していた。

片山 吉田秀和でさえ、従来のオーケストラは、もうそんなに寿命がないというような発言をしています。戦後最初に欧米を回ったときですね。そして吉田は前衛音楽啓蒙グループ「二十世紀音楽研究所」を立ち上げた。一九五七年のことです。作曲家の諸井誠[60]や黛敏郎、柴田南雄、入野義朗[61]らが加わった。西ドイツのダルムシュタット夏期現代音楽講習会[62]の日本版だったのでしょうが。とにかく音楽は第二次世界大戦後にこれまでの音楽史のどのフェーズの転換期にも増して必ず急激に変わるはずだとの信仰が一九四五年以降の西側先進国に、あまりに急激に行き渡った。

岡田 やっぱり原水爆、それから宇宙船開発などは、人類史がまったく新しいエポックに入ったという意識をもたらしたんじゃないかな。

片山 一方の東側は、ソ連でスターリン時代が終わって、ニキータ・フルシチョフ[63]の雪解けの時代になっても、やっぱり欧米の、西側の前衛芸術は批判し続けていた。それこそフルシチョフが一九五九年に初めて公式訪米し、帰国したとき、「ニューヨークあたりでは、顔にもなっていない顔とか、体にもなっていない体とか、そういう芸術絵画が氾濫している、なんと嘆かわしい異常な事態だ」なんて発言し、みんなが拍手していた。西側とは別個の価値観が、当時の地球上には並行して存在していた。

岡田 日本では、一部の知識人の間では根強いソ連信仰があったとはいえ、やはり西側的な音楽、前衛的な文化が優勢でしたね。

片山 日本でその前衛的価値観がついに頂点に達するのは、一九七〇年の大阪万博[64]のころでしょう。

岡田 岡本太郎の「太陽の塔[65]」が典型です。シュトックハウゼンも長期滞在して、何やらＳＦチックなピーポーピーポーいう音楽を毎日やっていた。クセナキスは、万博の売り物のひとつで、今も残っている鉄鋼館のスペース・シアターのために、テープ音楽を作った。「スペース・シアター」だからねえ。人類が地球脱出して、宇宙に移住するとしたら、そこの劇場はどんなふうに

58 ドイツの作曲家（一八九五〜一九六三）。代表作に、交響曲／オペラ《画家マティス》など。
59 フランスの作曲家、神学者、鳥類学者（一九〇八〜一九九二）。鳥の歌をもとに《鳥のカタログ》などを作曲した。
60 日本の作曲家、音楽評論家（一九三〇〜二〇一三）。彩の国さいたま芸術劇場初代館長も務めた。
61 日本の作曲家（一九二一〜一九八〇）。現代音楽で活躍したほか、桐朋学園の設立など教育活動にも尽力した。
62 一九四六年より続く、世界的な現代音楽講習会。
63 ソ連の政治家（一八九四〜一九七一）。スターリンの死後に最高指導者となり、非スターリン化を掲げた。
64 日本万国博覧会。半年で六四〇〇万人が入場し、空前の成功をおさめたイベント。
65 大阪万博に登場した高さ七〇メートルの芸術建造物。現在でも吹田市の万博記念公園にそのまま残されている。

なるんだろう?という想像力が、実感をもって人に受け入れられる時代だった。大阪万博は前衛最後の祭りだった。

片山　大阪万博の会場には国民の過半数が出かけたことになっていますが、その主体は農協の団体旅行だと言われますよね。パビリオンに入れば、一柳慧[66]や湯浅譲二[67]の電子音楽が流れているわけですよ。それをたぶん多くの人は辛いとは思わず、未来の音楽だから適応しないと粛清されるぞ、と思って、つとめて当たり前のものとして聴こうとしていた。ちょっと大げさですが、一部の前衛音楽ファンが拍手喝采して、普通の人たちは首をかしげていましたというのとは、違っていましたよね。前衛に未来がある！　前衛芸術家は偉いんだ！　そうでなければ日本政府や経団連があいうパビリオンを作らないですよ。

前衛芸術家がスターだった頃

岡田　今の若い人には想像もできないと思うけど、この時代、前衛芸術家ってスターだったんですよね。日本でいえば岡本太郎なんて、誰でも知っていましたものね。「芸術は爆発だ！」のCMもすごいインパクトだったたし。作曲家だと黛敏郎や武満徹。彼らが映画音楽やテレビ音楽も書いていたことは大きかっただろう。私が特に思い出すのは、吉永小百合を主役にしたNHKの連続テレビドラマ『夢千代日記[68]』のために武満が書いたオープニング・テーマ。あれは本当に素晴らしかった。

片山　たとえば「週刊新潮」の昔の号を読むと、前衛芸術関係のニュースがたくさん出ている。武満徹が一九六六年に大河ドラマ『源義経』[69]の音楽を担当するとき、弓の弦の音を収録してサウンド・エフェクトにしてテーマ音楽に入れようとしているなんて記事が写真付きで載っている。

岡田　前衛芸術家が「スター」だったあの時代、現代音楽の世界で言えば代表格は、俗に「戦後前衛三羽烏」と言われていたブーレーズ、シュトックハウゼン、ノーノですね。そしてアメリカのジョン・ケージ。ギリシアのクセナキスあたりをここに加えると、だいたい主立った顔ぶれを網羅したことになるでしょう。

ただし私は、ブーレーズ、ルイジ・ノーノ、シュトックハウゼンを十把一絡げにするというのは、不本意なんです。シュトックハウゼンがダントツ、イカれ方がダントツだと思っている。彼は当時、若者にたいへんな人気があった。あんまり知られてないけど、ビートルズのアルバム『サージェント・ペパーズ・ロンリー・ハーツ・クラブ・バンド』[70]の有名なジャケット、古今東西の有名文化人のコラージュのなかに、シュトックハウゼンもいるんですよね。最後列の左から五番目。

66　日本の作曲家、ピアニスト（一九三三～二〇二二）。戦後の前衛音楽を牽引。オノ・ヨーコの元夫でもある。
67　日本の作曲家（一九二九～）。武満徹らと共に「実験工房」を結成、現代音楽の制作に携わった。
68　一九八一年から断続的に放映。脚本・早坂暁。兵庫・湯村温泉を舞台に、広島で胎内被爆した芸者を描く。
69　原作・脚本は村上元三。尾上菊五郎（当時・菊之助）が義経を演じた。
70　一九六七年リリース。デザインはピーター・ブレイク夫妻で、グラミー賞（アルバム・カバー部門）を受賞した。

ということは、ビートルズのメンバーはシュトックハウゼンが好きだったわけですよね。たぶんマッカートニーがね。ちょっと今じゃ想像もつきません。ポップスのアルバム・ジャケットに前衛作曲家が入り込んでいるなんて。そういえばジョン・ケージなども、テレビのバラエティ番組に出たりしてた。

片山　「原子力時代」「宇宙時代」というのと平仄が合っていたのでしょうね。同じくらいの速度で文化芸術も変貌するはずだという一種の宗教が蔓延していた。そうなると、演劇でも美術でも映画でも音楽でも、「最先端」にこそ値打ちがあるということになる。それがわかる人こそが、新しい時代へのパスポートを持っている人だと。松竹大船のヌーヴェル・ヴァーグと関係ない普通の喜劇映画でもアクション・ペインティングをやる人が出てくる時代だから。吉田秀和の名著『名曲三〇〇選』[71]でも、最後にはブーレーズやシュトックハウゼンが出てくる。

岡田　え？　そうでしたっけ？

片山　『名曲三〇〇選』はかつては『LP300選』という名で、さらに遡ると最初の刊行時は『わたしの音楽室』ですね。新潮社から一九六一年に出ていますが、終章は「二十世紀の音楽」。ショスタコーヴィチ、プロコフィエフ、オネゲル、ミヨー、マルタン、シェーンベルク、ベルク、ウェーベルン、ヒンデミット、メシアン、ジョリヴェ、ダッラピッコラ、ブゾーニ、ブリテン、ガーシュウィン、ヴァレーズ、オルフと、国別を意識しながら行きつ戻りつして、純然たる第二次世界大戦後に突入すると、ブーレーズ、ヘンツェ、クレーベ、ノーノ、シュトックハウゼン、ベリオと並んで終わりですね。

岡田　そうでしたか……。つくづく吉田さんは戦後昭和日本の市民啓蒙家だったんだなあ……。

片山　一九六一年のセレクトですよねえ。かつての中学校の音楽の教科書でさえ、音楽史年表の最後の方はシュトックハウゼンだったでしょう。

岡田　超未来の宇宙船で、もはやヴァイオリンとチェロで音楽をやっているわけないだろう、みたいな考え方ですかね。それどころか、宇宙人と交信するとしたら、どんな音楽があるんだろうって、真剣に考えていたと思いますよ、当時の人たちは。スティーヴン・スピルバーグ監督の『未知との遭遇』[72]にまでつながっていくSFの夢。そういえばあの映画でも、音楽で宇宙人と交信するという場面が出てくる。くだらない調性音楽だったけど。

シンセサイザーの登場

岡田　この時代は音楽テクノロジーの進歩が目覚ましかった時代でもありました。とくにシンセサイザーの登場と普及は、音楽に大きな影響を与えました。

一九五〇年代からの前衛音楽には、テクノロジーが切り開く超未来を見せるという側面があった。シュトックハウゼンは作曲技術の開拓と音響技術の開拓をセットでやった人です。本格的な

71　現在はちくま文庫。
72　一九七七年公開。宇宙人との「第三種接近遭遇」を描く。

電子音楽の草分けで、《少年の歌》[73]は大傑作だし、パルス・ジェネレーターとかリング・モジュレーターなどの最新機器をいちはやく使った。また彼は、自分をまるでマッド・サイエンティストのように演出していましたね。作曲は科学実験に近づき始めたし、当時はそれがすごくかっこよかったんでしょう。ただし作曲家の仕事がどんどんエンジニアに接近していった時代でもある。音楽がテクノロジーの対象になってくる。

片山　シンセサイザーが登場したら、音色的にもいろいろな音がつくれるようになった。ところが初期は、それこそ放送局の電子音楽スタジオみたいなスペースが必要で、機材もものすごく高価だった。それがコンピュータが発達し、デジタルになってくると、さらに一段階変わって、生演奏を席巻するようになった。それでも初期は、たくさん技師が必要でした。

それこそシュトックハウゼンが初期の前衛音楽をつくっていたケルンの放送局などは、技師がたくさんいて、彼らに指示を出す合同作業だった。一人でいろいろできるシンセサイザーが登場するまでの過渡期は、生演奏するための演奏家が技師に置き換わったような印象がありましたね。

岡田　ネットでシュトックハウゼンの《ミクロフォニーI》[74]というライブ電子音楽の動画が見られます。モニターの前に座ったマッド・サイエンティストのようなシュトックハウゼンが、ものすごい集中力でもって、マイクロフォンで集められる生音の出力調整みたいなことをしている。

片山　だんだん規模も巨大となり、そうなると当然、お金がかかるので、スポンサーが必要で、場所も演奏会場から放送局のスタジオとか研究所とかに置き換わった。そういう中で、電子音楽とミュジック・コンクレートに未来が託されたようになり、フランスのピエール・シェフェール[75]

のような放送局の技術者と作曲家を兼ねる人々も出現しました。

岡田　シンセサイザーの小型化が進むのは、一九七〇年前後からです。この実用化は劇的な勢いで進んで、まず一九六八年のウェンディ・カーロス[76]『スイッチト・オン・バッハ』がバカ売れ。それに続いて一九七四年の冨田勲[77]のアルバム『月の光』がビルボード・クラシカルチャートで二位。このころからプログレでもシンセサイザーが多用されるようになり、やがてYMO[78]につながっていく。

ただし私はアコースティック信者なので、シンセサイザーの普及が新自由主義経済思想の時代の始まりと重なっていたことが気になる。シンセサイザーって結局、「高い機材を買える者勝ちの世界」って感じるんだよね。ちなみにハイエクがノーベル経済学賞を受賞するのが一九七四年です。

73　一九五五〜五六年発表。聖書をテクストに、少年の声と電子音で構成。電子音楽の傑作とされている。
74　一九六四年発表。打楽器やマイクを駆使する実験音楽の名作。
75　フランスの作曲家（一九一〇〜一九九五）。フランス国営放送で録音技術を学び、実験的な音楽を制作した。
76　アメリカのシンセサイザー奏者（一九三九〜）。元は男性（ウォルター）だったが、性別適合手術で女性になった。
77　日本の作編曲家（一九三二〜二〇一六）。TV映画音楽で活躍後、シンセサイザー・アーティストとなった。
78　イエロー・マジック・オーケストラ。細野晴臣、高橋幸宏、坂本龍一が一九七八年に結成した音楽グループ。

「砂の器」の前衛音楽批判

片山　なるほど。国家や大企業が大きなスペースと人員と予算を与えずとも、個人のスタジオで電子音楽が作れるようになる。冨田勲のようなありようが可能になる。冨田は大衆にとっつきのいいシンセサイザー音楽によって、アメリカでまず有名になり、日本に逆輸入されてくる。まさにハイエクのノーベル賞受賞の時期と重なっているでしょう。

その一方で、演奏者を不要としてしかも前衛のスタイルと結びついた類の電子音楽やミュジック・コンクレートは非人間的とされて批判のやり玉にも挙げられるようになった。たとえば、松本清張の『砂の器』は一九六〇年から翌年にかけて、つまり前衛芸術家がスターと信奉されてゆく時代の渦中に、保守志向の読売新聞に連載された小説です。朝日新聞ではなかった。そこがミソでして。この小説が一九七〇年代に野村芳太郎監督によって映画化されたときには、犯人の音楽家はラフマニノフにジャズを足したようなピアノ協奏曲、あれはもう私は大好きなのですけれども、そういう曲を得意とするコンポーザー・ピアニストにされてましたけれども、原作はまったくちがう。前衛派の電子音楽作曲家が、超音波の「音響」で殺人を犯すことになっている。明らかに黛敏郎とか諸井誠とかを思わせるのが犯人で、日本共産党と繋がる松本清張の西側ブルジョワ前衛音楽批判のモティーフがあって、それが大衆新聞の読売新聞に載っていた。味ではないですか。

岡田　へえ、そうなんだ……。僕は映画の方の音楽があまりに印象的で、原作の設定を忘れてしまっていた。映画の方はもうラフマニノフを超えるラフマニノフだからなあ。涙なしでは聴けない……。ちなみに野村って片山さんと同じ学校の出身だったような。いずれにせよ、清張作品をたくさん映画化した野村芳太郎監督は社会派ですから、ソ連風のメロドラマ音楽に変えちゃったわけですね。だってあれほど「社会主義リアリズム」の理想にかなった音楽って、本家のソ連ですらあまりないいんじゃないでしょうか。映画版の音楽監督は左翼の芥川也寸志[79]だったけれど、そのあたりも関係しているんでしょうね。いやはや、いろいろ実に味わい深い。

片山　監督の野村芳太郎は芥川とずっとコンビで、芥川はジャズとクラシックの二股をかけていた当時新進のコンポーザー・ピアニスト、菅野光亮を連れて来て、彼に作曲させた。西側の前衛音楽を批判する原作のスタンスは映画では消滅させられ、松竹大船調の壮大なメロドラマに転換させられたからこそ大ヒットしたのですね。そもそも犯人の和賀英良は、原作では、前衛芸術家集団の一人なんです。岡本太郎と黛敏郎が一緒になったみたいなグループ、あるいは吉田秀和が先導した二十世紀音楽研究所のようなグループがイメージされている。清張は、西側の前衛芸術運動の資本主義とくっついたうさんくささみたいなものを見抜いていたのかもしれません。話が飛躍しますが、ブーレーズだって、前衛音楽を武器にして、結局、国家組織であるＩＲＣＡＭ（フランス国立音響音楽研究所）の所長におさまったでしょう。

79　日本の作曲家（一九二五～一九八九）。芥川龍之介の三男。代表作に《交響三章》《エローラ交響曲》など。

岡田　ブーレーズははっきり言って前衛作曲家じゃなくて文化政治家ですね。そもそも彼の作品ってほとんどシュトックハウゼンが出したコンセプトの後追いだし、シュトックハウゼンのぶっとんだ狂気もない。アカデミックな前衛なんだもん。電子音楽ももともと先鞭をつけたのはシュトックハウゼン。

片山　前衛の電子音楽も、最初は国営放送局やＩＢＭの研究所が手がけて、そこに音楽家と技術者が動員された。ところが、やがてその後、一台のパソコンですべてできるようになってきた。最初はモーグ・シンセサイザーのようなかさばるアナログ機器だったけれど、それでも冨田勲の自宅の一室で、全部できるくらいではあった。さっきの新自由主義の話ですね。

岡田　なんだかこのあたりも前衛音楽って、科学に近づいているんだよね。マッド・サイエンティストによって発見された理論が、やがて応用技術として実用化されて巨大利益を生み出す。

片山　機器が安くなり、買い手が個人になり、素人でも扱えるようになっていくと、やはりポップ化しますね。大きな進歩の物語を背負う必要がなくなる。勝手に遊んでもらうソフトを提供して儲ければよいところに落着する。どんな文化芸術に貢献するためのソフトなのか、それが前衛音楽でなければならないのかどうかなんて、みんな忘れてしまう。結局、ブーレーズのＩＲＣＡＭも、市場に最新の音響関連のソフトを提供する役目を担う組織になった。宇宙時代という大義名分のもとに開発された技術が宇宙と関係なく軍需や民需で使われてゆくのと同じことで、前衛というのはしばしば単なる捨て石です。

岡田　もはや前衛の「ぜ」の字もないようですね。七〇年代に入って、電子音楽の主役はシュトックハウゼンやブーレーズではなく、ヤマハやローランドに移ったということでしょう。

前衛音楽家たちの戦争体験

岡田　先ほども少し言ったけれども、あの時代の前衛音楽のもう一つの背景は、原水爆実験の恐怖でしょう。『ゴジラ』映画と同じ。よく「点の音楽」と形容されるシュトックハウゼンの初期の曲、たとえば《クロイツシュピール》[80]なんて、地球が量子に分解される恐怖を感じさせずにおれません。これが同時代の聴衆に、前衛音楽を単に「わけのわからないもの」ではなく、何かとてもリアルなものだと感じさせたんじゃないかな。音楽がもはや有機体じゃなくて、点の集積になっちゃう。

片山　なるほど。ブーレーズが師匠のルネ・レイボヴィッツ[81]と喧嘩したでしょう。レイボヴィッツが、十二音音楽も十二音列という旋律作りの決め手になるものをあくまで主とし、リズムや音符の長さは音列を活かす下位構造として有機的に組織されるのが当たり前だと教えたら、青年ブーレーズが怒り出して、リズムや音の長さや強弱も旋律と対等の役割があるとか何とか言って、物別れになったという。相対主義なんですよね。これは原子力時代の相対性理論あればこそなん

80　一九五一年発表。オーボエ、バス・クラリネット、ピアノ、三人の打楽器奏者のための曲。
81　ポーランド出身、フランスで活躍した作曲家（一九一三〜一九七二）。新ウィーン楽派の音楽を広めた。

じゃないですか。自明の有機性や上下の区分が崩壊している。それでブーレーズやシュトックハウゼンの生まれたのは……。

岡田　あの時代の文化を支えた人たちは、だいたい同世代なんです。一九二五年から二八年あたりにかけて生まれている。ブーレーズとジル・ドゥルーズ[82]が一九二五年。フーコーとマイルス・デイヴィス[83]とジョン・コルトレーン[84]が一九二六年。ついでにマリリン・モンロー[85]とフィデル・カストロ[86]も同じ年。シュトックハウゼンは一九二八年。

重要なのは、第二次世界大戦中に彼らはまだ二〇歳になっていなかったという点なんですよね。そして終戦をまさに二〇歳前後、大学に入るような年齢で迎えた。すでに成人していた世代と違って、戦争に対して共同責任はない、しかし戦争がどういうものか嫌というほど実体験をした世代、無責任な先行世代に激しく憤っていた世代。ちなみにDNAの二重螺旋を発見してノーベル賞を若くしてとったジェームズ・ワトソン[87]、あるいはジーパン姿の天才物理学者として大スターだったリチャード・ファインマン[88]らもこの時代のヤングヒーローだった。彼らの姿はシュトックハウゼンやブーレーズと完全に重なる。

いずれにせよ彼らは「戦前」から決定的に決別したかったんでしょう。彼らがまったく新しい音楽を模索し、あるいは革命に突き進んだ理由は、このあたりにあったんじゃないかな。

片山　第一次世界大戦がロマン主義から即物主義への反動をもたらした。第二次世界大戦も似たようなことで、みんなで行進したり感動したりさせられたりしたことを全否定するような精神が生まれた。シュトックハウゼンなんかは、そのような反発心で成り立っているでしょう。

岡田　そういう前衛音楽家たちの揺籃の地になったのが、先にも出た、ダルムシュタットの夏の現代音楽講習会でしたね。あれはナチスの時代と決別するまったく新しい音楽、西側の音楽を創出するという意図があったでしょう。アメリカ教育文化局から金が出ていたらしい。まあそういう西側イデオロギーの宣伝という利用価値でもなければ、前衛芸術に誰も金なんて出さないかもしれないけれど（笑）。

片山　ああ、そうですね。アメリカにとっては、自由を喧伝する場所として、大いに利用価値があったということでしょう。

自由主義 vs 社会主義

岡田　戦後前衛音楽といえば、一九五〇～六〇年代はポピュラー音楽の全盛時代でもあったという点を見落としちゃいけない。五〇年代はエルヴィス・プレスリー、六〇年代はビートルズの時

82　フランスの哲学者（一九二五～一九九五）。代表作に『差異と反復』など。
83　アメリカのジャズ・トランペット奏者（一九二六～一九九一）。「モダン・ジャズの帝王」と呼ばれた。
84　アメリカのジャズ・サクソフォン奏者（一九二六～一九六七）。大量の名録音を残し、今なお愛聴されている。
85　アメリカの映画女優（一九二六～一九六二）。「アメリカのセックス・シンボル」と呼ばれた。
86　キューバの政治家、最高指導者（一九二六～二〇一六）。軍事国家キューバに革命を起こし、社会主義国に変えた。
87　アメリカの分子生物学者（一九二八～）。一九六二年にノーベル生理学・医学賞を受賞。
88　アメリカの物理学者（一九一八～一九八八）。一九六五年にノーベル物理学賞を受賞。

代でもある。つまり前衛音楽もポピュラー音楽も、実は西側現象だった。ともに「自由」を謳う音楽だった。

西側では何をやったって、大丈夫だった。ピアノのなかに異物を詰め込んで音色を変えるとか、《4分33秒》[89]の間、何も演奏せずにすわっているとか、そんな前衛ばかりやっていたジョン・ケージですが、逮捕なんてされなかった。ソ連であんなことをやったら大変です。そしてプレスリーやビートルズの音楽に大人は眉をひそめたけど、彼らも逮捕されなかった。「自由」のデモンストレーションとして非常に大きな意味があったんだろう。だからエルヴィスとマッカートニーとシュトックハウゼンとケージはセットだったと、僕は思っているんです。

片山　戦後日本は東西冷戦の文化的決戦場で、西側の自由の神話に東側の連帯の神話が挑んでゆく。音楽だと芥川也寸志の行動はとても興味深い。

岡田　どういうことですか⁉

片山　芥川は一九五四年、まだ日本と国交のなかったソ連に入っている。ウィーンから潜行した。ソ連音楽に憧れていたので、ソ連が入れてくれたという美談に当時はなったのですけれど。しかし、ソ連側が全部お膳立てしての文化宣伝戦の一環と考えないとおかしいでしょう。ウィーンからソ連に入れ、ショスタコーヴィチやディミトリ・カバレフスキー[90]に会わせ、記念写真など撮って、さらに芥川の作品をソ連で出版している。そして最後は中華人民共和国経由で日本に帰ってくる。

岡田　へえ……。

片山　それを、芥川也寸志は「冒険旅行」として回顧しているでしょう。まさか額面通りには受け取れない。周到に演出されている。糸を引いている人たちがいる。アメリカ側もそうだ。文化宣伝合戦の時代ですね。

岡田　そのほか、詳述は憚られますが、当時の文化人でソ連から似たような厚遇を受けた人は、たくさんいましたね。

片山　そのへんが、じつは戦後音楽史でもとりわけおもしろい（笑）。

岡田　とにかくあの冷戦時代は、ほんとに文化闘争の現場でもあった。日本も例外じゃない。いま芥川也寸志の例が出ましたが、そのほかにも、ショスタコーヴィチを演奏するかしないかで、政治的にどちら側かがわかった。

片山　ショスタコーヴィチはまるで踏み絵みたいな作曲家でしたね。

岡田　僕は二十代まで、ショスタコーヴィチに対してはものすごい党派的アレルギーがあったなあ。まったく聴きもせず食わず嫌いだった（笑）。

片山　私は芥川也寸志が好きだったせいか、まるでそれはなかった。芥川がショスタコーヴィチを指揮すると上手でしたよ。交響曲第五番も第一一番も名演で。第七番を聴き逃しているのが人生の悔いですけれども。第四番の日本初演も芥川でした。極端な言い方をさせて貰えれば、芥川

89　一九五二年発表。三楽章構成で楽器指定はなく、楽譜には「TACET」（休み）としか書かれていない。
90　ソ連の作曲家（一九〇四〜一九八七）。代表作に組曲《道化師》など。

の黒子はソ連、團伊玖磨[91]の黒子は中国、黛敏郎の黒子はアメリカだったと思いますよ。ある程度までは。

岡田　僕は「共産党系音楽家がプロパガンダとしてショスタコーヴィチをやっている、だから聴かない、だってソ連嫌いなんだもん」みたいな感覚だった。明らかに食わず嫌いでした。でも黒子がどこで、誰がどことどうつながってこういうイメージが作られたかなんて、当時は夢にも思わなかったな。文化政治ってこんな風に半世紀も経って初めて「裏」が分かってくるものなんでしょうね。

体制側で生き抜いたフレンニコフ

岡田　もちろん私たちは、冷戦の時代の西側に物心ついたときから育った人間として、ここまで語ってきたわけですが、旧東側に育った人間から見れば、あの時代はどんなふうに見えるんだろう……？

片山　作曲家に関して言えば、自由な個人として書きたいように書くことは許されていない。文化芸術は人民に奉仕するための仕事であって、おのれの精神の自由を誇示するものではない。おのれの自由と人民の志向が合致していれば問題ないわけですが。そこをチェックすることが体制の重要な仕事になる。

岡田　あのショスタコーヴィチを徹底的にいじめた体制ベッタリの作曲家、ティホン・フレンニコフとかが中心となった。[92]

片山　そうですね。フレンニコフの音楽には西欧ブルジョワ的個性は残滓すらない。

岡田　「音楽は自分の表現だ！」なんて甘っちょろいことを考えがちな西側育ちとはわけがちがう（笑）。

片山　冷戦時代と言っても変転があるし、西側の現代音楽も特にポーランドではずいぶん紹介されていた。ソ連にもノーノは訪れていたし。ノーノはイタリア共産党だったということが大きいですが。ソ連からはアルフレート・シュニトケ、アルヴォ・ペルト、ソフィア・グバイドゥーリナ、エディソン・デニソフ、ヴァレンティン・シルヴェストロフなど、フレンニコフにチェックされて許容限度を超えていると判定された作曲家たち[93]も出たし、ポーランドだとヴィトルト・ルトスワフスキやクシシュトフ・ペンデレツキのような、西側の前衛音楽にかなり影響を与えた人も現れた。ハンガリーのクルターグ・ジェルジュもそうですね。あと、旧ユーゴスラヴィアのヴィンコ・グロボカールやミルコ・ケレメンとか。でも、フレンニコフは、スターリン時代の体制迎合的作風から全くぶれないまま、ソ連崩壊期まで権力を保持していた。芥川也寸志が日本に呼んで、フレンニコフがピアノ協奏曲を自作自演したこともありました。なかなかのピアニストで

91　日本の作曲家、エッセイスト（一九二四〜二〇〇一）。代表作にオペラ《夕鶴》、童謡《ぞうさん》など。
92　ソ連の作曲家（一九一三〜二〇〇七）。作品数は多いが、徹底してソ連政治体制に寄ることで有名だった。
93　ここに掲げられた作曲家たちは、ソ連当局から批判され、活動を制限されたり国外に逃れた人たち。

して。そのときの指揮はヴァレリー・ゲルギーエフ[94]でした。会場のロビーでは、芥川がソ連大使かな、出迎えて、しっかり握手を交わしていましたよ。

岡田 あらあら、ゲルギーエフが来日してフレンニコフを振ってたんですか。その後ゲルギーエフはロシアの「新自由主義成金」のようなイメージで世界を股にかけた大スターになり、しかしウクライナ侵攻を機に、プーチンとあまりに近すぎたことを理由に、西側からすべての契約を打ち切られちゃいましたね。政治的にまあ節操がないというか、諸行無常の響きありというか（苦笑）。

フレンニコフに話を戻しますと、もうゴルバチョフの時代になっていたけれども、神童ピアニストのエフゲニー・キーシン[95]が、一九八六年に初来日した。一四歳くらいだったと思う。そして一晩で三曲のコンチェルトを弾いた。それがモーツァルトとショパンとフレンニコフでした。あのとき、フレンニコフがついてきたはずです。多くの人は「この人、誰？」みたいな感じだったけど、私は例の『ショスタコーヴィチの証言』を読んでいたので、「ああ、これがショスタコーヴィチを苛め抜いて、そしてスターリンからゴルバチョフの時代までしたたかに生き抜いてきた男か」と思った。

これがソ連全体主義的名曲だ⁉

岡田 ところで、われわれが現代音楽史を語るとき、先ほども片山さんが触れたように、シュニトケ、ペルト、ルトスワフスキ、ペンデレツキたちは、「ソ連の抑圧の中でも西側の前衛語法を取り入れ、表現の自由を表現した」みたいな、西側視点の物語に回収しがちですよね。

片山　ベタなことを申し上げてしまい、すみません。

岡田　もちろんそれは押さえておくべき大事な流れですが、せっかくですから片山さんには、あえてそのような西側視点とは異なる、当時のソ連視点の「これこそがソ連の全体主義的名曲だ」みたいな音楽を教えてほしいな。

片山　それはもう、さっきから名前が出ている、フレンニコフが典型ですよね。フレンニコフのピアノ協奏曲第二番とか、交響曲の第二番と第三番とか。

結局、あの人は、作曲家同盟の仕事が忙しくなって、同じような曲しかつくれなくなってしまった。だから長生きしたわりに、作品数は少ないんですよ。同じパターンでいいなら、モーツァルト、ハイドン的に、量産できそうな気がするんだけど、やっぱり日ごろ、政治活動ばかりやっているから……。交響曲は三番まで、ヴァイオリン協奏曲は二番まで、ピアノ協奏曲は四番まで。作品番号も全部で三〇か四〇までしか行っていない。

それでも、とにかく体制派だから、ショスタコーヴィチとプロコフィエフとカバレフスキーのポジティヴなところ、陰影ナシみたいな雰囲気をすべて取り込んで、上手に化合させている。緩

94　ロシアの指揮者（一九五三〜）。二〇二二年にミュンヘン・フィルハーモニー管弦楽団から解雇された。

95　ロシア出身のピアニスト（一九七一〜）。一二歳で録音したショパンの協奏曲がベストセラーとなった。

徐楽章は、みんながすぐ覚えられるような親しみやすい民衆的なメロディーでできていて、第一楽章と第三楽章は「軍楽」、突撃音楽ですよね。だから爆演指揮者のエフゲニー・スヴェトラーノフ[96]が振ると、一番よい。ほかに喜歌劇なども書いていますが、要するにアメリカのミュージカルに相当するものですね。

岡田　さすがにお詳しい！

片山　いやいや、フレンニコフは歌謡曲も作曲していまして。アメリカで言えばコープランドとリチャード・ロジャース&オスカー・ハマースタインⅡ[97]を兼ねているようなところがありますね。

岡田　ああ、なるほど。

片山　しかし、時には、西側に対して新しさを見せる必要もあるということで、ロディオン・シチェドリン[98]のような人も登場するわけです。音楽も生き方も非常に上手で、前衛技法を取り入れながら、決してソ連の中で反体制に括られたりパージされたりしないようにして生き抜いた。しかも、曲によってスタイルを使い分けた。共産党大会向けに、非常に平明なものをつくったかと思えば、西側で発信するためには、アヴァンギャルドなものをつくる。ジョルジュ・ビゼー[99]のオペラをモダンにアレンジしたバレエ用の《カルメン組曲》などが典型でしょう。ああいえばこういうタイプ。ショスタコーヴィチ的な陰翳はない。プロコフィエフのアクロバティックな芸に近い。

岡田　あのシチェドリンの曲は、確か井上道義がよく指揮して知られるようになった気がする。ちょうと冷戦が終わった時期で、従来の旧東側イメージと全然違うポスト・モダンな感覚がすごく新鮮だった。

啓蒙主義以来の「自由・平等・友愛」的な西側理念に沿う音楽こそが傑作だと、私たちはつい無意識で思いがちです。それが悪いとは言わないし、しょせん僕らはそういう角度からしか見られないわけだけど、それでも時折、自らの音楽史を見る目線の西側バイアスを相対化してみたいものです。

社会主義的リアリズムは「無葛藤」

岡田　では西側目線ではなくて、旧ソ連的価値観から見た旧ソ連時代の最高傑作っていったいどういうものでしょう?

片山　亀山郁夫先生にうかがったほうがよさそうな質問ですね（笑）。ソ連の人民大衆は恐らく交響曲や弦楽四重奏曲よりもバレエやオペラの方が楽しいでしょう。だからそっちの畑から挙げるべきなのだろうけれど、本書の趣旨も意識して仰々しい交響曲から挙げると、ショスタコーヴィチなら、第五番、第七番、第一一番あたりでしょう。プロコフィエフだと、第五番と第七番で

96　ロシアの指揮者（一九二八～二〇〇二）。譜面台につけた扇風機の音が録音されてしまうことでも有名だった。
97　《オクラホマ!》《王様と私》《サウンド・オブ・ミュージック》などを生んだ作曲・作詞コンビ。
98　ソ連／ロシアの作曲家（一九三二～）。ソ連作曲家同盟議長をつとめた。
99　フランスの作曲家（一八三八～一八七五）。代表作《カルメン》が初演された直後、三六歳で病死した。

すね。ミャスコフスキーであれば第二七番、カバレフスキーは第四番。ハチャトゥリアンは第二番《鐘》。どれも、人民壁画的で祝祭的。そして、個人の襞みたいなものが可能なかぎり消されている。

岡田　個人が「殲滅」されているんですよ。

片山　跳ね上がった我、あるいは冷笑的な我は消去される。前に進み過ぎていきがっても、後ろに引いて醒めていてもダメ。

岡田　徹底的に平準化するわけですよね。

片山　だから例えば、ヴィッサリオン・シェバリーン[100]という、ショスタコーヴィチと同世代の、とてもよい作曲家なのだけれども、彼がモスクワ音楽院の教授だったとき、最初の授業でこう言ったという。「皆さんがこの国で作曲家として生きていくために、どうしたらいいか。それは皆さんが書きたいと思う音楽を書かないようにすることです」と。個人を抹消することが、生きるための絶対必要条件だ。ニコライ・カレトニコフ[101]というシェバリーンの弟子が回想録で書いているから、実話だと思うのですけれど。『ショスタコーヴィチの証言』よりは信用できる（笑）。

岡田　この感覚は「音楽は自由だ、自由に自分の気持ちを歌えばいい」と思い込んでいる旧西側の私たちが、絶対に銘記しておかなければいけないものだと思う。

片山　それはたしかに「自由」じゃないんだけど、ソ連の理屈から言うと、すでに新しいものを探す必要がないほど、ソ連において歴史は最終段階に至っているわけですよ。だからもう社会主義リアリズムは「無葛藤」理論になるわけです。葛藤があるということは、まだ矛盾があるということになってしまう。ソ連はすでに葛藤を克服して、ユートピアを実現しているのだから、「無葛藤」だと。それなのにまだ葛藤がある文学とか、演劇とか、音楽というものは……。

岡田　堕落しているわけですね……。ちなみにこのあたりはロシアのイコンと同じ発想ですね。イコンに作者の署名なんてない、誰が描いてても同じでいいし、「私の描いたものだ」と個人が署名すること自体が冒瀆である。記号であればそれでよい。全部同じでかまわない。記号の彼岸のスピリチュアルな調和を心の眼で見よ。――個人だの葛藤だの欲望だのを描くこと自体が、東方教会の発想では冒瀆なんですよね。

片山　そう。まさに前時代的な混乱に引き戻すものになってしまう。これが「無葛藤」理論です。西側のリアリズムは、貧乏人がいて苦しんで葛藤しているようだけど、社会主義リアリズムは、すでにユートピアを達成しているのだから、みんなニコニコしている。北朝鮮のフレスコ画みたいなものですね。

ショスタコーヴィチの「殲滅と死」の音楽

岡田　僕は長いあいだ、フレンニコフはもちろんショスタコーヴィチですら、旧ソ連はイデオロ

100　ソ連の作曲家（一九〇二～一九六三）。ジダーノフ批判によって音楽界を追放された。
101　ソ連の反体制派作曲家（一九三〇～一九九四）。回想録は『モスクワの前衛音楽家』の題で翻訳刊行された。

ギーまみれの御用作曲家ばかりで、音楽史の中のどうでもいい奇妙な一エピソードにすぎないと思っていたんですよね。しかしロシアのウクライナ侵攻以来、旧ソ連の音楽がものすごく生々しくアクチュアルなものとして実感できるようになってきた。全然好きじゃないのに……。たとえばショスタコーヴィチの交響曲第五番フィナーレの金管の騒音。僕は昔、あれが生理的に嫌だった。騒音公害だと思っていた。でもマリウポリに対するロシアの攻撃などを知ると、あれは途轍もなくリアルななにかについての、本物の表現なのだと嫌でも痛感させられる。ショスタコーヴィチの時代も、そして今もなおリアルな何かの表現。そうやって考えると、帝政ロシアの時代のチャイコフスキーも、フィナーレでまるで敵地を殲滅せんばかりの怒濤の金管で凱歌をあげる。交響曲第四番とか第五番とか。

雨あられと大砲を降らせて勝利する、みたいな感覚は、旧西側のクラシックには絶対にない。そしてショスタコーヴィチ緩徐楽章（第五番の第三楽章）の死の静寂も、西側の音楽にはまずない感覚。

片山　最弱音と最強音の極端なコントラスト。あとタイム・スケールが違う。

岡田　雪に埋もれた死の荒野。地上のすべての人間が死滅したときに訪れる静寂。ショスタコーヴィチのピアノ曲《二四の前奏曲とフーガ》にところどころ出てくるバッハ的な静けさもそうです。彼にとっては、バッハだけが信じられる音楽だったのかもしれない。ベートーヴェンなんて全然信じてない。

片山　バッハ的なある種の一様さが支配する音楽は、無葛藤理論とも矛盾しない。宗教曲はともかく、ポリフォニックな器楽曲だと、バッハはいける。

岡田 バッハの音楽は感情表現ではなく、フーガとかカノンとか、「完全なるシステム」だからなあ。機械論的な音楽の極致だ。人間なんていなくても勝手に作動する音楽のイメージ。

片山 システムにはまって、自動的に回っているのはソ連と案外矛盾しない。だからソ連がもしも続いていたら、結局、ミニマル・ミュージックになったのではないでしょうか。交響曲はみんなジョン・アダムズみたいになって。でも考えてみれば、ショスタコーヴィチの弟子のボリス・チャイコフスキー[102]やボリス・ティシチェンコ[103]の音楽は一九七〇年代あたりからそうなりかけていた気がしますね、今、思うと。あの続きにユートピアかディストピアがあったのかもしれない。

前衛の斜陽とミニマル・ミュージック

岡田 またロシアの話に深入りしてしまったので、ここで再び西側のアヴァンギャルドの話に戻りましょう。

片山 そうですね。当時は冷戦だからこそ、西側は自分たちが東側よりも進歩していると演出したがった。東側は既にある様式が極相ということで進歩なき完成の美学を奉じている。それなら

102 ロシアの作曲家（一九二五〜一九九六）。有名なチャイコフスキーとは無関係。
103 ロシアの作曲家（一九三九〜二〇一〇）。ピアニストとしても知られる。

ば西側は進歩と自由だと。それには、前衛芸術が盛り上がっているのが西側らしさだと。公的機関や民間大企業が前衛芸術にお金を出し、社会的、政治的、経済的にサポートされる時代がそうして続きました。

岡田 今から考えれば、芸術家にとって夢のような時代だった。今の企業メセナは、もう芸術じゃなくて、環境保護が中心になっちゃったから。

片山 あれほどの支援ができたのは、やはり西側の進歩主義こそが、遅れている東側を超えているんだと、みんなで宣伝し納得する必要があったからでしょう。冷戦音楽史のひとつの典型的な理解の仕方ですが、少なくとも前衛芸術にお金が出た理由はそれで説明できてしまう。

そういう時代があって、以後、冷戦のデタント（緊張緩和）や新冷戦を経ながら、ついに冷戦が終わり、ベルリンの壁崩壊ぐらいまで行くと、すでに前衛音楽は行き着くところまで行き着いて、やることがなくなっていたし、支持される政治的理由もなくなっていた。賞味期限切れといいますか。そこで、スティーヴ・ライヒやテリー・ライリー、フィリップ・グラスなどのミニマル・ミュージックとその延長線上のスタイルの存在感が増した。前衛よりは耳馴染みが良く、より商品として成り立ちうる現代音楽の路線ということですね。

岡田 そこ、重要ですね。七〇年代のポスト・モダンが喧伝される時代になると、かつてのようなゴリゴリ前衛は明らかに斜陽になった。前衛音楽の大ボスだったはずのピエール・ブーレーズなんか、ほとんど作曲しなくなりますものね。そして金の儲かる指揮に実質的に転向しちゃう。彼は「前衛音楽を受け入れさせるためにはまずオーケストラ・コンサートの聴衆の意識から啓蒙するんだ」なんて言い訳していたけれどね。あれは「転向」だったと僕は思っている。

片山　そうです。いわゆるクラシックの指揮者になりました。

岡田　ブーレーズは文化政治に長けていたから、その後はさらにＩＲＣＡＭの所長に出世した。そして、これまたブーレーズに劣らぬ文化政治家バレンボイムを手なずけて、あろうことかベルリンに「ピエール・ブーレーズ・ホール」なんてものまで建ててもらった。「政治家でいえば銅像を作ってもらったみたいなもんだ」と言うと言いすぎかな。一方シュトックハウゼンは、七〇年代から完全に「グル化」する。生まれ故郷のケルン近くのキュルテンとかいう村に引きこもって……。

片山　熱狂的信者を周辺に集める。家元のもとで修業していますみたいな弟子たちに囲まれて生きる。そうしないとシュトックハウゼン流の芸は成り立たない。楽譜だけで流通するかたちとたもとを分かった。

岡田　ブーレーズが偉人としてモニュメントまで建ててもらって、それに対してシュトックハウゼンが今では「戦後音楽史を一時期騒がせた狂人」みたいな扱いであることが、僕にはどうしても受け入れられないんだ。本物の前衛だったのはシュトックハウゼンだもん。たぶん演奏が難しすぎるんだな。それに対してブーレーズは、いろいろ小難しい御託は並べるんだけど、「腕自慢の演奏家ならまあ弾ける」くらいのところで寸止めして曲を書く。そこがなんともまたいやったらしい（笑）。彼は保守的な音楽家です。前衛なんかじゃない。

いずれにせよ一九七〇年代というのは、戦後前衛がそれぞれに幻滅を味わい、作曲史のフロントから脱落していった時代ですよね。それに対して、ポスト・モダンの時代に広く受け入れられるようになったのは、何度も名前の出ている、アメリカ発のミニマル・ミュージックです。ミニマルはとにかく聴きやすい。耳触りがいい。同時代のヒッピー文化みたいな感覚も入っている。スピリチュアルというかメディテーションというか。

片山　そう。さっきも出たライリー、ライヒ、グラスは、最初は一九六〇年代末のカウンター・カルチャーとして登場しましたからね。

岡田　こうやってだんだん冷戦時代が終わりに近づいて、そしてベルリンの壁崩壊が一九八九年。冷戦は完全に終結した。これが音楽に及ぼした影響は大きかったですね。これまで謎に包まれていた壁の向こうが、急に見え始めた。エストニアのアルヴォ・ペルトやアルフレート・シュニトケのように、冷戦時代から西側にある程度知られている人もいたけれど、やっぱり彼らが一挙にブームになり始めるのは、壁崩壊以後でしょう。

不毛の三〇年？

岡田　しかし、「それ以降」が問題です。一体なにか本当に重要なものが登場してきただろうか？　かつてのシュトックハウゼンやケージに比肩する前衛作曲家なんて、誰もいないんじゃないか？　いや、ポップスだってジャズだってそうかもしれない。ビートルズやマイルスやコルトレーンやマイケル・ジャクソンに比肩する影響力をもった人が誰かいたか……？

残念なことだけれども、冷戦後三〇年間の音楽史は将来、「何も生み出しえなかった不毛の時代」「過去のコピーしか生まれなかった時代」「新自由主義勝ち組にターゲットをしぼったバブリーなグローバル時代」として振り返られるんじゃないか？

片山　進歩の夢が最終的に挫けてしまった。あるいはもう満足したからいいやという時代に入った。東西のイデオロギー闘争も終わった。それは政治的・経済的な闘争だったけれど、それが終わってしまったのに文化闘争だけ続くということもない。西側に限ってみても、何が進歩かという前衛の主流の覇権を取りにゆく闘争があり、そこで反動扱いされるものと前衛派との闘争もあった。繰り返しますが、西側に於いては自由と進歩がおのれの文化の存在証明になって、その証明のために国家や大企業が資金を出すので芸術家間の資金獲得競争も生々しいものだった。それがみんなふっとんで、資本主義の論理だけが残った。そうなると価値を問うて争うてももう仕方ない。支持率競争や視聴率競争と同じになって、聴きたいものが聴きたい。それだけになってくる。何が進歩か前衛かなんて、論点にならない。前衛がなければ反動も保守もない。みんなＯＫ。価値観の多様化とか、多元化とかの時代になって、結局、主流がなくなって、みんな枝分かれしたままとなり、誰もがいろんなものを楽しめるようになった。見方を変えれば、人類の進歩とリンクして未来の美意識を確立するのがクラシック音楽の作曲家の使命だなどというベートーヴェン以来の理念の無効化が最終的に宣言された。誰かが宣言しているわけではないのですが、時代精神というものがそう宣言している。あとはもう好みでしかない。そういうの聴くんですか、僕はこういうのを聴くんです。それで昔は喧嘩になりましたよ。でも、もうならないでしょう。それはつまり終わっているということだ。

岡田　そうそう。われわれの学生時代、学友たちとの音楽論は常に喧嘩になった。「オマエは一体オレの敵なのか味方なのかどっちだ？」といった風にね。時代ですねえ……。そして常に「主流」を意識せざるをえなかった。昔なら僕と片山さんは絶対に「敵」同士だっただろうな。私は主流信奉の保守ブルジョワで、片山さんは主流の転覆をたくらむ革命分子（笑）。それが今、こんな風に僕らが和気藹々と語りあい、認識もそれなりに合っていること自体、この時代を象徴しているのかもしれない。それでいいのかどうかは別として（笑）。

片山　私は伊福部ファンですから「伊福部昭がいちばん好きです」なんて中学生のときに教養主義的クラシック・ファンの大人に言いますと怒られまして。「ベートーヴェンも聴き込まないで、いきなり日本のマイナーな作曲家を聴くとは言語道断だ」と。これはもう喧嘩ですよ。大人の顔を立ててはいられません。

岡田　クラシック権威教養主義の抑圧ってすごかったもんなあ。あれは大正教養主義の末裔だったんだろうけど。ベートーヴェンを聴く人は「偉い」んですよね（苦笑）。

片山　ところが今だと「伊福部昭は日本のクラシック音楽を代表する作曲家で、すごいですよね」とか平気で言う人が増えて、音楽の「ゴジラ」を聴いても、「『ゴジラ』はまさしく日本のクラシック音楽ですね」と、誰もが言うようになってしまった。

岡田　これって、プーチンのいう「ユーラシア主義」の勝利かもしれませんよ（笑）。

片山　でも、岡田さんのご著書『西洋音楽史』などでも明らかにされているように、そもそも作曲家というものが、世の中の関心の中心に置かれなくなってきた。カラヤンの今月の新譜は何だろうとか、ポリーニは次に何をやるのかとか、グレン・グールドの未発表録音が出るとか、そういう話題はあったけれど、では、彼らに匹敵する作曲家の時代というのは、やっぱりストラヴィンスキーあたりで終わってしまったような気がします。

岡田　ストラヴィンスキーが没したのが一九七一年。彼の盟友だったピカソが一九七三年没。モダニズムの栄光の時代が完全に終わった。それがまさにポスト・モダン前夜だった。

片山　ストラヴィンスキーの場合は、最後の作品が一九六〇年代半ばでした。新作が一般的なクラシック音楽ファンの興味の対象すら外れてくる時代ですね。

それでも一九七〇年代までは、武満徹やクセナキス、シュトックハウゼン、ブーレーズなんて「名前」が、まだ広く流通していたでしょう。一応名前だけでも知らないとまずいような感じがあって、「ブーレーズとか、シュトックハウゼンとか、聴かないいんですか？」と言われたときに、聴いていないと「恥ずかしい」というような感覚が、まだギリギリあった。彼らが次にどんな新作をどこで発表するのか。ニュース・ヴァリューがまだありました。

八〇年代以降は、もう完全にそういう感覚は薄れて消えてった。現代音楽は、好事家やマニア向けの嗜好品となり、バッハやモーツァルトやベートーヴェンの続きとして未来の人類が広く聴くようになるなんて、誰も思わなくなった。

岡田　イデオロギーとかメインストリームとかがメルトダウンし始めたこととセットですね。それから前衛音楽の場合は、やはり「現状に抗議する音楽」という性格を強く持っていた。だから広い意味で左翼の衰退と前衛芸術の衰退は軌を一にしていただろう。そのうえ、台頭してきた文化相対主義がヨーロッパ中心主義的なエリート性をこれでもかとばかりに叩くようになった。

片山　先ほどの話の裏返しで、自分たちのイデオロギーや文化が、他に対して優越していることを、強く言う必要もなくなると、お金が現代音楽には来なくなるわけです。オペラ座とか、交響楽団とかがあるかぎりは、新作もなくてはいけないみたいな意識もすっかり弱った。骨董品、博物館的な保護対象としてすら、あまり認知されていない。それでもやりたい、聴きたい人は、自分たちでお金を出し合って、小ホールで、わかる人だけで新作演奏会を聞いて、満足して、「現代音楽も、まだまだ盛んですよ」とか言いあう、そんな妄想の世界で生きるしかなくなっている。

岡田　冷戦後の三〇年で、「誰もが自分の好きなものを自由に聴いていい」という文化多様性の承認が、いわゆる「ポリティカル・コレクトネス」になった。「おまえの聴いているものは質がよくない」などと上から目線で他人の趣味に啓蒙的に干渉するのは、御法度になった。だけどそれで残ったのは結局、あまりにも細分化されたオタク的趣味集団だけだったと言えないこともない。われわれ二人も含めてね（笑）。

片山　ほんとにそうですね。

ビッグネームの消滅とゾンビ化

岡田　しかしこの三〇年で、前衛音楽だけではなく、クラシック音楽の「巨匠」も、もののみごとに絶滅しちゃいましたね。冷戦が終わる一九九〇年前後というのは、偉大な音楽家が次々に世を去った時期でした。一九八九年にカラヤンとホロヴィッツが亡くなり、翌一九九〇年にバーンスタインが亡くなった。他にもいっぱいいる。「ビッグネーム」は一九九〇年ごろにいっせいに消えた。そして彼らは、二〇世紀生まれではあったけれども、一九世紀文化の残照の中で育った世代でした。クラシック音楽の黄金時代である一九世紀の空気を、二〇世紀の私たちに伝えてきた巨匠世代です。日本で言えばこれは、昭和天皇の崩御の時期だから、平成の「失われた三〇年」はそのまま音楽についても言えるのかもしれない。

これはクラシックや前衛音楽だけではなくて、ポップスや日本の歌謡曲やジャズについても言えることだろう。滅法うまい人、すごく個性的な人、とても音楽的な人はいっぱいいるんだけど、「歴史を作る人」がいなくなった。でも業界的には「このジャンル、もう終わってない？」と認めるわけにはいかないから、なんとか蘇生措置をしなくてはいけない。あらゆる戦略を動員して、そのジャンルが生きているように演出しないといけない。

片山　学者や評論家も同じ穴のムジナですよ。音楽業界が存続していることを前提にしないと仕事ができないから困る。だから、業界向けのプロパガンダ学者がたくさんいる。

岡田　残念ながらそのとおりですね。ちなみに先日、きわめて有名なある国際ピアノ・コンクールの中継をBSで観たんですが、正直レベルがかなり落ちていると思わざるをえなかった。こんなことじゃ業界の自作自演イベントとしてしか成立しなくなってしまう。

片山　きっと、そうですよ。

岡田　こういう状況って、アートの世界で時に使われる言葉でいえば、「ゾンビ化」なんだよな。もう死んでいるはずのものが、生きているみたいに徘徊する。

片山　おっしゃるとおりです。

岡田　それからもう一つ、クラシック業界のパトロンというかターゲットが、中国やロシアの新興富裕層、いわゆるオリガルヒになってきたのも、二一世紀に入ってからの傾向かもしれない。

片山　彼らはとにかくお金を持っている。西側の企業人になると、ある種の民主主義のおかげで株主の顔色をうかがう必要もあったりして、個人の一存でまとまったところに資金を集中投下することが、もう通らない時代になっている。だから、ロシアや中国のような、「独裁」が残っている国がお客様になる。

アヴァンギャルドは「現実のカタストロフへの前座」？

岡田　こんな状況のなか、少なくともクラシック界において、二一世紀に入って人を震撼せしめるような達成を見せてくれた唯一の音楽家が、僕にとっては指揮者テオドール・クルレンツィス[104]です。ギリシア生まれの彼はサンクトペテルブルクに留学し、そしてロシアで名を馳せた。クルレンツィスは、音楽が単にきれいなものではなくて、「生きるとは何か」を問うものであることを思い出させてくれた、ほぼ唯一のクラシック系音楽家でした。そういう風に感じた人は多かったと思う。

クルレンツィスは自分のオーケストラの団員を「私の兵士」と呼び、インタビューで「この世界で生きたくないと思うなら、人は別の世界を創らねばならない、そのためには兵士が要る」とか「音楽の世界にもアトスの修道院が必要だ」とか、すごいこと言ってたからなあ。しかも彼の音楽はとんでもなく攻撃的だった。特にモーツァルトのオペラの録音で世界的に名声を博しましたが、まるで「これまでのモーツァルト解釈は全部間違いだ！」といわんばかりの過激さだった。実際彼は「モーツァルトは今ここ、ロシアの地に降りてくる」とか言ってたし。

クルレンツィスの音楽の特徴は、新自由主義時代の西陣営のマネーゲーム的なもの、金銭万能主義、精神的なものの軽視、相対主義とニヒリズムといったものに対するすさまじい敵意だった。今にして思えば、あの激越さは二〇二〇～二二年の予感だったのかもしれない。芸術の歴史ではしばしば、現実世界のカタストロフより前に、前衛芸術の中でそれが幻視される。第一次世界大戦直前のシェーンベルクの無調やストラヴィンスキー《春の祭典》もそうだったし。

でも同時に、彼が芸術の中で予感させたカタストロフが、本当に現実になってしまったとも思える二〇二二年以後、クルレンツィスは一体どこへ行くのだろう？とも思う。彼は歴史の現実によって追い越されたのではないか、と。

片山　結局、アヴァンギャルドの幻想は、必ず次の段階によって打ち砕かれるというのが、歴史のパターンなんです。たとえば、ソ連音楽史で言えば、スクリャービンが革命前に亡くなり、そ

104　ギリシア出身の指揮者（一九七二～）。ムジカエテルナを率いて刺激的な録音を次々リリースしている。

の後ニコライ・ロスラヴェッツ[105]、アルトゥール・ルリエー[106]、アレクサンドル・モソロフ[107]らが率いたロシア・アヴァンギャルドが一九二〇年代に大流行して、妙な新機軸をたくさんやった。これこそが、ソ連がつくる、西側に対抗する未来の新しい音楽のように思えたけれど、結局、一九三〇年代半ば以降のスターリニズムの完成の前奏曲に過ぎなかったわけです。あっという間に消えちゃいましたから。

岡田　ああ、そうか……。

片山　ロシア・アヴァンギャルドによって予告されたユートピア的なものは、最初は不協和音の騒音みたいなものを一所懸命にやっていたわけだけど、それは、のちに登場する、民衆が礼賛し、金管楽器や打楽器が力強く咆哮する、全体主義的な音楽にすり替わっていくわけです。つまり、ロシア・アヴァンギャルドは前座だったんですよ。だから短く終わって、次の普遍化というか、大衆化というか、みんなに平均的に提供されるものに乗り換えられていった。たとえばショスタコーヴィチの交響曲第五番が典型です。

誤解されがちですが、ロシア・アヴァンギャルドは、スターリンによって抑圧され封じられたんじゃなくて、役割はもう終えていたんです。スターリン時代が来る前の、ただのプレリュードにすぎなかったんですよ。

岡田　言葉なし……。でもそのとおりです。

片山　いやいや、そういうふうにも理解できるということで……。でも、ブーレーズのＩＲＣＡＭの夢とか、シュトックハウゼンの未来みたいなものと、そのあとにもたらされた時代とのギャップも、たぶんロシア・アヴァンギャルドとスターリニズムの関係と同じような形で説明できると思うんです。

岡田　アヴァンギャルドが予告したディストピアは、スターリンによって、あるいはヒトラーによって、無理やり抑圧されたわけではない、むしろ独裁者たちは、前衛が幻視したものを現実化した、そうなればもう前衛は不要になる、アヴァンギャルドとは常に現実の前座をつとめるピエロであると。

片山　そうです。

ミニマル・ミュージックと古楽の先はあるのか

岡田　ところで序章でも話しましたが、ミニマル・ミュージックについてもう少し語り合っておいたほうがいいと思うんですが。

同じ音量で、サラサラサラサラと、同じようなメロディーが何度も反復される音楽。二一世紀に入ってもなお、あらゆる音楽ジャンルに影響を与え続けている。ポップスでも現代音楽でもジャズでも、「癒し系」には必ず影響が感じられる。

105　ロシアの作曲家（一八八一～一九四四）。一九三〇年以降は、プロレタリア音楽家同盟から厳しい弾圧を受けた。
106　ロシアの作曲家（一八九二～一九六六）。ロシア革命後にパリを経て、アメリカに亡命した。
107　ロシアの作曲家（一九〇〇～一九七三）。プロレタリア音楽家同盟により白海運河の強制労働に送りこまれた。

片山　ヒッピーとか、ドラッグとか、性の解放とか、ビートルズとか、サイケとか、ロックとか。あまり一緒にしてはいけませんが、やはり高学歴の学生が多くなる。そのくらい社会に余裕ができる。必ずしも苦学しているわけでなく、遊んでいる。そういう時節に符合して、他のどこでもなく世界で一番豊かなアメリカから一九六〇年代半ばに出てくるのがミニマル・ミュージックでしょう。学生反乱の時代でもあるのだけれど、貧困化した労働者の反乱ではなく、余裕のある学生の文化闘争的反乱でしょう。カウンターなんだけれども、切羽詰まってなくって、豊かな時代の気分と結びついているものだ。進歩とか発展とか展開とかはもういいじゃないかというところがある。

岡田　一種のコンフォミズム、体制順応主義でしょうか。現状でいいじゃないか、という。

片山　そうですね。だから岡田さんがおっしゃったような、サラサラサラサラ流れているような音楽になる。

岡田　七〇年代は「環境」というキーワードが出てくる時代です。特に石油エネルギーの限界が意識されはじめました。環境破壊に対する警鐘が出てくる時代でもあった。ミニマル・ミュージックの静かさは、「環境」というキーワードにピッタリくるんですよね。と同時に、ポスト・ベトナム戦争世代というかヒッピー文化的なスピリチュアルへの憧れなども、背後にあっただろう。

片山　そうですね。禅もはやれば、タオもはやれば、インドもはやる。ライリーでもグラスでも、アジアやアフリカの民族音楽と結びついている。ジョージ・ハリスン[108]がインド音楽を愛好した話ともつながってくると思うけど、カウンター・カルチャーの中に、西欧的な、あるいはソ連的なイメージとはちがう、なんていうか……アフリカで、ずっとおなじリズムで太鼓を叩いて、永遠に続くリズムのような、ああいう感性をうまく入れ込んで、前衛、進歩主義と相対化させていたような気がします。ライヒの《ドラミング》[109]はアフリカの太鼓ですよね。

岡田　同時にミニマル・ミュージックって、ロハスとかそういう「環境コンシャス」で「意識高い系」のスマートな都会エリートの生活様式に、なんだかぴったり合うんですよね。その意味では新自由主義の時代の音楽だったともいえる。

片山　ミニマルに象徴される価値観は、ソ連が行き詰まっていく状況に対して、一九八〇年代に糸井重里さんの有名なコピー「おいしい生活」が登場した、あの時代特有のものだったような気がします。東京ローカルの話になっちゃいますけど、ミニマル・ミュージック的なものが、セゾン文化には絶えず寄り添っていた。たとえば、池袋の西武百貨店内にあった西武美術館のフロアには、「アール・ヴィヴァン」という、現代美術、現代音楽のお店がありました。あそこで働いていた人が、そういえばミニマル・ミュージックの作曲家でもあった。

岡田　え、そうなんですか？

片山　作曲家の芦川聡[110]。彼は日本のミニマルの先駆的な重要人物でしたけれど、池袋の西武百貨店のお店で働いていた。

108　ビートルズのメンバー（一九四三〜二〇〇一）。楽曲にインドの楽器シタールを導入した。
109　一九七一年発表。スティーヴ・ライヒ初期の傑作。
110　日本の作曲家（一九五三〜一九八三）。代表作に、アルバム『Still Way』（一九八二年）など。

岡田　ほんとに？

片山　そうなんです。残念ながら交通事故で若くして亡くなられてしまいましたが。でもそのくらい、ミニマル的なものと西武セゾン的なものは近い雰囲気にあって、これからはこういう豊かさの中で、安定的に、みんなが中産階級になって、ミニマルを聴きながら「おいしい生活」を楽しむ時代になるのだと、信じていた。

岡田　あるいは後に首相になる大平正芳の田園都市国家構想ね。発表されたのは一九七一年。田中角栄の日本列島改造論の「右肩上がりの熱さ」に対するアンチだった。

片山　あのイメージの中で、みんな、完結していくような幻影が与えられていた。ところが、次第に、大資本や国家の文化行政から予算が出なくなって、芸術家の方々は勝手にやってくださいとなった。そして完全に自由だと言われたときには、もうどこからもお金が出なくなって、細ってしまう。現代音楽の世界も、郊外の小ホールのような、安くてあまり立派とはいえないようなホールで、それでもありがたそうに、まだ現代音楽をやっているよとか言って……悲しいですね。

岡田　そして、入れ替わるように「古楽」がブームになる。

片山　古楽のブームは、現代音楽で新しいものが出てこなくなった時代と明らかにシンクロしている。古楽は、過去の遺物として、もう遅れていると思われていた。こんな昔の楽器じゃ、音程も悪いし……そんな捨て去られていたはずのものに可能性を見いだすという、逆転現象が起きたわけですよね。

チェリストで指揮者だったムスティスラフ・ロストロポーヴィチ[111]の言葉がすごく印象に残って

いるのですよ。古楽ブームについてどう思いますかと音楽ジャーナリストに質問されたら、彼は「なんでわざわざ鳴らない楽器で演奏しなくてはいけないのか」と答えた。これは、ロストロポーヴィチが背負ってきた、音楽史のスタンダードと思っていたものに亀裂が入りはじめたことを象徴する、いいセリフだなと思って、いつも思い出すんです。

岡田　この先、現代音楽はこのまま消えていく運命にあるのでしょうかね。五〇年後にブーレーズなんて聴いている人、いるのかなあ……？

片山　そうですね。ブーレーズは、やっぱり「あの時代」の人ですよ。

岡田　保守的な人ですよね、そういう意味では。

片山　《レポン》[112]のように、三六〇度全方向から気持ち良く音が飛んでくるような、快楽的な、まさにセゾン文化的なイメージに収斂していますよね。高度資本主義的欲望のひとつの完成ですね。でも、そういう意味では二〇世紀末の音楽として歴史に遺るのではないか。ブーレーズやノーノのライヴ・エレクトロニクスの音楽は。その時代ならではのテクノロジーと結びついた曲なので、すぐ古くなってしまうということもあるでしょう。普通に弦楽四重奏やオーケストラを用いる音楽と違うから。そうなると、すぐ「古楽」的関心も生むのではないか。「ピリオド電子機器」による「二〇世紀現代音楽＝古楽アンサンブル」みたいなのができて、われわれは一九八〇

111　アゼルバイジャン出身の音楽家（一九二七〜二〇〇七）。作家ソルジェニツィンを擁護しソ連国籍を剥奪された。
112　一九八一年発表。六人のソリスト、電子楽器、アンサンブルが聴衆に囲まれるような状態で演奏する。

年代が専門ですなんて（笑）。

岡田　でもモダン・ジャズにロックをミックスして、一九七〇年代に一世を風靡したフュージョン・ミュージックのコアなファンは、もうそういうことを始めてるみたいですよ。一九七二年の大ヒットアルバム『リターン・トゥ・フォーエヴァー』[113]でチック・コリア[114]が使用したエレピ（電子ピアノ）の同型とかをコレクションして、「うーん、やっぱりあの時代のエレピはサウンドが重厚だ！」とかいって楽しんでるらしい（笑）。ちなみにこのアルバムも序章で触れたＥＣＭの発売だった。

片山　一方、シュトックハウゼンとかクセナキスは、ブーレーズみたいに時代に寄り添い過ぎず、主流から外れることで消費され切らずに未来につながる道を探していたでしょう。そこに偉さもあると思います。序章でも触れたように、シュトックハウゼンは、以前、「自分の音楽は、第三次世界大戦が終わったあとに、生き残った人類によって聴かれるだろう」と発言してもいました。しかし、こうやって冷戦後の三〇年間を振り返ってみると、それは未来の可能性を信じていたというよりも、音楽の終わりを達観していたように思えなくもありません。

ストリーミング配信で変わったこと

岡田　この一〇年は音楽の聴き方にも大きな技術革新があったので、これについても話しておかなければなりません。今や音楽はインターネット配信で聴くのが当たり前になりました。

片山　たしかに、今では「板」（CD）で音楽を聴く習慣がどんどんなくなって、ダウンロードやストリーミングなどで聴くのが当たり前になってきましたね。

岡田　もっともこれは書籍もおなじで、まだコミックが先導しているとはいえ、電子出版は確実に伸びている。電車の中で紙の新聞を読んでいるひとなんか全然いない。

片山　たしかに快楽や刹那主義みたいなものが音楽に対して求められている以上、配信でもいいんでしょうが、やっぱり書棚とレコード棚はパラレルだったはずなのです。こっちにレコードがズラッと並んでいて、あっちに文学書が並んでいて、ある種の「ブツ」として教養に触れていた。常に「並んでいる」ということは、「いつもある」ということだから、そこにベートーヴェン、モーツァルト、バッハが、「いつもいる」はずだった。まあそれはLP時代のイメージですけど、CD時代も含めて、それが人間の教養の基本的な形のような時代があった。

岡田　レコードには確かにモノ性がありました。重かったし。それに一度針を落としたら、途中でやめるわけにいかないから、A面ないしB面は必ず通しで聴かなければいけなかった。つまり時間の持続性と不可逆性があった。これはCD以後と決定的に違う。

片山　しかしいまは「ブツ」が残らない。もちろん、いつでも聴けるんだから、「ブツ」は関係ないように思えるけれども、私たち人間が「肉体」という「ブツ」を持っているかぎり、やっぱ

113　一九七二年にチック・コリアがリリースした、同名バンドのデビューアルバム。
114　アメリカのジャズ・ピアニスト（一九四一〜二〇二一）。ジャンルを超えた幅広い音楽性を発揮した。

り関係はあると思うのです。人間が物質的でなくなれば、音楽も「ブツ」でなくていいかもしれないけど、やっぱり人間は、私たちが座っているような机と椅子があって、そうすると、横からモノを取ったり、しまったりする「行為」が加わることで、それがいろんな教養の形成につながるだろう。

するど、机の横に何を並べておくか、引き出しに何をしまっておくか、そういうことから「執着」が生まれて、新たな思想が生まれてくる。今の若い人たちが、LPもCDも「ブツ」を買わないで音楽を聴くのが当たり前になっているいま、彼らを見ていると、資料をストックしたり、蓄積したり、記憶したりということに対して、すごく鈍くなっています。

岡田 僕も片山さんとおなじ大学教員ですから、その点は実に身に沁みてわかります。

片山 やっぱり一時間なり二時間なり、「ブツ」を通して接してほしい。配信の映画を、スマホで早送りして観るのでは、それは体験としては、単なる情報確認だけです。チャイコフスキーでも、ワーグナーでも、オペラならオペラで、三時間や四時間はかかる。長いです。つらいでしょう。でも、それを何とか聴き通して、初めて確かに聴いたことになる。それが、本来の音楽というもので。それが、ここまで形が変わってしまうと、やっぱりもう違うものだと言うしかない。

岡田 映画では早送りで見る習慣がかなり広まり始めているみたいですが、音楽の場合はたぶん「盛り上がりどころ」だけを聴くってことになるのかな。ネット動画でも「最も再生回数の多いところ」って出てくるから。

片山 今だって映画や音楽が好きだという学生さんはいくらでもいるけれど、彼らとしゃべっていると、私どもが映画や音楽を好きだと思っていたころと、だいぶ違っています。あの映画監督が好きですと言うんだけど、数本しか観ていない。ネットなどでいつでも観られるせいなのか、なぜかなかなか観ない。

岡田　僕もあれは謎です。作家名と作品名をチェックして、それをもう一度観て（聴いて）、徐々に自分のなかのアーカイヴを構築していく、というモデルが完全に無効になっている。でも若い人の立場からすると、ネット世界は果てしない無限宇宙であって、ジャンルだとかいって区切ってみたところで、もう全体を見渡すことなど不可能だ、という諦めがあるのかもしれない。僕らが若いころは、「少なくともこのジャンルは全部聴くぞ〜」というドン・キホーテ的夢があったけどね。ヴィルヘルム・フルトヴェングラー[115]のベートーヴェン録音くらいだったら、全部のCDを買えそうなかんじもしたし（笑）。

でも今のネット時代においては、作品との出会いは偶然の行き当たりばったりの一期一会であって、それを自分のアーカイヴに格納するなんてまず不可能。またしても「全体性の不能」についての話題になりますが。

115　ドイツの指揮者（一八八六〜一九五四）。長年にわたりベルリン・フィルハーモニー管弦楽団を指揮した。

これからのクラシック音楽をどう聴くか

岡田　さて、本書の対談も、そろそろフィナーレです。ここまでお読みいただいた読者のためにも、ぜひ、片山さんには、「ごまかさないクラシック音楽の楽しみ方」を伝授していただきましょう。

片山　それはもう、聴きたいものを勝手に聴いてくださいとしか言いようがないんですけど……。やっぱりクラシック音楽というと、個人の内面と結びついたものだというひとつの厳然たる価値観があって、それこそ日本では文明開化でりっぱな近代的な思考を身につけるためのツールとして入ってきたわけです。

でも、触れてきたように、クラシック音楽史がやはり極相に達して、古楽が復権するとか、ミニマル・ミュージックに、自閉するといってはあんまりだけれど、最後に住み着く洞穴みたいなものを見つけるようなところにまで来てしまったからには、クラシックなクラシック音楽観ではさすがにもうダメでしょう。もっとバラバラであったり、あるいは広がっていたり、それこそイスラムからプーチンまで世界を理解するためのツールとしてクラシック音楽を聴くような、そのくらい間口を広げて楽しんでほしいですね。

岡田　本当にそう思います。

片山　クラシックを聴くことが高尚だなんて時代は遠い昔の話になってしまった。かといって、クラシック音楽が、今さら趣味以上の意味はないとも思いたくない。やっぱり世界を知る、歴史を知る、人間を知るツールであってほしいです。

岡田 それ、とても重要なことですね。

片山 そのためには、とにかくいろんな音楽を幅広く、しかしそのときの本人の関心を裏切らず、聴きたいものに没頭して貫いたい。時代錯誤な台詞だけれど、三〇分の曲なら三〇分聴く。

岡田 この対談を通してつくづく私は、自分が「音楽」と考えてきたものが、一八世紀以来の啓蒙思想のツールとしての音楽のことだったと、よくわかりました。クラシックだけじゃない。ポップスだってそうです。自由主義陣営で一定のファンを獲得し、あるいは研究され、そうやって「歴史」を作ってきた音楽は、実は「自由・平等・友愛」のメッセージと強固に結びついている音楽なんですよね。

片山 まあ、それはそうですね。もちろん、それ自体は決して悪いことじゃない。

岡田 だけど「音楽」の背後の頑強なイデオロギー性に無自覚に、グルメよろしく美的にのみ消費する、というのはやっぱり危うい。あまり無邪気に「音楽って、いいですねぇ」とは言いたくない。

もともと西洋音楽は宗教と強固に結びついていた。王権だって宗教の一種だ。だけどウィーン古典派あたりからの「クラシックの時代」の本格的開始とともに、音楽は脱宗教化され始める。交響曲もピアノ・ソナタも特定の宗派と結びついたりしていない。そしてコンサートホールは宗教に関係なく、誰でも入れる公共施設だ。クラシックのコンサート文化は、音楽を教会とか王さまから切り離した。これはもう政教分離のフランス憲法と一緒。

片山　そうか、ライシテ[116]なのか。

岡田　にもかかわらず、その背後にやっぱり神学的なものが隠れているということを忘れたくない。政治的・宗教的・思想的にニュートラルな音楽なんて存在していない。特定の音楽のファンになるということ自体、なかば入信することに等しい。ＥＸＩＬＥでもバッハでもマイルスでもシュトックハウゼンでも、そこはかわらない。「ファンになる」とは、その音楽が求めている絶対倫理を受け入れることに等しいんです。そもそも熱狂的な音楽ファンって、自分の好みを絶対に曲げないし（笑）。

片山　その通りですね。私も伊福部昭だけは曲げないですよ。

岡田　例えば吉田秀和はイタリアオペラをまったく認めていなかった。「あんなものはバッハと違って、ただの娯楽だ」と思っていたんでしょう。これまた神学です。

すべての音楽には絶対倫理が隠れている。単純に言えば、「許せないものは許せない」ということです（笑）。コンサートで演奏中にトイレに行ったらいけないとか、ロック・コンサートならみんな総立ちのときに一人座っていたりするのはユルセナイとか、クラシックでは演奏中に拍手したらいけないけれど、ポップスだったら手拍子叩かないヤツはノリが悪いことにされるとか。一見些細とみえる「風習風俗」のなかにも根深い神学がひそんでいる。

片山　そうですね。いま、みんながどんな音楽でもニュートラルに楽しんで、どんな音楽に対してもはっきりダメだとは言わないけれど、その背後にはそれぞれの「絶対倫理」がしっかりと張り付いている。そのことにもっと自覚的にならないと、世界も人間も読み解けない。ただ音楽を右から左に聞き流しているだけではもったいない。

ベートーヴェン《第九》vsショスタコーヴィチ《第五》

岡田 最後になりますが、こうしたクラシックの政治イデオロギー性を理解するのに格好の「曲」も挙げておきましょう。西側リベラリズムのシンボルといえば、やっぱり《第九》にならざるをえないでしょうね。

片山 人類みな兄弟！

岡田 近代社会において《第九》的なメッセージは、学校唱歌的な世界からマイケル・ジャクソンに至るまで、ありとあらゆる形で変奏されてきた。このことを忘れたくない。オリンピックだって《第九》的モデルから生まれてきた祭典だ。

片山 万国の若人が集って、選手村で仲良くする。完全に《第九》です。

岡田 《第九》と言えば、あれが「EUの歌」になっているのは偶然じゃない。「世界の人々が兄弟になろう」といったところで、そこに果たしてチェチェンやジョージアやシリアのひとたちは含意されているんだろうか？という偽善も含めて、あれほどEU理念にぴったり合う歌もない

116 laïcité 政教分離を表わすフランス語。

（笑）。

片山　やっぱり近衛文麿の言う「英米本位の平和主義」なんですよ。近衛は実に正しいと最近思うのですよ。

岡田　そして《第九》／ＥＵ的なもののアンチとして、ショスタコーヴィチの交響曲第五番はどうでしょうかね？　《第九》対ショスタコ《第五》。

片山　そこに尽きてくるのが二〇二一年に顕在化した世界でしょうね。

岡田　こうやって考えてくると、「クラシックを聴く」とは「近代世界の欺瞞と矛盾を理解する」ことにほかならないのかもしれないですね。

おわりに――片山杜秀

ごまかさないでクラシック音楽を語り合う試みの旅をとりあえず結ぶ。岡田さんとレムの『ソラリス』やクラークの『幼年期の終り』の話をしたせいもあるだろう。ソ連やショスタコーヴィチのことがしきりに出てきたせいも明らかにある。ここまで来たら、唐突に日本のSF小説のクラシックな名作、海野十三の『十八時の音楽浴』のことがさかんに思い出されてき、どうしても頭を離れなくなってしまった。

それはその名の通りの内容である。全国民に毎日一回、「十八時の音楽浴」が義務化された、未来の全体主義国家の物語だ。地球は「たびたびの戦争に、地表面は細菌と毒ガスとに荒れはて生き物はおろか草一本生えていない荒涼たる風景を呈していた」。生き残った人類は地下で暮らしている。全体主義国家も地下にある。人工太陽がいつも灯されているので、そこに夜はない。常に隅々まで照らされている。「総理部の監視所」が隠しマイクロフォンを仕掛けて、裏切り者は居ないかと聞き耳をたてている。だが、外からの監視だけでは、むろん外面にしか管理は及ばない。個々の内面まで浸透して管理の実を達成してこそ、真の全体主義国家は完成するだろう。

そこで音楽浴である。十八時になると、国民は「螺旋椅子《らせんいす》」に座らねばならない。すると「国楽」と名付けられた音楽が「螺旋椅子をつたわって、次第々々に強さを増して」国民全員の全身を浸し、震わせてゆく。それを人々は「じッと空間を凝視し」たり、「瞑目して唇を痙攣させてい」たり、「上下の歯をバリバリ噛みあわせながら、額からはタラタラと脂汗を流し」たりしながら聴く。「国楽はだんだん激して、熱湯のように住民たちの脳底を蒸していった。紫色に染まった長廊下のあちらこちらでは、獣のような呻り声が発生し、壁体は大砲をうったときのようにピリピリと反響した」。そうして半時間。音楽浴が終わると人々は極めて〃健康〃な国民と化し、潑剌とする。ポジティヴで笑顔になる。「音楽浴の正体は、中央発音所において地底を匍う振動音楽を発生せしめ、これを螺旋椅子を通じて人間の脳髄に送り、脳細胞をマッサージし、画一にして優秀なる標準人間にすることにあった」。どのように標準化するかは「国楽」の作曲次第で自由にできるようだ。ミルキ国と名付けられた全体主義国家では『国楽第39番』が用いられている。その効能は「大統領に対し忠誠なること」や「不撓不屈なること」や「酒類を欲せざること」や「喫煙せざること」や「四時間の睡眠にて健康を保ち得ること」などである。だが、音という振動による、麻酔薬や興奮剤のようなものだから、効果は漸減してゆく。だから毎日繰り返す必要がある。

その反復を絶やさねば、全体主義国家も永続するのだろうか。いや、無理がある。人間は自由勝手に振る舞いたい。それが本性だ。『国楽第39番』で幾ら抑圧しても、本性は変えられない。ごまかしの域を結局は出ない。『国楽第39番』で従順になればなるほど、心の裏には欲求不満が蓄積される。独裁政権も気づいている。『国楽第39番』を聴かせる回数と時間を増やし、抑圧を強化する。何と日に二四回も音楽浴をさせる。が、その策は失敗だ。カタストロフしか招かない。

国家への忠誠をひたすら高められた国民の精神の熱狂と興奮は、肉体の限界を超え、次々と突然死してゆく。過剰に音楽浴をさせられた人間はその運命を誰も免れない。

かくて全体主義国家は滅亡したであろうか。そうではない。より一歩、完成に近づく。ミルキ国では、独裁政権の政治家と科学者のあいだに、全体主義を徹底させ、総動員社会を完璧化するための路線上の対立があった。独裁者は音楽浴で十分だという。が、それを行うために日に半時間はロス・タイムが出る。おまけに生身だから四時間も眠る。個々の精神に自由との葛藤も溜まりゆく。それでは生ぬるい。科学者は満足しない。ミルキ国では科学者が独裁者を説得して、国家予算の半分を費やして、人造人間を開発してきた。完全無欠なる人造人間は眠らずともよければ、音楽も必要ない。無音楽世界でこそ究極の全体主義国家と総動員社会は実現する。音楽浴をさせねば感情を動員できず言うことも聞かない生身の人間の世界は、無感情であるがゆえに音楽浴という手間もいらずに言うことを聞き続ける人造人間の世界に取って代わられる。物語は、音楽を聴きすぎた生身の人間の骸の山を押しのけ、この科学者の夢が実現してゆくところで終わる。

すると『十八時の音楽浴』は音楽の終焉を描く小説でもあるのだろうか。これまたそうではない。生身の者として唯一生き残った科学者に人造人間が報告する。「ミルキ国の法令できめられた音譜は、完全に破壊されました。それに代って、人間讃美の音楽浴が始められました」。全体主義国家と総動員社会が禁じて来た、人間の自由を称える音楽が復活したのだ。人間がほぼ死滅してたったひとりになったときに。究極の全体主義を実現した、最後の人間を讃頌するために。

海野十三が『十八時の音楽浴』を雑誌に発表したのは一九三七年の春である。二・二六事件からほぼ一年。夏には北京の盧溝橋で日中両軍が衝突し、泥沼の長期戦争が始まる。作家の脳裏には、日本のこともあれば、特にはソ連とドイツの様子が去来していたのであろう。『十八時の音楽浴』はそういう時事小説なのだ。けれど、一種の音楽史小説でもあるに違いない。そしてその音楽史の姿は、本書で岡田さんと喋ったことと、どうも似ている気がしてならない。人々の内面まで浸透するキリスト教音楽。そこから生まれながら、個々の自由な精神領域の可能性を主張して、試行錯誤するものとイメージされた、バッハ以降のクラシック音楽。その流れは第一次世界大戦の経験によって実質的に終焉したというのが岡田さんの史観の肝腎かなめと心得る。それはつまり、資本主義と共産主義という見てくれを超えて、総動員社会実現以外に未来の勝利は無いのだと人間の脳底が蒸されていく時代が到来したときクラシックは終わったということだ。

それなのにそのあとも、クラシック音楽は人間の自由な精神を守る拠り所であり、自由主義社会を生きているはずの立派な人間の心のよすがと信じている人がいるとしたら？　ここにごまかしがあるのではなかろうか。クラシック音楽が聴かれてなおそれなりに機能していると思っているることがとっくの昔に虚偽なのではないか。既にこの世界の音楽のありようは、人工知能の統率する音楽浴の世界の似姿になっており、その先には生身の人間を無価値とする無音楽世界が待ち受けているのではないか。いやいや、まだまだ自由さ！　希望はあるさ！　ベートーヴェンやシューベルトやショパンやマーラーは、そんな顔をして今日も鳴り響いている。

ごまかしのためのクラシック？　岡田さんともっと話したい。「おわりに」なのに終われない。

本書は語り下ろし（「はじめに」と「おわりに」は書き下ろし）です。

人名索引（演奏団体名も含む）

〈ア行〉

〈カ行〉

〈タ行〉

〈ナ行〉

〈ハ行〉

〈マ行〉

〈ヤ行〉

〈ラ行〉

〈ワ行〉

新潮選書

ごまかさないクラシック音楽《おんがく》

著　者 ……………… 岡田暁生《おかだあけお》　片山杜秀《かたやまもりひで》

発　行 ……………… 2023年5月25日
4　刷 ……………… 2024年3月25日

発行者 ……………… 佐藤隆信
発行所 ……………… 株式会社新潮社
〒162-8711 東京都新宿区矢来町71
電話　編集部 03-3266-5611
　　　読者係 03-3266-5111
https://www.shinchosha.co.jp
シンボルマーク／駒井哲郎
装幀／新潮社装幀室

印刷所 ……………… 錦明印刷株式会社
製本所 ……………… 株式会社大進堂

乱丁・落丁本は、ご面倒ですが小社読者係宛お送り下さい。送料小社負担にてお取替えいたします。価格はカバーに表示してあります。

ISBN978-4-10-603896-9 C0373